班主任工作之道探寻

BANZHUREN GONGZUO ZHI DAO TANXUN

孙秀芹 著

中国石油大学出版社
CHINA UNIVERSITY OF PETROLEUM PRESS
山东·青岛

图书在版编目(CIP)数据

班主任工作之道探寻 / 孙秀芹著. -- 青岛 : 中国石油大学出版社，2023.10

ISBN 978-7-5636-7962-1

I. ①班… II. ①孙… III. ①班主任工作－研究 IV. ① G451.6

中国国家版本馆 CIP 数据核字 (2023) 第 193517 号

书　　名：班主任工作之道探寻
BANZHUREN GONGZUO ZHI DAO TANXUN
著　　者：孙秀芹

责任编辑：高建华（电话：0532-86981536）
封面设计：赵志勇

出 版 者：中国石油大学出版社
（地址：山东省青岛市黄岛区长江西路66号 邮编：266580）
网　　址：http://cbs.upc.edu.cn
电子邮箱：gaojianhua@163.com
排 版 者：九天设计
印 刷 者：泰安市成辉印刷有限公司
发 行 者：中国石油大学出版社（电话 0532-86983584，86983437）
开　　本：710 mm×1 000 mm 1/16
印　　张：17.5
字　　数：292千字
版 印 次：2023年10月第1版　2023年10月第1次印刷
书　　号：ISBN 978-7-5636-7962-1
定　　价：68.00 元

JUANSHOUYU

卷首语

不以物喜，不以己悲
——与我的学生共勉

胜败乃兵家常事，我们要正确地面对生活。“不以物喜，不以己悲”，对于一次测验的成功，我们不能盲目乐观，也许还有许多缺点没有暴露；失利也不见得是坏事，失败是一支清醒剂，是不断成功的动力。

教育为本，育人为先，立德树人是首要任务。“少成若天性，习惯成自然”，好习惯是学生最宝贵的财富。再者要抓住成功的关键，那就是态度、目标、勤奋、恒心、细心和专心。

态度决定一切。有这样一句话：“当我冷眼旁观时，生命是一只蓝色的蛹；当我热情相拥时，生命是一只金色的蝶。”学习也是这样，当你把学习当成自己成长发展的需要时，才能体验到学习的快乐。

目标是前进的灯塔。请同学们一定要确立自己努力的方向和适当的近期目标，在不断的超越中成长自我，成就自我。

勤奋是成长的阶梯。书山有路勤为径,天上不会掉馅饼,要学本领没有勤奋的耕耘不行。

恒心、细心和专心是人生的加油站。学习犹如长跑,谁懈怠了,就会落后;谁不坚持,就不会到达终点。

总之,小学的结束并不是句号,更不是人生的全部。有这样一句名言:"在人生的道路上,想哭就哭,想笑就笑吧,只是别忘了赶路。"

最后借用文学大师冰心的一段话与同学们共勉:"成功的花,人们只惊羡她现时的明艳!然而当初她的芽儿,浸透了奋斗的泪泉,洒遍了牺牲的血雨。"所以,如果失败,我们无须遗憾,因为那成功便是我们竭尽所能也摘不到的天星;如果我们一味地怨天尤人,那就太失败了,因为那成功是我们俯首可及却没有弯腰去拾的珍宝。

作者

2023 年 8 月

MULU

目录

第五章 道德意识的养成

第六章　习惯意识的养成

第七章　健康情绪的养成

第一章 目标意识的养成

在现实生活中，我们做事之所以半途而废，往往不是因为难度较大，而是觉得成功离我们较远。确切地说，我们不是因为失败而放弃，而是因为目标不够明确，甚至没有目标。这样就不会有任何有效的措施，也不会有任何切实的行动，就像没有目的地的出行一样，只是徘徊或溜达，永远找不到正确的方向。

目标明确化
——不要做拉磨的驴

没有目标的人就像一头拉磨的驴，每天只是团团转，一生也走不出那个神秘而又简单的怪圈。在这头驴子的脚下没有目的地，这是其一生悲剧的根源。

拿破仑·希尔曾经说过这样一句话："除非你说出目的地，否则你无法成功。"每个人都是世界系中的一个点、一种状态，这个点和状态是永远运动而非静止的。只有让这个点和状态朝自己意愿的方向运动并最终到达目的地的人才是最幸福的。

每个优秀的人都是在优秀之前有了自己明确的理想。我们要想有所作为，必须清楚地知道自己的"现位"，定出自己的"目标位"，在"现位"和"目标位"之间画一条线，这就是自己这个点的存在状态和将要运行的轨迹。两点之间线段最短，所以，明确这两个点是少走弯路和避免节外生枝的前提。

秦始皇浩荡的仪仗队、森严的戒备、飘展的黑边大旗虎虎生威，黎民大众无不失魂丧魄，东躲西藏。有一人却长叹一声口出狂言："大丈夫当如是也！"有谁不认为这是白日梦？他只是个出身贫贱的社会小混混，如此一个街头巷陌吆三喝四的无能之徒，竟敢如此异想天开，太自不量力了。

但结果让所有曾经嘲笑他的人瞠目结舌，他们都彻底失算了，因为这个小混混"如是之大丈夫"的目标在心中根深蒂固。他或运筹帷幄，或征战疆场，或虚心纳下，或心机对外，用十年的经营，统治了整个中国，建立了一个在历史上存在了四百多年的伟大王朝——汉。他就是刘邦。

当他踏上宝殿时，当他坐上龙椅时，当他一手遮天时，当他握有生杀予夺大权无人不屏息且仰而视之时，他也许会想起自己那个曾经让所有人都笑掉大牙的目标，但他也许会感谢那个自己也认为没有可能实现的誓言。但他毕竟成功了，他践行了自己的诺言，实现了自己的目标。

一个人没有目标，就不会有任何有效措施，也不会有任何切实的行动，就像没有目的地的出行一样，只是徘徊或溜达，永远找不到正确的方向。

我看过一篇文章《花开不败》，这是一名考上复旦大学的女生在一切都平静下来的八月份写的。文中记叙了高三一年里发生的使作者永远无法忘记的点点滴滴。

高三开学之初，年级209名的她定下了考取复旦大学的目标。在一年的准备之后，她意识到奇迹和恶果都会在高三这一年里戏剧般地粉墨登场。她在床头上贴了一张“杀进复旦”的特大标语，每天早晨和入睡前都大喊几遍，以增加自己那少得有点可怜的信心。她说在那一年里，她一听到“复旦大学”的字眼就热血沸腾，激动不已，所有的东西都在“复旦”这个熠熠生辉的字眼的映照下显得黯然失色。

当大部分学生被一次次的模拟考试消磨得更理智而放弃名校的目标时，她从未间断过每天的狂喊；当僧多粥少的尴尬让绝大多数同学在现实与梦想的巨大落差前狼狈不堪时，她却痴心未改地追求着自己的“复旦”。高三一年里，这位女生做了别人不愿做的，也是别人做不到的。最后，她考上了自己梦寐以求的复旦大学。

这能说她创造了神话吗？这不是什么神话，因为任何结果都是合理的。既然结果都是合理的，那就不要谈这是什么神话、奇迹了！这是目标的诱惑力成就了这位女生的辉煌。

班主任的工作也是这样，自己有目标，帮助学生树立目标。没有目标，多么大的努力都谈不上全力以赴；没有目标，多么疯狂的奋斗也不能称为义无反顾。只有目标才能使优秀变为一种可能，然后才是行动让优秀变为现实。

是目标使一个人抛弃了平庸，是目标使一个人不再甘拜下风。

是目标使一个人摒弃了自卑，是目标使一个人走向了成功。

是目标创造了人类文明，是目标使人类飞上太空。

是目标把人类从愚昧中解放出来，使人类在进化的大道上永不止步地前行。

一个衣着破烂不堪、蓬头垢面的乞丐坐在地铁门口卖铅笔，看得出他的尊严意识还没有泯灭，因为只是在有人路过时，他才羞涩地抬一抬头，投以渴望或是带些乞求的目光。

这时走来一位富商，他毫不吝惜地向乞丐的破碗里扔了几枚硬币，随后走开。但富人很快又转了回来，从乞丐的盒子里拿了一支铅笔，对乞丐说："对不起，先生，我忘了拿铅笔，我们都是商人。"

几年后，这位商人参加了一个很高档次的宴会。一位衣冠楚楚的年轻先生走来向他敬酒，然后致谢。他根本不能从记忆里调出关于这位很有气质的先生的一丁点信息，当青年说道"是您那句'我们都是商人'的话改变了我的生命"时，他才隐隐约约有了那么一点关于这个乞丐的印象。

我们可以做一下假设。假如乞丐没有遇到这位商人，结果会怎样？即使不遇到这样的富商，他依然有自己的目标，那就是每天多卖几支铅笔，或者是在那个破碗里多几次叮当一响而已。但恐怕他现在仍然坐在那个地铁门口守望来往的过客，只要他没死，他会一直地坐下去。但命运安排他遇上了这位商人，从此他也有了自己的定位。他意识到自己是一位商人，自己也有实现自己价值和人生尊严的资格。"做一位堂堂正正的商人"是这位乞丐先生给自己的定位，也是他的追求目标。

不管是商人、工人还是学生，都要有自己的目标，如我班的小贾同学，可以说是我们班树立目标的典范。这位女生无论从学习态度、学习方法还是自律上都令人佩服，小小的年龄就给自己定下了目标，今后最差也要考上山东大学。就是这个目标的树立，让她充实地度过每一天，每天写完作业之后还主动做题。这是我班其他学生都没有做到的。这是目标每天在激励她。说到这里，还有一点更让我佩服的是，她的爸爸妈妈在河北开了一个手机贴膜店，只有她一个人在家，还有一部手机陪伴她，但她从不玩手机，她的手机就是和家长联系、查阅学习资料的一个工具，其他的一概不用。自律性如此强的孩子，再加上明确的目标，结果一定会如愿。

正确给自己定位是走向优秀卓越的重大起步，想当将军的士兵在有了想法之时就开始朝"将军"的目标前进了，而一味地砌砖的泥瓦匠却只有一辈子砌砖的份。

人的一生是自我塑造和被塑造相结合的一生，而其业绩和成就主要取决于自我主动塑造的意识和能力。同样优越的条件，有的人飞黄腾达，有的人却坐吃山空；同样聪明的头脑，有的人出人头地，有的人却一世平庸；同样具有超人的才能，有的人名留青史，有的人却遗臭万年。奥妙就在于到底自己给自己怎么定位。

汪精卫可以说是近代史上颇具才能的帅才，但他给自己的定位是家财万贯的富翁。因此，汪精卫立错了志向，树错了目标，走错了方向，他的努力和奋斗只能使他越错越远，最后落得个万代骂名。

目标可视化
——不应雾里看花

有一位父亲带着三个孩子，到沙漠里去打猎。他们到达了目的地。父亲问老大："你看到了什么呢？"老大回答："我看到了猎枪、猎物，还有一望无际的沙漠。"父亲摇摇头说："不对。"父亲以相同的问题问老二。老二回答："我看到了爸爸、大哥、弟弟、猎枪、猎物，还有一望无际的沙漠。"父亲又摇摇头说："不对。"父亲又以相同的问题问老三。老三回答："我只看到了猎物。"父亲高兴地点点头说："答对了。"由此看来，明确的目标才能使优秀成为一种可能。它告诉我们：一个人若想走上成功之路，首先必须有明确的目标。目标一经确立，就要心无旁骛，集中全部精力，勇往直前。

美国耶鲁大学进行过一次跨度 20 年的跟踪调查。

研究人员向被调查的孩子们提出一个问题："你们有目标吗？"

90% 的孩子回答说有。研究者又问："那么，你们是否把它写下来了呢？"只有 4% 的孩子回答说写下来了。

20 年后，耶鲁大学的研究人员跟踪当年被调查的孩子们，结果发现，那些用白纸黑字写下来的孩子，无论是事业发展情况还是生活水平，都远远超出了没有这样做的孩子。他们所创造的价值超过余下的 96% 的孩子的总和。

那么，这 96% 的孩子今天在干什么呢？这些人一直在直接或间接地帮助 4% 的人实现他们的理想。

为什么同样具有目标，结果却是天壤之别呢？是努力程度的差异吗？不是，因为 96% 的人也一直在拼命努力着。

其根本原因在于这 4% 的人把目标写下来，更明确了，也就是将一种意识可视化，这样更容易发挥它的激励作用。

还有另外一个调查，也很能说明问题。在世和过世的人，27% 的人没有目标，他们生活在社会最底层；60% 的人目标模糊，他们是那些一般消费水平的人；10% 的人有短暂的目标，他们是专业人士，有一技之长的人；3% 的人有长远且清晰的目标，他们是被人羡慕一生的人士。

在我当班主任的 20 多年里，我一直要求我的学生将目标可视化。学生们的课桌上都贴着自己的目标，我也会把班级目标用最醒目的字体写在教室最显眼的地方。明确而具体的目标才能起到更大的激励作用。

心理学家曾做过这样一个实验：组织三组人向 10 公里以外的村子进发。

第一组人既不知道村庄的名字，也不知道路程有多远，他们只是被要求跟着向导走。刚走出两三公里，就开始有人叫苦。走到一半的时候，有人几乎愤怒了，他们抱怨为什么要走这么远，有人甚至坐在路旁不走了，越往后他们的情绪越低落。

第二组人知道村庄的名字和路程有多远，但路边没有里程碑，只能凭经验来估量行程的时间和距离。走到一半的时候，大多数人想知道走了多远，有经验的人说大概有一半了，于是大家又簇拥着往前走。当走到全程的四分之三时，大家的情绪开始低落，觉得疲惫不堪。当有人说"快到了"时，大家又都振作起来，加快了前进的步伐。

第三组人不但知道村庄的名字、路程，而且每公里都有一个里程碑，人们边走边看里程碑，每走一公里都有一阵的快乐。行进中他们用歌声来消除疲劳，他们的情绪始终高涨，从而到达了目的地，而且速度是最快的一组。

实验者经过研究得出一个结论：当人们的行动有了明确的目标时，就会把行动与目标不断地加以对照，进而清楚地知道自己的行进速度与目标之间的距离，人们行动的动机就会得到维持和加强，就会自觉地克服一切困难，努力去争取达到目标。

所以说，目标不但要明确，更要可视化，切不可雾里看花。

目标是法宝

——不怕别人嘲笑，也不嘲笑自己

不懂事的孩子，经常会说出一些很高的目标，长大后我要做科学家，我要当作家，我要……大人们都会鼓励孩子，认为这孩子有出息。而当一个成年人或者已经懂事了的年轻人说出自己过高的追求目标时，可能会招来无情的嘲笑："做什么白日梦，就你？"

为什么会有这样的区别？因为那些嘲笑的人只是用自己常规的眼光去看待问题。

如果你认为自己是一个超常规的人，那你就不必在乎他们的嘲笑，更不要嘲笑自己，你终会靠你超人的能力去实现自己的目标。

你会相信一个贫民窟里的黑人女孩会成为白宫的主人吗？

美国曾任国务卿赖斯的奋斗史颇具传奇色彩。20年的时间，她从一个备受歧视的黑人女孩成为享誉全球的外交家。

在赖斯十几岁时，她就立下了誓言，要做白宫的主人，结果真的让那些对她当初的誓言捧腹大笑的人统统闭嘴了。

有人问她事业辉煌的秘诀时，她说："我付出了八倍的辛劳。"原来在赖斯很小的时候，母亲就给她灌输一种思想："黑人改善现状的最好办法是取得非凡的成就。如果你拿出双倍的辛劳往前冲，能赶上白人的一半；如果你拿出四倍的辛劳，就可以与白人并驾齐驱；如果你拿出八倍的辛劳，就一定能赶在白人的前面。"

“八倍的辛劳”带给了赖斯八倍的成就，纵使多少人曾经嘲笑过她，但她还是用行动和结果证明所有人都错了。

八倍的辛劳成就了赖斯，我班的女孩小吕可以说用辛劳和目标换来了她今天幸福的生活。她分到我班时成绩一般，对数学不感兴趣，但她是一个让人看着很喜欢的女孩。一天，我把她叫到办公室跟她谈心，谈数学的重要性，谈数学的学习方法，谈目标的确定。每天，她从口算题做起，天天做题，从不间断。渐渐地她的数学成绩提高了，在考重点高中时，数学得了115分。这就是目标的力量。

能力的母胎来源于宇宙的能源，人不过是自然界中的极小一部分，岂能有计量自己能力之道理？计算自己的能力这一意图本身就是不逊，也是一种滑稽的行为。每个人都是最优秀的精子的产物，未出生时就注定了具有成为最杰出人物的能力和潜质，所以自己是不可能知道自己有多大潜质的。别人可以嘲笑自己的“海口”，但你不要太在意，更不能自己嘲笑自己的“白日梦”。

蜀之富僧，数年欲买舟南下，而终不能。他以庸人的眼光看待穷和尚，认为其一瓶一钵怎能完成“欲之南海”的壮举。贫僧并未在意富僧的嘲笑，结果是最具说服力的。

NBA原76人队队员中有一位一米八的“矮个子”，他叫艾弗森，出身于贫穷的黑人家庭，是一个私生子，他一辈子恐怕也不会知道自己的爸爸是谁。他自幼酷爱篮球，经常光着脚在街头和同伴打篮球，当他和同伴说长大要进NBA时，别人都认为他疯了。

他完全没有介意别人的看法和嘲笑。回家后和母亲说出了自己的理想，母亲鼓励说他一定会成功，并用靠给别人做了三个月针线活挣的钱给艾弗森买了一双球鞋以示支持。艾弗森经过自己的努力终于成功了，他真在NBA中占有了一席之地并成为球队的领袖和后卫中的“教科书”式人物。

停泊记忆在荡漾着历史波纹的长河中，你会发现，为自己的目标设限只是昭示自己的卑微。市井之徒刘邦开创盛世朝代；卖草鞋的刘备三分天下，演绎蜀中称雄的奇迹；沿街乞讨的朱元璋，真正开了“农民皇帝”的先河……这些故事有多么大的说服力度啊！

别人嘲笑自己的目标不应使自己趋于平庸，自己嘲笑自己的目标却显现了自己的无能。

目标是动力

——只追前一名

学习是一件异常艰苦的事情，如果不注意寻找动力，则很难坚持到底，也就是很难获得最后的胜利。

尤其是到了高年级，如果哪位同学说自己一点也感觉不到疲惫，那纯粹是瞎扯，这时候我们最需要的是找点动力来刺激自己。

就像田径场上的长跑比赛，到了中段时期，运动员基本上到达疲劳的极限，各个动作已成为机械的惯性，这时候他也需要动力。如果此时他听到了场外的呐喊加油，如果他抬头看到胜利的目标，他的胸中肯定又滋生出一股前进的力气。

拿破仑·希尔说："除非你说出目的地，否则你无法成功。"这说明目标在奋斗的过程中有着不可替代的作用，它可以带给我们不可阻遏的动力。"大丈夫当如此也"是刘邦的动力，"彼可取而代也"是项羽的动力，是他们的目标成就了他们流芳千古的丰功伟业。我们也要掀起一股学习的高潮，那就要重申自己的目标，牢记自己的誓言，朝着自己的目标阔步前进。

查德威克是世界著名的游泳健将。1952 年 7 月 4 日，她准备向卡塔林纳海峡挑战。雾很大，她连护送自己的船都看不到。有几次，鲨鱼靠近了她，被护送人员开枪吓跑了。15 个小时过去了，她又冷又累。她的母亲和教练告诉她海岸已经很近了，叫她不要放弃，但她朝加利福尼亚海岸望去，除了浓雾，什么也看不见。15 小时 55 分钟时，她再也无法坚持下去，就选择了放弃。后来她说："我不是为自己找借口，如果当时我能看见陆地，我绝对能坚持下去，因为当时离海岸只有半英里。"

我班有一个女孩，小的时候由于身体纤弱，每次体育课跑步都落在最后。这让好胜心极强的她感到非常沮丧，甚至害怕上体育课。这时，女孩的妈妈安慰她:“没关系的,你年龄最小,可以跑在最后。不过,孩子你记住,下一次你的目标就是:只追前一名。”

小女孩点了点头,记住了妈妈的话。再跑步时,她就奋力追赶她前面的同学。结果从倒数第一名,到倒数第二、第三、第四……一个学期还没结束,她的跑步成绩已“跑到”中游水平,而且她也慢慢地喜欢上了体育课。接下来,小女孩的妈妈把“只追前一名”的理念延伸到她的学习中。妈妈告诉她:“如果每次考试都超过一个同学的话,那你就非常了不起啦!”就这样,女孩的妈妈始终以“只追前一名”的理念引导和教育女孩。在这种理念的引导下,这个女孩被山东大学录取,经过努力考上了北京大学的研究生。“只追前一名,这就是动力。”

目标能指引我们方向,也能给我们以动力。你的目标是什么?你把它写在课本上、本子上,贴在桌子、床头上。就像每天早晨起床和晚上睡觉前都狂喊“杀进复旦”的那个女生一样,你也试一试,你也会为目标痴迷疯狂。

目标会让你的疲惫瞬间消去,目标会让你的懒惰杳无踪迹。目标会燃起你实现它的欲望,目标将带给我们不可阻遏、永不衰竭的动力。

目标分阶段落实

——人生“三级跳”

我经常教育我的学生说:“人要有明确的目标和实现目标的强烈欲望,这样我们才能有痴狂的奋斗精神和永不衰竭的力量。没有目标和成功欲望的人无异于围着磨盘转圈圈的驴,永远走不出那个神秘而又简单的怪圈。”

班会课上,我给学生认真分析了目标的意义和作用,然后让他们把自己的目标写在我已设计好的表格上。下课后,我把表格贴在教室的外墙上,我想这应该能给学生们带来拼搏的动力,能给班级带来意料之中的力量。

人生颇像田径场上的“三级跳”,最终的成绩取决于最后的落脚点,要想在

“三级跳”中取得好成绩，就必须注意第一跳脚踏实地，第二跳用足力气，第三跳释放爆发力。我们也应该得到启示，制定自己的终极目标、中期目标和眼前目标。

终极目标也就是我们的人生理想，高远的志向是我们精神的支撑，没有高远目标的人就是没有心中的信仰。东汉时期著名的文学家、哲学家徐干在其《务本》中说：“人君之大患也，莫大于详于小事而略于大道，察其近物而暗于远图。故自古及今，未有如此而不乱也，未有如此而不亡也。”也就是说，没有长远打算的国君必定会使国家衰亡。

艾弗森的终极目标是进入NBA，他靠拼搏精神实现了。

赖斯的终极目标是成为白宫的主人，她靠不懈追求实现了。

刘邦说他要取代秦始皇，他也实现了目标。

没有远大的目标，人生就没有瞄准和射击的对象，就没有一种崇高的使命感让自己看到希望。然而，终极目标是长远的规划，它不可能太具体，不可能有很强的可操作性，这就需要我们制定中期目标。中期目标相对于终极目标来说，更具体、明确。假如你想做一名外交家，就必须制定考取相关高校、取得优异成绩、进入政坛的中段设计，否则只能成为空想家。有这样一个故事值得回味：老鼠在动物们面前夸夸其谈：“各位，我制定了一个远大的目标——登上珠穆朗玛峰，成为第一个征服世界屋脊的老鼠。”

“哈哈哈……”

“嘻嘻嘻……”

动物们的嘲笑声接连不断。

“难道你们不相信吗？”小老鼠激愤地说，“总有一天，我会站在珠穆朗玛峰顶上向你们招手的！”

从那天起，小老鼠整天托着腮帮子做沉思状，期望想出一个攀登珠穆朗玛峰的办法。

一朵白云从天的这边悠悠飘向珠穆朗玛峰的那边。小老鼠想，我要是能坐在白云上，登上珠穆朗玛峰肯定不成问题。

风吹着口哨，呼啦啦地向珠穆朗玛峰奔过去。小老鼠想，要是有风的帮助，我的目标一定能实现。

一弯月牙高高地悬挂在星空,像小船一样。小老鼠想,我要能搭乘这只小船就好了!双手握着桨,轻轻地摇呀摇,很快就摇到珠穆朗玛峰顶上去了。

小老鼠不停地幻想,好主意层出不穷,直到胡子老长老长,它都没向珠穆朗玛峰靠近半步。

“小老鼠,你不是要攀上珠穆朗玛峰吗?”

“小老鼠,我们还等着你站在珠穆朗玛峰顶上向我们招手呢!”

“小老鼠,你还能实现自己的远大志向吗?”

动物们见了小老鼠就问。

小老鼠面红耳赤,无言以对。

从这以后,小老鼠没有脸再见大家,只好等夜深了,才偷偷溜出来找点东西吃。

行动提升自信心,克服空想的最佳途径就是立刻行动,一经决定,马上进入状态,而空想只会把事情无限期地拖延下去。行动后可能成功,也可能失败,但不行动一定会失败!

“我行,我行,我能行”“我一定会成功”这些呼喊只是一些口号,是空洞的形式,我们要的不是广告,而是真正的货物,所以必须要有实现中期目标的可操作的具体措施。这些具体措施的落实也就是眼前目标。眼前目标必须可操作、很细致。

最终目标的实现可以分为几个阶段,每个阶段的成功都可以给我们带来成就感,成就感形成的动力可以促使我们一步步坚毅地走向终极目标。

目标坚定则成功

——由“不闭眼的青蛙”想到的

海尔集团总裁张瑞敏在 CCTV2《赢在中国》总决赛上说道:“每个人都希望得到认可,每个人都希望活出尊严,每个人都希望实现自己的价值,创业是最好的办法。”

其实，张总裁所说的“创业”不应仅仅理解为“创办企业”，为自己选择的事付出、拼搏直至收获的过程就是创业，当然也包括我们的“学业”。虽“业”有不同，但有很多创业之“道”是相通的。我们这些未来的“创业者们”应该向优秀的业务员学习他们的“创业之道”。

奥城良治是日本日产汽车16年的销售冠军，至高的成绩和荣誉得益于他的“青蛙法则”。

小时候，他在田埂上看到一只青蛙在朝自己瞪眼，就调皮地向青蛙的眼上撒了一泡尿，却发现青蛙的眼睛非但没有闭上，反而睁得更大了。长大后，他成了一个推销员，当遇到客户拒绝时，他每每想到那只被尿淹却不闭眼的青蛙。他在十几年的工作中，就是用自己的“青蛙法则”来对待工作、对待客户，无论遭到客户多么坚定的拒绝，无论遇到工作中的什么不顺和变故，他都像平常一样，不会惊慌失措，更不会动摇自己的信心。

雨果在巴尔扎克的葬礼上这样说:“在伟大的人物中间，巴尔扎克是最伟大的一个；在优秀的人物中间，巴尔扎克是最优秀的一个。可叹啊！这个坚强的、永远不停止奋斗的哲学家、思想家、诗人、天才作家。在我们中间，他过着风风雨雨的生活，遭逢了任何时代一切伟人都遭逢的厄遇和不幸。”

巴尔扎克能在其坎坷的一生中创造如此辉煌的成就，靠的也是“青蛙法则”。一切不顺、变故和意外都没有让他闭上眼睛，停止奋斗。他用“我从来不曾有过母亲，我从来不知道什么叫作母爱，我经历了人的命运中所遭受的最可怕的童年”来形容自己的早期不幸。他从1819年起每天写作18个小时，结果在与书商打交道的过程中不断受骗，最终债务高达10万法郎，为躲债六易居所；他经常为一块面包、一支蜡烛、一些纸张发愁。但他就是在这常人难以忍受的一切中，用20年的时间给世人留下了391部小说。

一个有目标的人和庸人不同的地方，就在于他虽在纷纭杂乱之中，不致迷失；一个有奋斗方向的人和凡人所不同的地方，就在于他虽然身处变故、挫折之中，却能操纵自己。这前半句大概是罗曼·罗兰精辟的言论！

执着是一种动态的期待

——向优秀推销员学习

成功出现在付出和拼搏的最后,成功出现在所有失败的最后。没有对自己的目标怀有极其强烈的欲望者不能成功,不能对自己的目标疯狂痴迷者也难以有所成就,因为天上不会掉馅饼,也永远不会有免费的午餐。所以,只有对目标执着的追求者才能有所建树。执着是一种精神,不是不起波澜的静候,而是一种动态的期待。我们需要向优秀的推销员学习这种精神和这种“动态”。

秘书恭谨地把名片交给董事长,一如预期,董事长不厌其烦地把名片丢回去。秘书很无奈地把名片退回去给立在门外受尽尴尬的业务员。业务员再把名片递给秘书:“没关系,我下次再来拜访,所以还是请董事长留下名片。”

秘书拗不过业务员的坚持,硬着头皮再进办公室。董事长火大了,将名片一撕两半,扔给秘书。秘书不知所措地愣在当场。董事长更气了,从口袋里拿出十块钱:“十块钱买他一张名片,够了吧!”岂知当秘书递还给业务员名片与十块钱后,业务员很开心地高声说:“请你跟董事长说,十块钱可以买两张我的名片,我还欠他一张。”随即再掏出一张名片交给秘书。

突然,办公室里传来一阵大笑,董事长走了出来:“这样的业务员不跟他谈生意,我还找谁谈?”

执着是什么东西?其实并非看不见的神秘,这种看得见的行动却会产生神奇的力量。

很多人喜欢用《青玉案》中的词句来形容事业有成的三个阶段。

第一,确定目标阶段:“昨夜西风凋碧树,独上高楼,望尽天涯路。”

第二,苦苦追求阶段:“衣带渐宽终不悔,为伊消得人憔悴。”

第三,目标实现阶段:“众里寻他千百度,蓦然回首,那人却在,灯火阑珊处。”

这前两个阶段正是一种动态的执着追求过程，而最终目标的实现走的也是对目标苦苦追求这唯一途径。

这种执着就是耐得住。困难、挫折，抑或是顺境、坦途，你都要耐得住地走过。多少人没有了解耐得住的真谛，以至抛弃它，同时也与成功失之交臂！

这种“动态”就是用实际行动去追求。

有一个人经常出差，经常买不到有座的车票。可是无论长途短途，无论车上多挤，他总能找到座位。

他的办法其实很简单，就是耐心地一节车厢一节车厢地找过去。这个办法听上去似乎并不高明，却很管用。每次，他都做好了从第一节车厢走到最后一节车厢的准备，可是每次他都用不着走到最后就会发现空位。他说，这是因为像他这样锲而不舍找座位的人实在不多，所以经常是在他落座的车厢里空余若干座位，而在其他车厢的过道和车厢接头处，居然人满为患。

他说，大多数乘客轻易就被一两节车厢拥挤的表面现象迷惑了，不大细想在数十次停靠之中，从火车的十几个车门上上下下的流动中蕴藏着不少提供座位的机遇，即使想到了，他们也没有那一份寻找的耐心。眼前一方小小立足之地很容易让大多数人满足，大多数的人认为为了一个座位背负着行李去寻找的结果可能是连个好好站着的地方也没有了。与在生活中一些安于现状、不思进取、害怕失败的人永远只能滞留在起点上一样，这些不愿主动找座位的乘客大多只能在上车时最初的落脚之处一直站到下车。自信、执着、富有远见、勤于实践，会让你握有一张人生之旅永远的坐票。

音乐家冼星海，没有钢琴就用碗、碟、盆、罐练乐谱。不懈地苦练，孕育出史诗般的《黄河大合唱》。

梅兰芳日复一日、年复一年地每天早晨盯空中的信鸽练眼，终于矫正了眼皮下垂、眼神不能外露的弱点，成为一代京剧表演大师。

他们都具备“耐得住”的精神并“动态”地去追求。我们教师和学生也需要“耐得住”的精神，我们的目标也需要“动态”地去疯狂追求。

为目标而拼搏

我在班会上提到过人应有三个目标：眼前目标、中段目标和终极目标。如果一个人没有自己的目标和实现目标的强烈欲望，将一事无成。因为心中的理想是我们行动的方向和打拼的指南，它一旦成为一种虔诚的信仰和崇拜，将使我们焕发无穷的力量。

一位成功人士说："40 岁还不能有自己的根据地，那一生就很难有所建树。"撇开终极目标不说，在这个社会老龄化而人才年轻化的社会里，我们至少要将眼光盯在自己的不惑之年，不能信仰那个只是一种"无奈的安慰"的词语——大器晚成。

自己的 40 岁很快就会到来，你对未来的 10 年是否有过规划？豪言壮语，雄心大志，不只是宣誓的形式，我们应在规划的路线上让自己趋于完美，用行动去实践有效的战略措施。

有一本曾在美国非常畅销的书《青年、天才和财富》，这本书的作者分析了他曾采访过的 15 位美国最成功的青年企业家之后，得出了 8 个成功的因素。

（1）所有的成功人士对他们所从事的工作或事业，都积极参与并极为喜爱。对于这些人来说，金钱只是他们的第二个奋斗目标。著名的苹果公司的创办人史蒂夫·乔布斯 30 岁时，其家产据估计已超过 400 002 700 美元。他简单地概括他成功的因素："我爱我所从事的事业，我知道我所做的是什么。"

（2）每一个青年成功者对他的事业与工作，都具有狂热的进取心。26 岁的白赖恩·班特利是目前美国高级时装工业的权威代理及百老汇歌剧的监制人。在音乐事业方面，他已掌握了数千万美元的制作费，而他每日工作的时间超过 18 小时。

（3）此类青年企业家，都具有独特的性格和领导才能，能够吸引别人，给人以可靠的和富有进取及创造能力的印象。23 岁的股票经纪人费纳德拥有一家营业额达数亿美元的股票公司,吸引了数百名年纪相仿的青年为他工作。每一位为他工作的青年,每年给他招来了超过 10 亿美元的生意。

(4) 他们都很自信。28 岁的成人教育教材公司的创办人谢夫利·荷兰特指出:"如果你对自己有信心,你一定会成功。"

(5) 他们都有过人的活力。黛比菲尔特饼店 28 岁的店主菲尔德女士在创业之初,亲自捧着产品在街道上供人品尝。目前,她的推销手法已经成为该机构的一种传统。她的饼店已在全世界各地纷纷成立。

(6) 他们都具有破釜沉舟的坚毅决心,定下目标以后,全力以赴,从不做出让步。年轻的地产巨商马拉钟斯便是一个最佳的例证。他指出,一般人之所以不能成功,便是把目标定得太低,而且未尽全力。

(7) 部分成功者具有反叛的天性,对一切权威制度不但不肯屈服,而且勇敢地向它们挑战。美国前参议员罗伯特的儿子便属于此类。他创办的燃料公司,进口外国原油,以低价向穷人出售。他的目的便是向各大石油公司挑战,反对他们高价垄断市场的经营手法。

(8) 他们都具有高度的道义感,特别看重朋友间的忠诚和友谊,不以卑鄙的手段去获取利益。年方 29 岁,已成为美国最成功制片商的约翰维斯指出:"如果你对人忠诚,别人亦予以同样的回报,在你的事业上,将带来极大的助力。"

为 40 岁而奋斗,就从今天开始。为 40 岁而拼搏,就从此时此刻做起,就从每一页书、每一道题做起。

第二章 勤奋意识的养成

俗话说："勤能补拙。""勤勉乃成功之母。"艰苦的条件造就人才。成功人士，多数并不是天才。聪明的人并不都是天才，而天才是靠努力、勤奋得来的，这也验证了那句"天才出于勤奋"。每个成功的人，都是努力、勤奋的天才。他们的头脑并非比别人聪明，甚至比别人差，他们的成功是因为他们懂得"勤能补拙"，只有勤奋、努力、刻苦不懈地坚持，才能成功。

勤奋是成功的前提

有不少学生在小学时并未付出多大的努力和多长的学习时间就能把自己的成绩搞得很好,或许外人评价他们非常聪明,他们也承认自己非常聪明,但是在现实生活中这样的“聪明”是靠不住的。没有几个高考状元说自己凭聪明取得辉煌,没有几个高考状元不说自己是凭勤学苦练才得以出类拔萃、出人头地的。

“勤学如春起之苗,不见其增,日有所长;辍学如磨刀,不见其损,日有所亏。”成为天才的决定因素是勤奋,有几分勤奋刻苦,就能开发几分天资能源,所以爱因斯坦说勤奋是一切成就的“催生婆”。“韦编三绝”“映雪夜读”“焚膏继晷”……有多少美谈佳话！善学者会让勤奋与聪明携手。

“伤方仲永”“江郎才尽”,又有不少教训之鉴,不善学者反为聪明所误。科学研究证明,大脑素质只为智力发展提供了可能性,要把可能性变为现实,起决定作用的还是后天的社会实践。迄今为止,世界上相继发现过30多个由野兽哺育的“狼孩”“熊孩”,他们都有人的大脑,智力却非常低下,原因就是他们脱离了社会实践,没有机会“勤学苦练”。

19世纪有个王子,幼年遭人绑架,被囚禁在一间黑屋子里,同外界隔绝了17年。等他出来时,他不会走路,不具备联想能力,虽后来得到很好的教育,但智力也远远低于普通人。

人的大脑天生资质是差不多的。人们于多种多样的实践和复杂的社会活动中充分锻炼和发展了自己的感觉能力和思维能力。专门从事纺织印染的老工人,对颜色的感觉能力比一般人强得多,他们凭肉眼就可以辨出几十种不同的黑色色度;老渔翁能通过伏在船舱里听水声,来判断水下有什么鱼群;卖油翁能通过铜钱的方孔把油倒进油瓶;神箭手有百步穿杨的本领……这无一不是勤学苦练的结果。

我班小贾乐于助人，勤于思考，努力学习。她认真帮助老师、帮助同学的同时，也提高了自己的综合素养；她帮助老师完成了多项班级工作，得到师生的一致好评。2020 年她曾获县级“优秀学生干部”称号。

她热爱学习，具有较强的自主学习能力。她上课认真听讲，笔记细致完整；勤思乐学，自主预习复习；课余时间广泛阅读图书，并兼顾古筝、绘画等兴趣爱好；虚心上进，总结学习方法，不断摸索出适合自己的学习之路。

她学习和生活十分有规律，惜时勤奋，坚持早上 6:00 起床，复习相关知识点；善于总结、学习，成绩优秀。“书山有路勤为径，学海无涯苦作舟”，她始终坚信没有最好，只有更好。

人的大脑是人类亿万年进化的产物，我们每一个正常人都享有这种人类进化的成果，都有智力发展的生理基础。只要努力学习、努力实践，自己就会变得聪明，增长智慧。正如华罗庚所言：“聪明在于勤奋，天才在于积累。”

八倍的辛劳换来的成就

让生命有意义是一种活法，让生命没有意义也是一种活法。有人活得轰轰烈烈，领略了一世的风采；也有人活得窝窝囊囊，消磨了一生的无聊。中央电视台《赢在中国》栏目主题歌《在路上》这样唱道：“那一天，我不得已上路，为不安分的心，为自尊地生存，为自我的证明。”刘欢那低沉而彰显悲壮的腔调给我们带来的不仅有感动，还有奋进的力量。

我班内的这帮孩子们，都和我一样来自农村，出身贫寒。他们在此玩命地苦读为了什么？不也就是为了那颗不安分的心，为了自尊地生存，为了证明自己吗？可以想象，他们从家里出来时的那种“风萧萧兮易水寒”的悲壮。父母无言，但眼神中的期盼和渴望足以让孩子们热泪盈眶。作为班主任，我虽不能从实质上给予他们太多帮助，但会始终责无旁贷地给他们呐喊助威，为他们增添奋进的力量。

上午,我在网上看了一篇介绍赖斯的文章,下午我立即读给了我的孩子们,我相信对我有用的东西对他们也有用,因为他们和我的出身一样。美国国务卿赖斯的奋斗史颇有传奇色彩。20 年,她从一个备受歧视的黑人女孩成为享誉全球的外交家。有人问她成功的秘诀时,她回答:“我付出了‘八倍的辛劳’。”原来,在赖斯很小的时候,她母亲就给他灌输一种思想:“黑人改善现状的最好办法是取得非凡的成就。如果你拿出双倍的辛劳往前冲,能赶上白人的一半;如果你拿出四倍的辛劳,就可以与白人并驾齐驱;如果你拿出八倍的辛劳,就一定能赶在白人的前面。”赖斯十几岁时,就立下誓言,要用八倍的辛劳去证明自己,去做白宫的主人。直到现在,人们才对她当初的誓言不再笑得捧腹,所有曾经嘲笑的人统统闭口。“八倍的辛劳”带给了赖斯八倍的成就,她终于脱颖而出,一飞冲天,兑现了自己的诺言。

我看过一篇文章《我努力了八年》。努力了八年的农村娃,才刚有资格与城里人一起喝咖啡;努力了八年的农村娃,才有资格在城里申请贷款买房;努力了八年的农村娃,才使得自己的孩子有资格在城里读书。

我们没有谁安于现状,我们人人怀有梦想,我们的出身由不得自己,但我们要付出八倍的辛劳去改变祖辈遗留给我们的面朝黄土背朝天的生活模式。我对学生们说,这不是对自己出身阶级的背叛,而是完成祖辈、父辈未了的心愿,因为我们没有忘记祖辈遗传给我们的吃苦耐劳的本性。也只有这种本性,才给了我们永不衰竭的力量。

勤能补拙是良训

任何一个有名气的人都不否认自己成绩的取得应归功于勤奋,任何一个有名气的人都不承认自己是一个非常聪明的人。自认为聪明的人可能反被聪明耽误,先飞的笨鸟也总能有所建树,因为它坚信勤能补拙。

迈向成功的道路上只有一个门,曲折和坎坷也许会成为我们摆脱不掉的困惑,但在起点与终点之间没有什么捷径,只有“勤”可以通过。“勤”总是与“苦”孪生。“勤”的过程是在受磨砺之苦而不是享受成功的喜悦,所以有不少学生不能做到勤奋,或者不能坚持到底。我们不要太功利,勤、苦的过程磨炼了我们的意志,培养了我们的坚韧,不也是一种收获吗?我们还应坚信,用我们的坚韧和意志力去践行勤奋,定会成就我们的辉煌。

历史上的任何一个有丰功伟绩者,无不是走过艰辛、漫长的勤奋之路才登峰造极的。司马迁 13 年写《史记》,王桢 16 年写《农书》,李时珍 27 年写《本草纲目》,顾炎武 30 多年写《音学王书》,哥白尼 30 多年写《论天体运动》,歌德 58 年写《浮士德》……是勤奋和毅力点燃了智慧之火。

当然“勤”是大有文章可做的。

首先,勤在点子上。有些学生上课不听,下课抄抄别人的作业,看似勤奋,这就是没有勤到点子上;有些学生题做了一本又一本,而不注意总结,这就是没有勤到点子上;有些学生抛开课本和老师布置的必做题而没日没夜地去攻“偏、难、怪”,就是没有勤到点子上。

其次,“勤”要坚持不懈。成功和挫折都很容易成为勤奋的坟墓。有人做过这样的统计,诺贝尔奖获得者获奖后的成就、论文篇目等远不及获奖前。所以,如果没有坚强的毅力和远大的理想,就很难对勤奋持之以恒,不是因阶段性成功而松弛,就会因一时的困难和挫折而怠惰。人生有两出悲剧:一是失败时的万念俱灰,一是成功时的得意忘形。这两种悲剧,都会使勤奋夭折,使努力终止。

同学们,我们要理解“有善始者实繁,能克终者盖寡”的深刻道理,我们不能在安逸中空想,而要在踉跄中执着;我们不在放纵中堕落,而要在重压下磨刀霍霍。携上“勤奋”上路,顽强地走下去,泥泞坎坷之途会夷为平地,不毛的荒芜之地也会开花结果。

“刻苦”而不是“痛苦”

我发现有不少学生的书本上或本子上都写着:“学海无涯苦作舟”“不吃苦中苦,哪来甜上甜”等警句,这无疑对我们有不可替代的激励作用,但在一定程度上来说这又是一种自我折磨的态度。

我们从小就听大人讲“头悬梁,锥刺股”之类的故事,听大人讲“先吃苦,后享福”“梅花香自苦寒来”的教诲,这使得我们始终感觉学习就是一个苦差事。其实这是对学习的一种误解,因为“苦学”主要是指体力上的劳苦,不是指精神上的痛苦。毋庸置疑,学习是一个艰苦的过程,因为在这个过程中我们要投入很大的精力,需要克服各种各样的困难,也须具有勤奋、刻苦的精神。但是这种刻苦应该是自觉自愿的行动,我们应该从中感觉到求知的乐趣。只有这样,我们才能越学越有劲,才能坚持下去,收到好的成效。如果我们的学习变成了一个精神上痛苦、心理上厌恶的过程,这样的苦学很难有良好的效果。

苦与乐是一对矛盾,也是可以相互转化的。二者都是一种心理感受,所以是苦是乐取决于心态。“文革”期间,一位老音乐家被下放到农村为牲口铡了整整七年草。等他平反回来,人们惊奇地发现他并没有憔悴衰老。他笑道:“怎么会老呢?我每天都是按4/4拍铡草。”他在艰难之中心不沮丧、不绝望,所以铡出的是一曲曲美妙的音乐。生命是一曲歌,它应是高亢激昂的旋律,而不是压抑悲苦的格调,这种高亢激昂的旋律就存在于我们心中的那座精神的殿堂之中。

人们把快乐的天平倾向了精神享受的一边。孔夫子说“有朋自远方来,不亦乐乎”;五柳先生读书“每有会意,便欣然忘食”;醉翁饮酒之乐“在乎山水之间也”;东坡居士“宁可食无肉,不可居无竹”。于是,钱钟书先生提出了“一切快乐的享受都属于精神”的观点。我们不要将眼光盯着肉体的劳苦,要从中体验精神的享受。大凡有所成就者,对自己的学习和工作之爱都达到了疯狂痴迷的程度。

面对成功的快乐时，经历的一切困苦都会变得微不足道。我们要学会体验成就感，并要在暂未成功时用意想的成功快乐诱惑自己。诺贝尔在 4 年间进行了 3 400 次危险性极大的实验。有一次，整个实验室都炸飞了，诺贝尔的弟弟和另外 4 名助手当场被炸死，他自己因不在场而幸免于难，他的父亲由于惊吓、伤心而半身瘫痪。许多人劝他别再搞这冒险的事了，他却乐此不疲。1867 年 9 月 3 日，在一条实验船上突然爆发出一声巨响，人们惊恐地喊道："诺贝尔完了！"忽然，一个人从硝烟里钻了出来，满脸乌黑、浑身是血的诺贝尔像疯了一样跳跃着喊叫："成功了，成功了！"正如上海市最年轻的"科技精英"中国科学院上海原子核研究所的马余刚所说："当你领先得出一个别人尚未知的结论时，那种快乐是无可比拟的。"

在我们刻苦学习的过程中，一直有成功相伴，大到一次考试成绩的进步、一个目标的实现，小到一道题的完成、一次小小的表扬。我们要体验这些成功的快乐。

珍惜时间是进步的前提

日出日落，月缺月圆，人们为时间溜走得太快而惊叹，更为所余时间的短暂而感到恐惧。费尔德有一惊人之语：失败与成功的分水岭是"我没有时间"。其实时间是最公平的，无论你富有还是贫困，无论你是小卒子还是名人，无论你聪明还是愚笨，时间都会平等对待你。

哈佛大学博士爱德华·班菲德曾经对美国社会进步的动力做了多年的研究，将不同的假设经过多年的实验之后得出结论：成功是由于个人对于时间的态度决定的。所以，我们要善于经营自己的时间。

经营自己的时间，要遵循几条原则。

一、目标性原则

一个没有目标的人，即便整天忙碌也不会取得什么成就。相反，明确的目标可以成为我们行动的指南,使我们有明确的奋斗方向和时间的紧迫感。比如,一节课 40 分钟,我到底要完成哪些任务?完成了明确的目标就是一种成就感,如果没有明确的目标,前几分钟可能进入不了状态,最后几分钟可能又盼着下课,40 分钟的课收效甚微,这是一种空虚。

二、效率性原则

《帕金森定律》一书中,描述了一位老太太为了给远方的外甥女寄一张明信片,足足花了一整天的时间:找明信片要一个钟头;寻眼镜要一个钟头;查找地址要半个钟头;写内容要一个钟头一刻钟;送往邻街的邮筒投寄,究竟要不要带把雨伞出门,这一考虑又花掉了 20 分钟……就这样,几分钟内搞定的事却用了老太太一整天的时间。帕金森认为:时间有限,要完成任务就得多做工作,效率就是生命。要提高时间利用效率,就要注意以下几个问题:

(1)优时优用。人体有着自己的活动规律,大脑也不例外,要优时优用,发现哪个时间段适宜学习什么内容。

(2)防止拖拉。每天的每个时间段都要做好计划,并坚持去贯彻执行。

(3)事事清,日日清。每当一项任务完成后,我们就要对用时进行统计并与计划相对照,总结经验教训。一天结束后,我们要总结当天的时间利用情况。

三、张弛有度原则

心理学上有这样一个实验,让智力和学习水平都差不多的两组学生,先共同记忆数量相同的难字:记熟之后,一组学生开始休息,另一组学生继续用脑。过 5 分钟再共同默写,结果前一组学生比后一组的成绩好得多。学习是一种紧张的脑力劳动,人在学习的过程中大脑皮层处于一种高度兴奋的状态,持续用脑超度,就会使大脑机能失调,降低效率。西方时间专家提出的 50 / 10 法很科学,也就是每小时要松弛 10 分钟, 50 分钟的学习效率更佳。

“张”即紧张,全神贯注,精力集中;“弛”的内容则不尽相同。亚里士多德在劳累时喜欢捕蝴蝶和甲虫,列宁疲倦时则喜欢荡秋千,鲁迅在写作困顿时喜欢“乱翻书”……我们也要在现实允许的条件下找出自己“弛”的有效方式。

勇气到位，所向披靡

“有了勇气，便能粉碎厄运。”塞万提斯如是说。

“没有比害怕本身更可害怕的了。”培根如是说。

要想学习取得好成绩，必须鼓起勇气和信心。

“真的猛士敢于直面惨淡的人生，敢于正视淋漓的鲜血。”只有令人唾弃的懦夫和孱头才甘愿伸出不值钱的脑袋任人乱弹。

明代著名将领戚继光，初到浙江抗倭前线的时候，发现当地的官兵畏敌如虎，见倭寇冲过来，吓得转身就跑。这样的军队能打什么胜仗呢？在一次遭遇战中，士兵又要逃跑，戚继光大喊一声“站住”。他跳上一块大石头，面对成群的敌人连发三箭，射中敌酋，然后命令士兵随自己追杀。士兵见主将如此英勇，也壮了胆，呐喊着扑上去，这一次吓跑的是倭寇。同一支军队，为何前后表现如此不同？显然就在于有没有勇气。如果你没有勇气，你可能节节败退，最后惨不忍睹地收场；如果你有无所畏惧的勇气，你也可以势如破竹，所向披靡。

刮骨疗毒的关羽千里走单骑，破釜沉舟的项羽誓死扫秦师，凭的全是勇气。没有勇气就没有了斗志，没有了斗志的人要取得最后的胜利，那是痴心妄想。

正如我经常给学生们说的，拳击选手在比赛过程中，一方面比的是拳头的力量，另一方面比的也是勇气。决定最后胜负的可能就是具有威慑力的坚定眼神和流露出必胜信念的满脸杀气。然而有勇气无谋略的做法要不得，那样只能落得马谡的下场。“勇敢不在臂上，而在智慧上。”没有智慧和策略的勇猛只是匹夫之勇，是鲁莽之举。齐之城东、城西两勇者偶遇，推杯换盏，酒过三巡，一曰少肉，另一曰：“子，肉也；我，肉也。”于是相互割肉而食，直至死亡。这种勇敢有何意义？有何价值？

我们要有夺取年级第一的勇气,还要讲究策略和方法。你要想超过别人,就要找到和别人的差距,然后用自己的策略和智慧去弥补这些差距。

追赶,超越,出人头地就在你的拼搏奋斗中,而拼搏奋斗本身就是种勇气。正如丘吉尔所说:"勇气是人类最重要的一种特质,倘若有了勇气,人类其他的特质也就具备了。"

勤奋要讲究方法

学习需要刻苦努力,但勤奋的同时,应讲究学习的方法。学习时要善于动脑思考,从中掌握学习的规律,理解知识的精髓。著名学者蔡尚思说:"学习与思考二者必须结合起来,不可偏废。单思不学,会变成空想;单学不思,又会变成书呆子。"可见,学习的时候,要善于动脑思考,从中掌握学习的规律,理解知识的精髓。学习方法多种多样,古往今来许多成功者的方法值得我们借鉴:

梁启超曾说过:"读一书,专取一个注意点;读第二遍,另换一个注意点。这是最粗的方法,其实亦是最好的方法。"

郑板桥说:"读书好问,一问不得,不妨再三问,问一人不得,不妨问数十人。要使疑窦释然,精理迸露。"

陈垣说:"读书的时候,要做到脑勤、手勤、笔勤……多写多记,念书多了,就积累下不少知识,可以左右逢源。"

勤学好问,从古至今永远不过时,现在仍然需要我们学习借鉴。勤学好问取得成就是有道理的。就拿我班的女孩小杜同学来说,勤学好问在她的身上得到了验证。小杜同学总爱问为什么,不管哪科的学习,总有问不完的为什么:为什么猫头鹰只在夜里出来?为什么要少吃垃圾食品?为什么要多植树造林?为什么鸟儿飞不累?为什么秋天树叶会落?如果对这些问题都一一弄清楚、弄明白,要多学多少知识啊!长此下去,又要积累多少知识啊!除此之外,小杜同学学习时讲究方法,对所学的知识善于归类、总结。小杜同学最后以全县第十名的成绩考入了重点高中。

青少年作为求学者,应该借鉴前人的经验,但必须结合自己的特点采取有效的方法。学习除了需要勤奋外,更讲究方法。古人云:“欲速则不达。”

勤奋须耐得住寂寞

每个人,除了外在的自我之外,还有一个内在精神性的自我。可惜的是,许多人的内在自我是昏睡的或者是发育不良的。小说中的武林高手很多是在深山老林中闭门修炼而成,体育运动员每年也都有一段时间封闭训练。这说明:“避免干扰”的专心修炼是很能提高水平的。就学习而言,它是枯燥的、单调的。这种单调的苦练很容易让人疲倦,也很容易让人感到寂寞难耐。我们可以采取措施适当调节自己疲惫的身心,注意劳逸结合,但是也必须提醒自己“耐得住寂寞”。

古往今来,大凡出类拔萃者,无不经历了孤独的拼搏和寂寞的奋战。在这些出人头地的人眼里,寂寞是颇值得珍惜的,勤奋更值得珍惜,因为只有在寂寞的状态和“耐得住”的心态下执着地追求才可能成功。

古人纪昌向飞卫学射。飞卫告诉他,学射必须先学会不眨眼。纪昌回家后,每天躺在织布机下,睁着眼睛看梭板颤动,直至三年后梭尖临眼也能做到不眨眼。飞卫对吉昌说,学射还要视小如大,视微知著。于是纪昌以马尾悬虱于窗,天天视之,直至三年后视虱如轮。最后纪昌能做到箭中虱心而马尾不断。试问如果没有勤奋刻苦和坚持,没有耐得住寂寞的意志和毅力,哪能练就如神助之的射技?

再有,人称“草圣”、字有“骤雨狂风”之势的唐代著名书法家怀素和尚,也是勤奋和耐得住寂寞而有千古芳名的典范。怀素为练书法,幼年出家为僧,在寺院里种了一万多株芭蕉，用芭蕉叶子练字，每日里勤学苦练秃了不计其数的毛笔。怀素把这些笔堆积起来埋在山下，称之为“笔冢”。

诚然，小学阶段我们为了成全自己的诺言而失去太多的美好，但是有志者当不虚掷光阴，想成就点什么就必须耐得住寂寞，更要勤奋。

有一段文字很有道理：花儿因为有绽放前寂寞的生长，才换来足以倾倒一个季节的美丽；蚌因为有了寂寞中的痛苦孕育，才有了光泽晶莹的珍珠；蝴蝶因为有破茧前寂寞的忍受，才换取它那双轻灵扇动的翅膀；雏鹰因为有飞翔前寂寞的练翅，才有了残阳如血下悠然翱翔的壮美；种子也因经历了漫长的萌发过程，才成了参天大树！而成功者，因为熬住了寂寞，才会名留青史！

高山的峰巅，大海的深处，辽阔的蓝天，这一切美丽都源自寂寞。面对美丽中的寂寞，我们要视之为一种享受。《老人与海》的作者海明威说：“给我快乐，毋宁给我孤独。”对于心存大志者来说，在理想和目标的前面，寂寞确是一种至高绝伦的美丽。

刻苦勤奋时，注意劳逸结合

古人提出的“劳逸结合”“张弛有度”的观点，是符合规律的。“天行有常，不为尧存，不为桀亡。应之以治则吉，应之以乱则凶。”荀子认为一切都有其规律且不以人的意志为转移，用合理的措施适应它就吉祥，用不合理的措施对它就遭殃。

我班的很多学生都在努力学习，拼了命地挤时间，周末自己在家刷题。其实这是不符合规律的做法。大脑像其他器官一样，长时间的工作会使之疲劳。它的保护性抑制本能使其兴奋度大大降低，人们容易出现精力分散、思维迟缓、反应不敏捷、精神不振奋等状态。所以我们要遵循规律，劳逸结合，才能收到意想不到的学习效果。

现在有了一种更令人兴奋的提法叫作“在学习中休息，在休息中学习”，可谓两全其美。

当你感觉到疲惫时，不妨采取适时休息的方法，这样可以使你的大脑得到放松，如当我们集中精力记忆了一节课的字音后，会感觉非常疲惫，大脑已经对字音不再敏感，开始抵制。这时你可以试着做一道中档数学题，三下五除二地做完后，一对答案完全正确，成就感会让你的情绪愉悦起来，脑子再度兴奋。做数学题时，其实你记字音的大脑皮质部位已得到了休息。我们在更换学习内容的过程中让大脑皮层的各部分轮流休息，不断出现新的兴奋中心。这样，兴奋、抑制、再兴奋的循环往复，使大脑神经活动得到合理调节，使脑力活动始终保持高兴奋度。

我们在学习的过程中要注意规律性的原则。根据巴甫洛夫条件反射原理，如果人们在固定时间内，在一定环境条件下，一直看同一科目的书籍，那么，每当打开书本，大脑的有关部位就会不由自主地兴奋起来，从而取得更好的复习效果。比如饭后、课前可以做一些数学小题，早操后可以记忆英语单词、句子。定时复习，可以让学习状态自然而然地发动，这就好比吃饭一样，因为一直是定时的，所以到了吃饭的时间，我们的唾液和胃液就自然而然地分泌出来。

如何缓解学习疲劳

学习疲劳是一种学习障碍，在一定程度上来说也是一种心理障碍，所以它是由一定的客观和主观条件引起的，而不是一种纯自然现象。到了小学高年级段，很多同学经常出现“心理饱和现象”和“高原现象”而有学习疲劳的感觉。

下面我们来测试一下自己的身心健康状况。用“是”或“不是”回答下列问题：

（1）早上起来就感觉难受。

（2）如果你骑自行车上学，感到没力气。

（3）上楼梯容易绊倒。

（4）不愿与老师或同学见面、交谈。

（5）写作文不顺利。

（6）说话声细，连不成句。

（7）对别人的谈话不关心。

（8）不知不觉喜欢用两手托着下巴靠在桌子上。

（9）总想喝大量的茶、咖啡等提神的饮料。

（10）不想吃油腻的东西。

（11）饭菜中非常喜欢加上香料调味。

（12）总觉得手发僵。

（13）眼睛总像睁不开似的。

（14）哈欠打个不停。

（15）连朋友的电话号码也说不出来。

（16）想把脚搁在桌子上或椅子上歇歇。

（17）体重不知不觉地降下来。

（18）容易拉肚子或便秘。

（19）难以入睡。

如果有 1 或 2 道题回答“是”，说明有极轻微的学习疲劳；如果有 3 或 4 道题回答“是”，说明有中等程度的学习疲劳；如果有 5 道及以上的题回答“是”，说明有严重的学习疲劳，应该引起足够的注意。需要说明的是，并不是说学习疲劳会严重影响自己的学习效果，对这一再正常不过的现象我们只要稍做调整，问题就会解决。

一名学生在接受记者采访时谈到学习疲劳的话题，她说：“运动是一种比较积极的休息，如果学习累了就趴在课桌上睡觉，醒来会很不舒服。”她还说：“聊天解乏效果也不错，找同学聊一些音乐、电影、服饰等共同喜欢的话题会消解疲劳。”

另外，也有专家推出了一系列预防和消解学习疲劳的方法。

一、安静性休息

安静性休息是指睡眠和闭目养神。睡眠是最基本的、最重要的而且是不可取代的休息方式。人在睡眠时，体内各器官的代谢活动降低，大脑皮层由兴奋转为抑制，耗氧减少，有利于血液中养料、氧气的自我补偿，以积聚精力。睡眠既保护了神经细胞，避免过度疲劳，又促进了神经细胞功能的恢复。

二、活动性休息与交替学习式休息

活动性休息又称积极性休息，如散步、打球和轻微的体力劳动等，也可以与他人聊天。交替学习式休息是指将各种不同性质的学科交叉在一起学习，这样，大脑皮层的神经细胞不仅不会疲劳，还有相互促进的作用。

三、科学安排学习时间

研究表明，学生在一周内的不同时间段的学习效率和疲劳情况是有差异的。如上午的二、三节课为效率最高时期，而第四节课为疲劳显著时期；一周中的周二、三、四为最佳学习日，周一和周五的思想容易涣散，属情绪波动的时期。

因此，学生要注意各学科学习时间的排列和搭配，做到劳逸结合，抽象性为主的学科和形象性为主的学科交替学习，脑力劳动与体力活动交替，内容多的与内容少的学科交替，使神经活动得到调节，减轻大脑的疲劳程度。

四、音乐疗法

音乐疗法是心理疗法中的一种，它能够通过心理作用影响人们的情绪与行为，从而达到促进健康和消除疲劳的目的。

学生们在学习的间隙或学习之后，可以通过听音乐来达到消除疲劳的目的。但是，所听的音乐必须是“纯粹音乐”，也就是没有歌词的优雅的音乐，如贝多芬的《田园交响曲》、海顿的组曲《水上音乐》等。音乐中如有语言信息的话，这些语言信息将进入大脑，结果会导致大脑得不到充分的休息。

另外要注意的是，学生们在听音乐时，不能边听音乐边考虑其他问题，必须陶醉在音乐之中，只有这样才能使疲劳得到彻底地消除。

第三章 专注意识的养成

既然选择了当下的事情，就请全力以赴地放开了去做，管它结果如何，用力、专注做好过程，结果一定精彩，也会回味无穷。滴水之力能穿石，靠的就是专注。弈秋叫两个学生下棋，其一人专心致志，惟弈秋之为听；一人虽听之，一心以为有鸿鹄将至，思援弓缴而射之，虽与之俱学，弗若之矣。所以，成功始于专注，专注在于当下。

一切会给专注让路

我的孩子今年五岁，在吃饭时还经常被训斥，因为她总是两眼死盯着电视，嘴里的馒头也忘了嚼，手里的勺子也好长时间不舀菜。老公看到这样的情形，每每都是对孩子一阵训斥。对老公因此而教训孩子之事，我有着不同的看法，还为此争执过几次。我的态度是：孩子对家长的呼喊充耳不闻是看电视专心的表现，做事专心有什么错吗？孩子被电视情节吸引而忘掉一切是好习惯，她既然能这样专心看电视，那么在学习的时候也就能非常专心地学习，这有什么可批评的呢？她如果看电视三心二意，做别的事情也一样不用心，那怎么能非常专注深入地进行学习呢？

我认为解决问题的办法是吃饭时不开电视。

是老公的想法太简单，还是我的观点太另类？孩子无视家长的呼喊是因为她专注于其他事而没听见，还是她听见了却置之不理？这种不管青红皂白而妄加批评的做法我认为欠妥。

这真是公说公有理，婆说婆有理。到底谁的理在理，各位读者去评价吧！

记得有人说过这样一句话："当一个人明白自己想要的是什么时，脚上便没有了障碍；当一个人真正地专注于自己的追求时，整个世界都给他让路。"

我不说不专注地追求一定得不到，也不说专注于所做的事一定会做好，但不专注于所做之事一定做不到最好。大凡能承受更高一级形容词的人无不是专注做事的典范，"泰斗""权威"这些词都是属于那些专注者的专利词。

《孟子》中有这样一个让人深思的小故事：弈秋有两个徒弟。一个徒弟专心致志，一丝不苟，专注于研究下棋的技巧与策略。而另一个呢，整天以为将有大雁飞过，一心想着自己挽弓将大雁射下，如此导致无法专注于学习下棋，技艺毫无进展。

最终的结果当然不言自明了。

无论做什么事情，都需专注地去做，因为这是做到优秀、卓越、极致的前提。真正有价值的东西不是出自雄心壮志或单纯的责任感，而是出自专注做事。

专注应从一件小事做起，就像平治天下从扫一屋开始一样。

记得有一位运动员说过："我只能专注做一件事情，一个眼神都不能分出去。"人们专注的时候，会将精力全部放在这一刻，将全部心思倾注在这一刻，将眼神听力也全部聚焦在这一刻，积蓄力量，爆发力量。人们专注时才会将心志、技能淋漓尽致地发挥好。

仲尼适楚，出于林中，见佝偻者承蜩，犹掇之也。仲尼问这位佝偻老人："子巧乎！有道邪？"

佝偻者说："我有道也。五六月累丸二而不坠，则失者锱铢；累三而不坠，则失者十一；累五而不坠，犹掇之也。吾处身也，若厥株拘；吾执臂也，若槁木之枝。虽天地之大，万物之多，而唯蜩翼之知。"

他为什么能用木棍从树上把蜩接下来呢？固然与他的苦练分不开，但苦练的是怎样让自己专注。他的身体像一棵树，他举起的手像枝子，天地间的万物都不存在了，他只知道有蜩存在，这是什么也不能替代的。他的技艺何以如此精巧？可以理解为，诀窍就在于专注。

不专注让你寸步难行

1886 年 6 月 25 日，巴西里约热内卢剧院里剑拔弩张。

幕布还没拉开，全场已一片混乱，跺脚声、叫骂声、口哨声不绝于耳。巴西的观众和意大利歌剧团正在发生"冲突"，因为第一场演出，被巴西媒体批得一无是处，而剧团把责任推到指挥者身上，而指挥者正是巴西人最仰慕、尊敬的米盖尔。米盖尔立即辞职，这引起了巴西观众的噪乱，剧团经理亲自担任指挥也被轰下了台，似乎结局只能是给观众退票了。

最后，是一个坐在乐队后排的19岁的大提琴手控制了局面。他走上台，双手合上了乐谱，全凭记忆去指挥，创造了指挥史上的传奇。巴西人被这位不起眼的19岁男孩的才华打动了，他就是托斯卡尼尼。托斯卡尼尼的成功不仅靠天赋，更重要的是他的专注精神和能力。80岁时，儿子好奇地问他："您觉得您一生做过的最重要的事是什么？"托斯卡尼尼说："我现在做的事，就是一生中最重要的事，不管是指挥一个交响乐团，或是在剥一个橘子。"全神贯注是他的秘诀。

蚂蚁可以游遍深山老林，两头蛇却是寸步难行。专注是把一切都忘掉的热忱，优秀的结果必须要求完全沉浸的状态。当你专注于一点时，你会对它产生虔诚之意，并于专注中泉涌般滋长出创造的快感和灵魂的愉悦。

再看几个优秀之士是怎样专注的，或许你会得到一些启发。

巴尔扎克正埋头写作，一个朋友来探访他。朋友见他专心致志，不忍打扰，便悄悄地坐在一旁。不久，仆人给巴尔扎克送来了午饭，他视而不见。朋友误以为是给自己送来的，便不客气地把饭吃光了。又待了一会儿，见巴尔扎克还没有停笔的意思，这位朋友便悄悄告辞了。

巴尔扎克终于感到肚子饿了，便搁下笔来找饭吃，当他发现桌上饭菜狼藉的餐具，便自己责备自己说："真是个饭桶，刚吃了饭还想再吃！"

一天早晨，巴尔扎克在外出散步时，特地在门上写了几个大字："巴尔扎克不在家，请来访者下午来。"他一边散步，一边考虑着小说的结构、人物的对话、细节的安排。想着想着，他感到有点饿了，便返回家去。到了门口，正要推门，忽见门上那两行字，便不胜遗憾地说："唉，原来巴尔扎克先生不在家。"说完，便转身走了。

1903年1月6日，爱因斯坦和他大学时代的同学米列娃结婚了。喜庆的宴席结束后，爱因斯坦挽着新娘入洞房。走到门口，他发现钥匙丢在实验室里了。于是就让新娘等着，自己马上去取钥匙。可是，几个小时过去了，还不见爱因斯坦回来，孤零零的新娘再也忍不住了，又急又怕，赶紧跑到实验室找人。推开门一看，天哪，新郎正忙着做实验呢！

无论你手头正在做什么事，把周围的一切忘掉吧！纵使这件事再小，也应专注其中，养成良好的习惯，而不是三心二意。

我曾经在一次班会课上给学生们讲过某杂志里的一个故事，以让他们明白“优秀者必须专注”的道理。

三只猎狗正追赶一只土拨鼠，土拨鼠钻进了一个树洞，这个树洞只有一个出口。可是，不一会儿，居然从树洞里钻出一只小猪，小猪飞快地向前奔跑，并爬上另一棵高树。小猪躲在树上，仓皇中没有站稳，掉了下来，砸晕了正仰头观望的三条猎狗。终于，小猪逃跑了。

讲完后，我问：“这个故事有什么问题吗？”学生们说：“小猪不会爬树。”还有几个学生说：“小猪不可能把三条猎狗同时砸晕。”“还有呢？”我继续问。

学生们再也找不出问题了。

我又追问：“土拨鼠哪里去了？”学生们恍然大悟。土拨鼠为什么在学生们的头脑中消失了呢？因为小猪的出现，使大家的注意力不知不觉地分了岔。

在我们学习、做事时，要始终提醒自己：“土拨鼠在我眼前吗？在我心中吗？”

只有慎待小，才能成就大

有首民谣这样说：

丢失一个钉子，坏了一只蹄铁；
坏了一只蹄铁，折了一匹战马；
折了一匹战马，伤了一位骑士；
伤了一位骑士，输了一场战斗；
输了一场战斗，亡了一个国家。

这首民谣所说的也就是著名的“蝴蝶效应”了。

从辩证的关系来看，所有的大事都是由若干件小事构成的，而小事决定了大事的本质。所谓优秀，其实就是通过长期的准备，从而获得的一种机遇。它是一种积累,也是一种智慧。古人说,文人的追求境界可以分为修身、齐家、治国、平天下四个层次,“平天下”的最高境界不就是在之前三个层次的各个细节中积累得来的吗?从细节上“独善其身”,才可能实现“兼济天下”的理想。这也正如一个名人所说的那样:“什么是不简单?把每一件简单的事情做好,就是不简单;什么是不平凡?能把每一件平凡的事情做好,就是不平凡!”

一粒老鼠屎虽小,但它若是掉进一锅汤中,则成了大事;一粒沙虽小,但它若是钻进了人的眼睛中,就成了大事;小时偷一根针是小事,但养成了坏习惯,长大偷金,则变成了大事。

优秀,并不需要我们做多少件轰轰烈烈的大事,而是做好今天的每一件事,注意自己手下的每一个细节。我们不要把随口说脏话或是随地吐痰看得无关紧要,不要认为一次迟到或马虎应付作业只是不值一提的小事,不要认为晚上不好好休息或是上课“开小差”只是习惯问题,这些都将是你“人生航天计划”的隐患,可能会导致你一生的灾难。

懂得了“小”与“大”的道理,我们得出的教训是:决不能忽视我们身边的小事,不能养成坏的习惯,要辩证地看待身边的“小”。尤其要小心的是决不能因为对小事的忽略而酿成了人生的苦果。

我们经常在各种服务场合看到单位挂出的一个标语——“微笑服务”。但到底怎样的笑称为微笑?沃尔玛规定面对顾客要常露微笑,而对微笑的定义是“露出八颗牙”量化细节,露出八颗牙就是真的在笑了。麦当劳对每一个流程也都量化细节,连炸薯条和制作牛肉汉堡都有详细的规定。如麦当劳规定,牛肉饼烤出20分钟,没有卖掉就要扔掉。这就是注意细节。

小小的细节在宏大的历史变革面前,是否曾经推动或阻碍过沉重的历史车轮,这是一个大的命题,我们今天姑且不去管它。读过《三国演义》的人都知道关羽。关羽在整个三国时期可谓英勇盖世,他从温酒斩华雄,千里走单骑,到后来的单刀赴会,威逼曹操,到最后败走华容道,为奠立短暂的蜀汉基业可谓立下了赫赫战功。然而,就是这么一位有着浓厚传奇色彩的时代英雄,在后来攻下襄阳之后,不能重视小吏王甫的谏言,大意失荆州,最终败走麦城,自己也落得身首异处。这不是忽视细节的悲剧吗?

再看看影响中国近代史的戊戌变法。

戊戌变法是继洋务运动之后的一次资产阶级改良运动，它的目的是想要通过政治体制改革，促使中国走上君主立宪的强国之路。光绪皇帝在《明定国是》的诏书中提到："在经济上，要开办实业，改革财政；在财政体制改革上，要创办国家银行，编制国家预算。"当然，大家都知道，戊戌变法最终是以失败而结束，它却给当时的国家政体注入了新鲜的血液，为后来新民主主义革命埋下了坚实的伏笔。然而就是这样一次轰轰烈烈的变法运动，最终失败的一个转折点却是对一个微小细节的忽视，因为一个小人物的告密而导致了后来的"六君子事件"。

诚然，戊戌变法的失败存在着特定历史环境下的客观必然性，但在今天想来，还是不能不让人为之扼腕痛心。

血的历史告诉我们："事无巨细，观其貌而不思其行，必为之祸。"老子的《贤文》中说："不矜细行，终累大德。"这句话的意思是一个人如果不注重细节就会影响大事，即细节决定成败。其意在教育人们要重视细节，实践细节。

《大学》这部书里说，修养的次第是"四纲""七证""八目"。"八目"即格物、致知、诚意、正心、修身、齐家、治国、平天下。我们是否有一种体会，古人做学问是十分注重细节的，由小到大，由浅入深，鞭辟入里。"八目"所表达的意思就是一个人要想做"平天下"的大事，需要从"格物"等细节做起，也就是古人所说的"一屋不扫何以扫天下"的道理。

专注于细节

泰山不拒细壤，故能成其高；江海不择细流，故能就其深。

目标远大、高瞻远瞩的人有时喜欢大刀阔斧而易忽视细节，对于细节或是视而不见，或是不屑去做。

为什么细节易被忽视呢？因为小而不为，不显其损；小而为之，不显其益。

正因为细节易被忽视，且在一个人优秀的过程中意义重大，所以有人将细节称为优秀的“经络”。

中医上讲究经络，经络却是看不见摸不着的，所以会被注重直观的西医忽视。假如你给某些西方的医生讲针灸，他会感到不可思议，认为那会流血而且很疼，也不会有什么疗效。假如你和他说既不会流血也不会疼，因为我们既不扎骨头也不扎肉，扎的是经络，他会更加不解。

某些西方的医生不相信经络的存在，因为他们在解剖尸体时从来没有发现过经络。他们哪里知道经络只存在于生命体上，人死后经络就随即消失，也就是所有的“气门”都会在人死的一刹那关闭。经络之于生命就像航线之于飞机，飞机飞行的时候航线是存在的，飞机一旦停下来，航线就消失了。

在生活节奏日益加快、社会分工越来越细的今天，更多的人开始忽视细节，就像西方的医生忽视看不见的经络一样。

然而，细节不细，在我们的生活和学习中不可等闲视之的却正是细节，细节的意义和价值远远大于“大刀阔斧”的作为。

在20世纪末期，各大媒体曾经讨论过人类史上的一些重大问题，其中有一篇题为《人类历史上的100件大事》，与中国有关的有9件：

（1）儒家和道家的形成。儒家和道家分别由孔子和老子创立。前者的学说核心是“仁”，后者的学说核心是“道”。

（2）成吉思汗的帝国霸业。建立横跨欧亚的大帝国。

（3）火药的发明和改良。中国发明，后传入欧洲。

（4）印刷术的发明。11世纪，中国毕昇发明活字印刷，15世纪德国葛登堡改良印刷术并使其流传开来。

（5）中国工农红军长征。1934—1935年，中国工农红军完成了行程25 000里的战略大转移。

（6）卢沟桥事变。1937年7月7日，卢沟桥事变标志着抗日战争全面爆发。

（7）新中国成立。第二次世界大战后，新中国成立是世界政治生活中最重大的事件，改变了整个世界的力量对比。

（8）1999年，世界人口空前增长至60亿。中国人口最多，增长速度最快，造成了一系列的社会问题。

（9）自然环境恶化。环境危机威胁着人类的生存，保持生态平衡成了全球最重要的问题之一。

这9件事中，真正、完全地由中国人而引起的大事只有6件。当然并不是说中国除了这些事外发生的都是小事，但至少说明我们自己经历和做的事情中大事总是少的，即使是大事，也是由很多小事组成。细节小事组成大事，小事细节决定大事。

什么是不平凡？把平凡的事做好就是不平凡；什么是不简单？把简单的事做到极致就是不简单。

生活、学习正是由一个一个的细节组成，没有细节就没有生活。我们普通人，每天都在做一些小事。细节就是我们学习生活的每一天，是我们经历的每一件有意义的事情，是每一个A，B，C，是每一个X，Y，Z，是一个个的公式和方程。真正的优秀并不是要我们做几件轰轰烈烈的大事，而是做好今天的每一件小事，注意手下的每一个细节。

不要认为迟到一次不足挂齿，不要认为应付一次作业可以原谅，不要用“下不为例”来作为宽宥自己的理由。这些小小的细节往往会成为你人生航道上的隐患。

细节是一个个的音符，是它们组成了恢宏的篇章；

细节是一片片的树叶，是它们组成了浓浓的绿荫；

细节是一棵棵的小草，是它们组成了茫茫的草原；

细节是一个个的笔画，是它们组成了巨制和经典。

抵御各种诱惑，专注成就自我

《学习改变命运》这本书中说：“年轻人最不缺乏的就是远大的抱负，而往往是因为抱负远大，所以不愿意把精力真正集中到摆在面前的任务上来。”

任何人都不是生活在纯粹的环境中,来自各方面的与追求相悖的诱惑不可避免,所以说专注需要抵御各种诱惑。

我国著名昆虫学家洪式闾曾这样勉励自己:“我们必须吃、喝、睡、休闲、玩乐,接触生活中很多诱人的东西,但是不应受这些东西的支配,除去这些之外,在我们可怜的头脑里占据优势的,必须是全力追求的理想。”

洪式闾的工作地点是有“人间天堂”之称的杭州,然而在他十多年的大学工作过程中,竟然没有去逛过西湖。他这样和别人说:“天下美的东西太多了,诱惑太多了,而我的事情让我没有时间和精力去顾及游山玩水。”

“用志不分,乃凝于神。”神凝志不移才能称得上专注。古人曾对专注的境界这样诠释:“目察秋毫之末,耳不闻雷霆之声,耳调玉石之音,目不见泰山之高。”

一个人只有将心志专注于唯一的追求时,才能最大限度地挖掘自己的潜力,因为只有这样才能让自己的大脑最为活跃,思维更为敏捷,从而使效率也最高。所以古人说:“鹿驰走,无顾,六马不能望其尘。所以及之者,顾也。”

为什么鹿被追上了呢?是因为它向周围观看而分散了精力。同样的道理,逐鹿者焉能顾兔,其下场必为鹿兔两空;缚鸡者焉能求蛋,其下场必是鸡飞蛋打。

说到专注于唯一之追求者,不得不让人提及伟大的物理学家居里夫人。居里夫人致力于自己的研究,做出了万代美传的贡献。如果将此成就仅仅归结为她超人的聪明就错不可宥了。

居里夫人成名后,荣誉和金钱接踵而至,可她不为所动,将自己的奖杯当成孩子们的玩具,就连自己那价值可观的奖金支票也被孩子们拿着玩了起来。金钱和荣誉相对于研究事业来说都是微乎其微,甚至是可以忽略不计的东西。对于居里夫人来说,她所追求的只有一样,那就是贡献给人类的科研成果。

我们生活的社会愈来愈复杂多变,我们周围的环境越来越丰富多彩,当诱惑正在以前所未有的炮轰式侵略来袭击你时,你是否能抵御住这种诱惑呢?电视、手机、电脑,这些可都是“宁静致远”的可怕杀手,你一旦被它俘虏为奴便不会再有好的结局。

我所带的班级里曾经有这样一个孩子,他在小学五年级之前一直成绩优秀，是以测评前三名的成绩进入班级的。可自从这个孩子进入小学高年级之后，我发现他上课时注意力很不集中，课堂上还时常出现打瞌睡的现象，他的学习成绩下滑趋势日益明显。我决定跟孩子及其家长谈一谈，看能否发现问题所在。那天放学后我去家访，家访时我先问及孩子在家学习是不是不专心，在家是否玩电子游戏。家长说平时只有周六晚上和周日晚上让孩子玩玩电脑游戏，周末其他时间学习还算认真。

接下来，我和该生在他的房间里拉家常式地交流了起来。显然他对我出乎意料的家访有些措手不及。我在给他讲道理时，他听得也心不在焉，还总是打断我的话说："对不起，老师等一下。"说完就跑到书房，然后很快又回来，这样来回了至少三趟。

我问他干什么去了，他只是狡黠一笑。

他又一次打断我的话跑进书房时，我尾随其后，发现原来他正在电脑上安装一个游戏，一趟一趟跑过去是为了点击"下一步"继续安装。他和我解释得理直气壮："爸爸让我今晚玩电子游戏，这是法定的。"我终于发现了他成绩下滑的原因了，是电脑游戏惹的祸。

按说每周玩两个晚上的游戏也无可厚非，可问题是他在做别的事或学习时也在想着游戏。学习过程中，注意力受到游戏内容的干扰，效率自然而然会大打折扣。后来那位家长干脆把电脑处理掉了，该生在我和家长的不断督促之下，学习情况慢慢有了很大的转变。

对于学习之外的诱惑，控制它们的出现是不可能的，重要的是自己能够明白它不应是自己的奴隶主，自己应该做它的主人。

记得有人说过："要想地里不长草，就往地里种庄稼。"当我们把自己的精力和时间更多地专注于学习的时候，也便成了那些诱惑的主人，也就能做自己的主人了。

曾经在报纸上看到这样一则新闻，这是发生在东北的故事。

一个孩子，因为上网成瘾，经常通宵达旦地泡在网吧。有一次他跟父母要钱上网，遭拒绝后竟对父亲拳脚相加，母亲也在劝阻时被推到一边。最后，这个孩子从母亲钱包里掏出 100 元钱扬长而去。

这个孩子事后说："我当时已经玩了四个小时的格斗游戏，很兴奋，脑子里都是打啊杀啊,已经分不清现实与虚拟了。”

为什么电子游戏会有那么大的魔力呢?它竟然能使孩子们于亲情、理智而不顾!原因就是他们在游戏之中可以彻底忘记一切烦恼,在虚幻中去宣泄,可以做现实中不可以做的事情而无需承担任何责任。

我曾经在网络上看到过一位老师写给自己迷恋网游学生的一首小诗:

少小不识愁,前程未多虑。

放纵易厌学,玩物可丧志。

燕雀嬉戏忙,鹏鸟已展翅。

悬崖须勒马,补牢亡羊时。

幸尔悟其道,朝过夕改之。

诫尔切深甚,无可救药迟。

迷恋网游的孩子体会到了老师的苦心之后经过刻骨铭心的闭门反思,终于“改邪归正”,后来还考取了一所不错的大学。

用志不分,乃凝于神

“用志不分,乃凝于神。”神凝志不移才能称得上专注,“目察秋毫之末,耳不闻雷霆之音,耳调玉石之声,目不见泰山之高”才能称得上专注。

邑人贪看《红楼梦》,每到入情处,必掩卷沉思,或发声长叹,或挥泪痛哭,寝食并废。匝日间连读七遍,遂致神思恍惚,心血耗尽而死。此真可谓专注之“登峰”。

法国剧作家易卜生在台上演一个无病呻吟的人,逼真的咳嗽和举止博得观众热烈的掌声。掌声经久未息,他也很久没有站起来。此真可谓专注之“造极”。

一个人专注于自己所做的事,才能最大限度地发掘自己的潜力,因为此时自己的大脑最为活跃,思维最为敏捷,效率也最高。所以古人说:“鹿驰走,无顾,六马不能望其尘，所以及之者，顾也。”同样的道理，逐鹿者焉能顾兔？其下场必为鹿兔两空；觅蛋者不可缚鸡，其结果定是鸡飞蛋打。

由此可见，专注是成功的前提。

仲尼适楚，出于林中，见佝偻者承蜩，犹掇之也。仲尼问：“子巧乎！有道邪？”曰：“我有道也。五六月累丸二不坠，则失者锱铢；累三而不坠，则失者十一；累五而不坠，犹掇之也。吾处身也。若橛株枸；吾执臂也，若槁木之枝；虽天地之大，万物之多，而唯蜩翼之知。吾不反不侧，不以万物易蜩之翼，何为而不得！”孔子顾谓弟子曰：“用志不分，乃凝于神，其佝偻丈人之谓乎！”

弈秋，通国之善弈者也，使弈秋诲二人，其一人专心致志，惟弈秋之为听，一人虽听之，一心以为有鸿鹄将至，思援弓缴而射之，虽与之俱学，弗若之矣。为是其智弗若与？曰：“非然也。”

在自己的领域里出类拔萃的人，无一不是专注的结果，是专注成就了他们的辉煌。

著名数学家陈景润边走路边思考问题，碰到了树还说“对不起”。还有一次去餐厅吃饭，正想着一道难题，转了一圈竟鬼使神差地回来了。

曹禺是我国著名的剧作家，23 岁就因《雷雨》而声名大噪。有一次，他坐在热水盆里洗澡，边洗澡边看书，等家人把他喊出来时，澡水已经冰凉，他已经沉迷于书中。

然而，专注是枯燥的，专注是无聊的，专注是一种挑战，也是一种磨砺，如果没有超强的忍耐力和顽强的毅力，则很难将专注进行到底。“新东方”校长俞敏洪说过：“想要成功，需要具备忍受孤独、忍受屈辱、忍受失败的能力。”我感觉除了忍受这三点外，还应加一点“忍受专注的挑战与磨砺”的能力，正如王国维总结的学习境界：“昨夜西风凋碧树，独上高楼，望尽天涯路”是专注，“衣带渐宽终不悔，为伊消得人憔悴”是持之以恒，“蓦然回首，那人却在，灯火阑珊处”是成功。

演员只为提高自己的演技，运动员只为提高自己的成绩，士兵只为提高自己的战斗力，而我们学生，则只为提高我们的学习能力，这才是我们要专注的唯一。邓小平同志说“发展才是硬道理”，那我们则应说“提高自己才是硬道理”。而专注是提升自我的必经之途。

从细节抓起，完成教师大使命

班主任是学校在促进学生个人发展过程中的中流砥柱。哪个做班主任的老师不是在教育中扮演着多重角色？无论是感化、温情、慈爱式的主流教育方式，还是“震撼式”的新教育方式，班主任们都有自己的一套独门绝技。我在农村小学做了二十几年班主任工作，除了运用好自己的教育智慧——“主流”与“非主流”结合工作外，从来不忽视对学生细节的教育。我以我的工作实践来谈几个“小”与“大”的紧密联系。

一、“小卫生”“大眼光”

学生从进入班级开始，就要接受我的卫生检查。我的卫生检查工作做得相当细致：①检查学生的小手、小脸。生活在农村的学生，父母对孩子的卫生习惯的养成教育几乎为零。起初，当那些脏兮兮的小手在众多举起的小手中停留的时候，自尊会告诉他们，我下次检查时，他们会怎样做。在我的严格要求下，一周后，“小花手”“小花脸”就消失得无影无踪。②检查头发、脖子。当学生们每天用洁净的手脸在我面前自豪地展示自己时，没想到我又把要求提高了——我在每个学生的头发上嗅嗅，做出不同的表情，盯住那些黑脖子摇摇头。学生们明白了我的意思。一周后，个个精神焕发地在我面前走来走去，飘着香气的秀发，给了学生自信，也给我带来了快乐。偶尔有学生坚持不住的时候，就会有同学提醒他。很快学生们就把个人卫生工作搞好了。③检查班级卫生。检查个人卫生的目的是搞好班级卫生服务。当学生们养成了搞好个人卫生的习惯后，很容易过渡到集体。他们明白了怎样保持班级的“手”“脸”清洁，知道了怎样给班级“洗澡”。教室或校园的地面上有一点纸屑，只要我班的学生看到了，就会毫不犹豫地捡起来。这个小习惯关乎学生的身体健康、集体观念的强弱、持之以恒的品格、个人素质的高低。有的老师说我的工作太过烦琐，但我不这样认为，我感觉这是我的责任。温家宝同志说：“教育大计，教师为本。”难道你们会忘记陈小英老师在应邀参加国庆60周年观礼时所看到的吗？她说，观礼结束后，我们的劳模观礼台上一片狼藉，外国使节所在的观礼台上却干干净净，连一片纸屑都没有。看似是小事的卫生，此时却代表着一个国家的国民素质。这说明了什么？对学生的卫生习惯的教育是小问题吗？这难道不是我们教师的责任吗？我国的各个方面都在飞速发展，我们与世界人民交流的机会越来越多，小习惯代表着民族的素质。提高民族素质难道不是教师应该努力的方向吗？提高民族素质岂不是大眼光？

二、“小自信”“大未来”

如果说自信是成功的基石，那么，自强就是自信的动力。在我的课堂上从来都不会放弃任何一个教育学生的机会，我总是合理挖掘思想教育的材料，大到学生回答问题的透彻与否，小到回答问题的姿势和声音。我常常教育学生们，站要正，挺胸抬头，目视前方；声音洪亮，悦耳动听。这些小问题，说起来简单，做起来可真是不易啊！刚开始的时候，大多数学生一被我叫起来就脸红，紧张得要命。越是这样，我就越锻炼他们。哪怕是读一段课文，我也要把他们叫到讲台上来。在我的反复鼓励声中，学生们慢慢地发现了自己的优点，在优点的平台上，学生们找到了自信。“改变自己能改变的东西，做最好的自己。”“你们是最棒的！”这些话成了我的口头禅。学生们在自知中找到了自信，课堂上敢于创新了，课下敢于和任何对手竞争了，参与精神极强。一个三年级的学生，竟敢组织全校的六一节目，您说厉害不厉害？

是啊，有了自信才可自强。敢于创新，敢于竞争，做好自己，这样的学生怎能没有美好的未来？如果学生们都有了美好的未来，我们的民族怎能没有美好的未来？

“水滴石穿”因为专注

今天的语文课上，我给学生出了个《“水滴石穿”的启示》的作文题，旨在训练其发散思维、深刻立意的能力。

绝大多数学生思考到“坚持”“毅力”“以柔克刚”等立意。我提醒学生：“别盯着‘水滴’不放，考虑考虑石头上的那一个点，你们会有新的发现。”有一部分学生恍然大悟：集中力量，不转移目标。

中国国民经济研究所所长樊纲说：“人的精力是有限的，什么都想做的结果是什么都做不好，到头来就是一事无成。”太对了，我们要充分利用有限的精力，集中去做我们要做的事情，必须排除一切干扰。女排国家队为迎接世锦赛而在湖南郴州封闭集训，足球队、篮球队等在大赛前的一段时间里都要进行封闭式训练，也就是为了排除一切干扰，集中所有精力备战赛事。武侠中的高手也都是靠闭关修炼而成。

我们学习不也需要“水滴”的精神吗？我们不应该从“石穿”的现象中得到启示吗？那就是专心致志。

《学习改变命运》的作者李晓鹏说，年轻人最不缺乏的就是远大的抱负，往往是因为抱负太远大，所以不愿意把精力真正集中到摆在面前的任务上来。他们希望成为科学家，所以各种科普杂志都看，却忘了把物理、化学、生物课本学好；希望成为文学家，就武侠言情之类的小说一股脑拿来读，却忘了专心致志地把语文学好……

集中力量去实现目标要注意以下几点：

（1）制订切实可行的计划。凡事预则立，不预则废，没有计划的学习会使我们的精力很容易分散。相反，如果具体时间内安排了具体任务，可以保证我们专心致志。

(2) 提高自己的抗干扰能力。我们的学习环境是立体的，不是只有自己，所以不能听见别人翻书就生气，听到别人商量问题就心烦，我们必须物我两忘，提高自己抗干扰的能力。

(3) 抛开生活中的细枝末节。钓鱼就是钓鱼，不能一会儿抓蝴蝶，一会儿捉蜻蜓。生活中细枝末节的东西很容易影响我们的学习，很耗费我们的学习精力。所以，别考虑自己的发型、穿衣等诸多生活琐事，自己对自己的这些都不注意，还有谁会关注自己，要在学习上集中精力，就别再“庸人自扰”，因为“世上本无事”。

细节决定成败

昨天的数学大练习，又有好几个学生在不该出错的问题上丢了分。数学老师说这套题并非太难，主要考查学生们的细心程度。

想一想，每次考试都有一大批学生对自己的成绩不满意，留下一大堆的遗憾，然而，被扣分的地方并非真的不会。为什么难题怪题能得分而小细节却出问题？

海尔集团总裁张瑞敏说：“什么叫作不简单？能够把简单的事情始终做好就是不简单；什么叫作不容易？大家公认的非常容易的事情能非常认真地做好就是不容易。”

我们平时的练习，过于注意大刀阔斧，而不重视细微之处。有的学生在练习时，一看题目有一定难度就稳下来深入去做，一看题目容易就考虑一下思路拉倒，也不动笔。在只动脑不动笔，只考虑思路不具体落实的过程中，动笔能力已经下降，计算能力已经下降，审题、步骤方面也会经常失误。

考试就是考查学生的综合素质，其中细心程度是一重要方面。对于我们的学生来说，比拼的不只是谁掌握的知识多，更较量的是谁的失误少。所以，我们必须深刻理解教室后墙上贴着的“细节决定成败”标语的含义。我们不要认为粗心是小毛病，别感觉题会做了，而那些粗心的错误没什么了不起。“千里之堤，溃于蚁穴”，小失误可能带给我们致命的打击，一个小选择题的失误可能会让我们遗恨终生。所以，我们要注意解决细节问题。

泰山不拒细壤，故能成其高；江海不择细流，故能就其深。我们要想取得好成绩，需要一点一点地积累。这就要求我们在平时就要锻炼自己的向任何一个细节要成绩的得分能力。

第四章 成功意识的养成

通向成功的道路永远不是一帆风顺的，如果遇到点挫折就畏缩不前，那注定成不了什么大器。失败了并不可怕，可怕的是摔倒了不能够站起来。因为任何一次失败都是成功的一部分。所以，无论在任何时候、任何情况下，都不要说放弃。

朝前走，坚持下去，成功在跟随着你

早在第一堂班会课上我就告诉过我的学生，坚强地度过学习的每一天，你将释放自己的能量，挖掘自己的潜力，实现自己的理想，成熟自己的心理。但是，大家在学习阶段会遇到不少挫折，所以必须有充分的思想准备。“善始者实繁，克终者盖寡。”闪亮登场时，每个人都是气冲云霄，踌躇满志。一个月后，你会意气不减吗？两个月后你还斗志昂扬吗？暂时的失败是否会让你半途而废？严酷的现实是否会使你前功尽弃？

每次测试成绩公布后，与往常一样是“几家欢喜几家忧”。有几个自我感觉良好的学生陡然变得垂头丧气。我知道，这次考试肯定会打击一部分学生。给点挫折不见得是坏事，但如果影响了其信心，那就成了严重的问题。所以，我找了下降较快的十个学生，动之以情，晓之以理，鼓励他们绝对不能对自己的能力有所怀疑，更不能因不自信而放弃自己的追求和目标。

康熙年间的阎若璩，翻阅浩瀚书籍十五载，只为弄清“使功不使过”到底出自何处。

英国前首相丘吉尔说：“我的成功秘诀有三个。第一是，决不放弃；第二是，决不、决不放弃；第三是，决不、决不、决不放弃！”

美国著名发明家爱迪生说：“要问我成功的秘诀吗？那就是，我在任何时候、任何情况下都不允许自己灰心丧气。”

通向成功的路永远不是一帆风顺的。如果遇到点挫折就畏缩不前，那注定成不了什么大器。失败了并不可怕，可怕的是摔倒了不能够站起来。所以，无论在任何时候、任何情况下，都不要说放弃。

再让我们看一个美国人的人生轨迹：

21 岁——生意失败；

22 岁——角逐议员落选；

23岁——再度生意失败；

26岁——爱人去世；

34岁——角逐众议员落选；

36岁——角逐参议员落选；

47岁——提名副总统落选；

49岁——角逐参议员再落选。

这个与失败结下不解之缘的人就是林肯。无数次的失败没有让他气馁，反而激发了他更大的动力。52岁，他登上了总统宝座，成为名垂千古的伟人。成就他的是“坚持到底”。

成功是对失败的结算

不要为一次练习的失利而不快，不要为一次考试成绩的不理想而懊恼，不要为又一次被困难吓倒而自暴自弃，也不要为再一次没实现目标而畏缩不前。学习需要的是坚韧不拔的毅力，因为任何一次失败都是成功的一部分。

美国国际投资顾问公司总裁廖荣典有个很有名的百分比定律。他认为，假如会见了10名顾客，只在第10名顾客处获得200元订单，那么该怎样看待前9次的失败与被拒绝呢？他说：“请记住，你之所以获得了200元订单，是因为你会见了10名顾客才产生的结果，并不是第10名顾客才让你得到200元，而应看成每名顾客都让你做了200÷10=20元的生意。因此，每次被拒绝的收入是20元。当你被拒绝时，应该想到这个顾客拒绝了我，等于我赚了20元，所以应面带微笑，敬个礼，当作收入了20元。”

莎士比亚说：“千万的人失败，失败在做事不彻底；往往做到离成功还差一步就终止不做了。”也就是说，在成功之前的失败是任何成功者不可避免的，只有在失败时能够清醒、冷静并重新调整自己的存在状态的人才能一步步趋向成功；只有失败时不失望、不失去自信，而是吸取教训并激发自己更大斗志的人才最终能够成功。

在悉尼第27届奥运会上，有这么经典的一场比赛诠释了应该怎样看待失败。23岁的张军和21岁的高凌是首次参加奥运会的羽毛球混双比赛。在决赛中，这一对选手遭遇在国际羽坛享有盛名且以第一号种子选手的身份参加奥运会的印尼名将特里库斯和许一敏。第一局，缺乏经验的中国选手显得有些紧张，战术发挥不太理想，缺点暴露太明显，对手没有给他们留下任何机会。短短9分钟他们便以惨不忍睹的1∶15的比分铩羽而归。首局的惨败让大多观众意识到大势已去。但是，张军、高凌吸取第一局的教训，稳定了情绪，反而从第一局的惨败中得到了更强烈的取胜心理。结果以15∶13，15∶11连扳两局，实现大逆转，勇夺金牌，爆了冷门。

失败只是成功路上的一个趔趄，站稳后继续向前，这些失败也便都有了意义，有了价值。每一次失败都是一笔财富，每一次失败都是迈向成功的一个台阶，每一次失败都是成功的一部分。记住，失败是前四个烧饼，有了它们，第五个烧饼才会填饱肚子。失败时，我们应当微笑着站起来向“失败”敬个礼，然后义无反顾地继续前行。

将“成功”作为信仰

很多寺庙中僧侣的生活都很清苦，吃的东西很少，营养也不好，但是他们都能积极地活动。在这种情况下，身体健康而又长寿的人还很多。虽然各宗派不同，可是有部分年轻修行的和尚，在寒冷的冬天里脱光衣服，在瀑布底下冲洗，因为只有这样净化了身体，才能去“净化思想”。繁重的劳动，枯燥的生活，简单的饭食，不足的营养，他们何以能长寿和健康？这便是信仰的力量。

第二次世界大战后，很多日本侵略军被苏军拘留，送到西伯利亚当俘虏。当时的气温是-40 ℃，他们住的是难以遮风挡雨的小破屋，吃的是不能果腹的粗劣饭食，还必须承担常人难以忍受的繁重体力劳动。在这种环境下过着那样一种生活，从医学的角度去分析，大部分人会死去，可结果仍有几万人生存了下来。这得益于人求生的欲望，他们把“生存下去”当作极度虔诚的信仰。

在一个非常落后的国家，一位妇女得了子宫癌。当时的医疗设备很落后，所以同病房的难友一个接一个地死去，她也认为“自己早晚会死去”而完全绝望。一位年轻的护士灿烂地笑着给她介绍了一本杂志，说：“请您读读这本书吧！”她从这本书中懂得了很多积极的道理，刚开始是抱有怀疑的态度，慢慢地有了一线希望，后来对生活有了一种渴望或叫欲望，最后把“生存下去”作为自己最崇高的信仰。不久她就出院了。

这些例子充分证明了信念和信仰有种令人难以置信的魔力，它能够使怀疑乃至于感觉不可能或荒诞的事情步入成功的大道。

英国著名作家艾米莉、夏洛蒂姐妹，在成名之前就抱有强烈的写作欲望，她们把发表作品作为自己最高的追求和最神圣的信仰。她们无数次把作品送到出版社，遭遇了无数次的退稿。虔诚的信仰使她们没有灰心，反而更积极地去挑战，最后她们姐妹俩终以《简·爱》和《呼啸山庄》而轰动文坛，闻名全球。

水，信仰坚持，才有了穿石的壮举；

山，信仰沉稳，才成为岁月的见证；

人，信仰成功，才能真正演绎无悔的人生。

柳暗花明，花明心明，心明则天地宽，天地宽则不会不成功。只管去吧，只要你信仰成功，你终会走向成功的终点！

“借口”会扼杀你的成功

许多企业都有这样的口号或标语：今天工作不努力，明天努力找工作。我们也可以化用在自己身上：今天学习不努力，明天无处去学习。为了自己能有深造的机会，为了明天能够活出尊严，实现自己的价值，我们必须牢记墙上贴的那句话：只为成功找方法，不为失败找借口。因为借口往往会成为扼杀成功的罪恶凶手。

很多现实中的“失败”之士,都不幸地染上了“借口症”;“成功”之士却从未找过借口,纵使轻易便能找到一堆。罗斯福没有借口下肢瘫痪,杜鲁门没有借口自己没上过大学,艾森豪威尔没有借口自己有心脏病,司马迁没有借口社会环境恶劣,李嘉诚创业时没有借口自己贫穷和困苦……所以他们都能成就自己的丰功伟业。

为何找借口的人不可能成功呢?因为在成功之前,暂时的失败不可避免,而喜欢找借口的人会感觉到一切失败是理所当然,所以也就理所当然地失去了卷土再来的勇气和信心。也许在寻找借口之初,自己还感觉有点“自欺”,也是在“欺人”,但是,反复地找借口,自己也会变得麻木,对“这一原因导致我的失败”也就深信不疑,也便永不会与成功携手。

我们要注意远离以下几种借口。

一、才智借口

有不少人把自己的平庸和失败归结为才智达不到,也就是借口“我能力不行”“我脑瓜笨”“我智商低”等。这一借口,会让自己对自己失去信心,对现状心满意足。

其实这些人的才智并非真的不行,只不过是缺乏积极向上、顽强拼搏的意志。人与人之间的脑力和智力水平相差甚微,95%的人是基本相当。况且人的潜能是无穷的,潜能挖掘得多少远比智力的差别拉得差距大,所以我们要每天提醒自己:“态度比才智更重要。”

二、兴趣借口

兴趣是个体对某一件事是否能够专心致志的前提条件之一。有的学生经常把某一科的成绩不理想归结为自己对其没有兴趣,甚至不愿学习某一科时就借口自己没有兴趣,实际上这是惰性的表现。某教授说:“兴趣,兴趣,多少懒惰假你之名而行。”这种惰性表现在思想上,就是不愿意明确学习的目的,不愿意明确学习的内容,这样的学习效果固然不好。兴趣不是天生的,而是后天形成的,兴趣是勤奋、认真之后的结果,自己只要加倍努力和认真钻研就能培养起浓厚的兴趣。

三、环境借口

学习者需要环境，安静、舒适的环境对学习效果起着一定作用，但绝对不是决定性作用。内因决定外因，外因通过内因起作用，所以借口环境不好只是不能客观分析和利用自己的主体精神。人与环境是适应与被适应的关系，环境不可能主动地、可变地适应自己，只能是自己调整自己的心态去适应环境。魏书生老师曾经说过这样的话："改变自我，天地宽阔；埋怨环境，天昏地暗，于己无补。"

在我们的脑子里，将"借口"这个词语删掉，就会有更多的方法。

只需一点点

如果看清题干中的那一点点，如果那一点点计算的失误能够避免，如果能够纠正思路上的那一点点偏差，如果能补上步骤上的那一点点遗漏……有多少题目被判零分就因为那一点点，有多少问题的出现就是因为那一点点。

如果能够再坚持多一点，如果能够再深入一点点，如果能够刻苦多一点，如果时间再抓得紧一点……有多少次与胜利失之交臂就因为那一点点。结果就是结果，事实胜于雄辩，每次考试都留有遗憾。在我们的生活中，尘埃落定后也就不再留给遗憾挽救的机会。所以，为了不留下遗憾，我们必须重视"一点点"。

哲学上有个道理：两极距离最近。由此，我们可以认识到"一点点"的意义。

生与死最近，距离只有一点点；

山路与悬崖最近，距离只有一点点；

平地与陷阱最近，距离只有一点点；

进球与擦边最近，距离只有一点点；

正道与失足最近，距离只有一点点；

录取与落榜最近，距离只有一点点；

成功与失败最近，距离只有一点点。

一点点感染，可能积成大伤；

一点点偏差，可以酿成大患；

一点点缝隙，可能毁掉大堤；

一点点大意，可以输掉整盘。

相反，一点点积蓄，可以集腋成裘；

一点点改变，可以让人刮目相看；

一点点进步，可以创造奇迹；

一点点突破，可以从量变到质变。

时间一点点地流逝，不要被它落在后面；成绩一点点地提高，不要好高骛远；

困难能够被你克服，你只需坚强多一点；

挫折并非不可逾越的难关，你只需顽强多一点。

不要虚度每一点，糟蹋每一点，那样会使人们的生命暗淡。

有这样一个故事：汉武帝时，朝中有三位有名的臣子，分别叫作汲黯、公孙弘和张汤。这三个人虽然同时在汉武帝手下为臣，他们的情况却很不一样。汲黯进京供职时，资历已经很深且官职也已经很高了，而当时的公孙弘和张汤两个人还只不过是个小官，职位低得很。可是由于后二人脚踏实地、处事严谨，都一步一步地被提拔起来，直到公孙弘封了侯又拜为相国，张汤也升到了御史大夫。

从此，汲黯更加心胸狭窄，工作态度更加不认真。

有一次，汲黯对皇帝说："皇上您见过农人堆积柴草吗？他们总是把先搬来的柴草铺在底层，后搬来的反而放在上面，您不觉得那先搬来的柴草太委屈了吗？"

皇帝本想贬斥汲黯，可又想到汲黯是位老臣，便只好压住火气，什么也没说，拂袖而去。此后，汲黯的官职也只好原地踏步了。

公孙弘、张汤后来者居上，靠的正是一点点的踏实积累。汲黯本也可继续高升，只需少一点抱怨，少一点不满，多一点实干。

所以，我们要珍惜每一点、每一天，充实每一点、每一天，认真对待每一点、每一天，这样会让我们的人生一点点变得精彩灿烂。

让“心动”变为“行动”

今天的班会课，我搞了个小活动，每位学生都从班内找一个最佩服的同学，并列举他比自己强在哪里和其过人之处。我让他们都写在统一发的信纸上，然后发言陈述，学生们兴致很高，都非常踊跃。

我佩服某某同学，他学习非常刻苦；我佩服某某同学，他心态异常稳定；我佩服某某同学，他时间抓得就是紧；我佩服某某同学，他学习绝对投入……

同学们，我们班有很多精英，有很多我们佩服的对象，可以作为自己的楷模。相比之下，他们都有自己的优点和过人之处。单纯的佩服并不能给我们带来什么，所以我们不能只是临渊羡鱼，自叹弗如。既然我们已经发现别人比自己强，就应该向之看齐，向之靠近，把心动变为行动。

世界上最伟大的推销员奥格·曼迪诺说：“我的幻想毫无价值，我的计划渺如尘埃，我的目标不可能达到，一切的一切毫无意义，除非我立即付诸行动。”

成功大师拿破仑·希尔曾讲过这样一个故事：

乔准备晚上7点开始看书，但晚上吃得太多，想要看电视消遣消遣。他本来只想看一点点，谁知节目太精彩，只好继续看完。这时已经到了8点，他刚想坐下看书，又折回来给朋友打了个电话聊了聊，本来只想说几句，无奈对方不挂机，这样就又耽误了40分钟。当他后悔地回到书桌旁时，听到隔壁有人打乒乓球，与其受干扰，倒不如干脆去玩会儿，于是，又一个小时过去了。打完球后冲个澡，有点饿又吃了点宵夜。

在这个准备用功的晚上，他一点钟方打开书本。但是疲惫、困意和因没能按计划做事的坏情绪已让他再无法读下去。

第二天早晨他对教授说：“我希望您再给我一次补考的机会，我真的很用功，为了这次考试，我昨天看书到半夜一点多呢！”

没有行动，一切计划必定落空，就像那句广告词一样：“没声音，再好的戏也出不来。”

佩服别人的刻苦学习，就别对成绩满不在乎；佩服别人的心态稳定，就别再情绪起浮；佩服别人的学习投入，就别再心猿意马；佩服别人的时间抓得紧，就别再让时间轻易溜走。

梅兰芳说过：“不看别人的戏，就演不好自己的戏。”我们已经发现了别人的长处，就立即付诸实际行动向其看齐。

请同学们把自己手下的信纸交上，“心动”变为“行动”就从现在开始，我将做一名判官去监督大家的执行。

成功的心理法则

某本书的前言中写道：“信念决定行动，行动决定发展；发展的结果，就是成为伟大的成功者。”

谁也不愿意浑浑噩噩地度过自己的一生，谁都想活出自己的尊严，活出自己的价值，并渴望自己的价值能得到社会和他人的认可。毋庸置疑，我们每个人都有向上攀登的绳索，只有自己才能主宰自己的命运，所以自己要主宰自己的思想信念，控制自己的行动方向。成功首先是一个过程，其次才是一个结果。为成功而攀登的过程是一整套系统，成功心理专家说是几条心理法则控制着成功的系统运转。

一、因果法则

这一法则是一切事物的基本法则，因为事出有因，无因不果。在自己的成功体系中要非常清楚，实现目标这一结果必须具备怎样的“因”。历来有所成就者的成功之因成为我们“待成功者”的经验：成于忧患、深入虎穴、严于律己、苦中取乐、坚定信念、持之以恒、胸有成竹、勇者自胜、绝对专注、浓烈兴趣。

二、控制法则

控制起源于自己的思维,思维决定自己的表现。当自己受到外界环境的阻挠和影响时,是否能控制外界环境的局面?当自己无法控制外界环境的恶劣程度时,是否能控制自己的状态和情绪?变故和意外是不可以杜绝的,即使自己有了充分的思想准备,做了足够“防患于未然”的工作。当突如其来的意外袭击时,当意料之外的变故出现时,我们要努力用自己的控制能力去控制局面。即使局面无法控制,我们也应有能力控制自己,以避免情绪的低落和确保心态朝正确的方向发展。

三、信念法则

信念法则要求我们,首先要坚信向往的东西会变为现实。信念是生活中创造积极变化最关键的力量,因为即使你有一些基于不精确、不充分或不理性信息之上的信念,它们也会直接影响你的思考和行动。信念向你的大脑发送直接的信号和指令,帮助你激活隐藏在内心深处最丰富的资源和能量。

有一个实验,志愿者被要求去解开十个完全相同的谜语,并且不让他们知道自己的答案是否正确。一半的实验者被鼓励他们会做得很好,结果他们答对了谜语中的七个。另一半实验者被告知题目将很难,结果他们只答对了三个。当给他们另一套谜语时,第一轮被鼓励的人比第一轮正答率更高,而另一组人则更低。这说明,一个人觉得他是否能做好是决定能否成功的关键因素。

成功者拒绝依赖

在通向成功的道路上,任何创业者都是始终的孤独跋涉者。只有自己能够拯救和成就自己,没有任何一个在你身边纵使形影不离的人能够从本质上帮助你。难怪有成功人士说“成功需要具备忍受孤独的能力”。

同样,学习这件事也需要拒绝依赖,培养自立能力。

依赖心理是日常生活中较为常见的一种心理表现。其主要特征是自立、自信发展不成熟；过分地依赖人，经常需要他人的帮助和指导；遇事往往犹豫不决，缺乏自信，很难单独进行自己的计划或做自己的事，总是依赖他人为自己做出决策或指出方向。

据心理学专家研究，产生依赖心理的主要原因有两个：

一是教育不当引起的心理依赖。如有的青少年，从小受到父母的溺爱，自己生活的一切无不由父母包揽，生活中从没有为自己的事情考虑过什么，全部听从父母的安排，致使自己不懂得生活的艰难，养成了做事靠父母的依赖心理，缺乏独立生活和处理问题的能力。

二是自卑衍生出来的心理依赖。有的青少年有较严重的自卑心理，认为自己不如他人，如知识贫乏、能力不强、笨嘴拙舌。因此，在日常交往中，不自觉地把自己放在配角的位置，心甘情愿地受他人支配。

依赖心理的形成是一个长期的过程，是多种因素相互作用的结果。它是一种消极的心理状态，影响个人独立人格的完善，制约人的自主性、积极性和创造力。

进入高年级段，我们必须坚定信念，克服依赖心理，成熟而独立地走完这段学习的岁月，收获知识的同时也使心理更加成熟。

首先，要认识到依赖心理的危害。

依赖心理是给自己的未来挖好的陷阱，因为有了依赖心理，就会使自己缺乏成功者必须具备的独立性。成功的动力往往潜伏在我们内心深处，到了需要并且外界环境许可的时候才会被激活和迸发，产生让我们难以置信的能量。“能者非他，能自树立，不因循者是也。”韩愈的话并非只针对创作的风格流派，也是在说性格自立的重要性。一个有依赖心理而不独立的人去追求成功，无异于用冷水去启动蒸汽机。松下电器的创始人松下幸之助也强调说“没有自立性的态度和意志，只靠别人的力量或金钱买来的，都只是力量微弱的东西”。

白宫是美国“第一家庭”的住址，占地 18 英亩，内有 132 个房间，这里够宽敞和舒服了。然而，里根的四个孩子对此并不感兴趣，他们都不住在白宫里。里根没有在儿子失业时给予援助，而是让他们一边寻找工作一边靠领取救济金度日。南斯拉夫前总统铁托的独生子米沙 19 岁时离家奋斗，拒绝父亲给予的“庇护”，最终也拥有了自己的石油公司。由此可见，只有自己才能主宰命运。

其次,我们要有摆脱“依赖”、追求“独立”的意识和行动。

第一,愉快地接纳自己。一个人要在事业上有所作为,首先要正确地认识自己,对自己采取接纳的态度。生活中的每一个人都有优点,也都有弱点。但是有的人发现自己的缺点和不足,就当成包袱背起来,老是压在心头,一叶障目不见泰山,自己所有的优点和长处就看不到了。于是,自己的精神优势被自身的弱点与缺陷压垮,自身的潜力与智慧被自身的弱点与拒绝泯灭,从而为自己设置了障碍。事实上,许多事情别人能做到,自己也能做到,关键在于应该充分、准确、客观地认识自己。要做到这一点,则必须先在心理上接纳自己。

第二,增强自信心。自信心是对自身潜能的肯定,是追求事业成功过程中的一种良好的心理素质。一个人要有自己相信自己、自己战胜自己的信心,因为只要坚持认为“我能行”,一股强大的动力就像源泉一样充实着头脑并改造自己的人生。一个人对自己的丝毫怀疑都会让自己的才智和潜力的发挥大打折扣。

第三,培养独立的人格。每个人都需要他人的帮助,但是接受他人的帮助也必须发挥自己的主观能动性。有一些事情可征求他人的意见,但必须把握一点,他人的意见仅供参考。

一个人一旦从对他人的依赖心理中解脱出来,自己就会有一种踏实的感觉,感到了自信的力量,享受了自主、自立给自己带来的好处,那么依赖心理也就无立足之地了。

坚持到底就能成功

“天下事有难易乎?为之,则难者亦易矣;不为,则易者亦难矣。”

方雨是我班的尖子生,数学水平却一般,最近两周的练习成绩都很不理想。在谈心时,我发现她很苦恼,也似乎丧失了信心。在问及最近数学的学习状况时,她说:“很多人都说‘女生的数学成绩普遍差’,所以对数学我很畏惧,最近一个月下降明显,我也没有非常重视它,在时间和精力投入上也很不满意,我相信了那句话，也接受了现实。”

其实女生数学成绩下滑，男生数学成绩上升，这些都是歪理！女生并非不能把数学学好，用古人的话概括学不好的原因是：非不能也，不为也。

一本书上写有这样一段话：能力的母胎来源于宇宙的能源，人不过是自然界中的一小部分，岂能有计量自己能力之道理？计量这个意图，本身就是不逊，也是一种滑稽的行为。简而言之：自己不可能知道自己有多大的能力。这才是真理。

一个人在做都没做的情况下，就提出“不能”的概念，这是精神虚弱的表现，也是畏惧退缩的一个借口。

蜀之富僧，数年欲买舟南下，而终不能。贫僧却一瓶一钵而之南海。何也？二人的差别不在贫富，而在于“为”与“不为”。

困难是不可避免的，克服困难是进步的阶梯。如果遇到困难就退缩，永远也不会有什么出息。拿破仑说：“最困难的时候，也就是我们离成功不远的时候。”我们必须相信，除了通往黑夜的道路，没有任何到达黎明的途径。

海伦·凯勒16个月大时就被猩红热夺去了视觉、听觉，聋哑盲人能有什么成就？然而，她用惊人的毅力一点一点地去学，创造了不可思议的奇迹：掌握了英、法、德、希腊、拉丁语，发表了大量的文学作品。

颜之推认为：“天下事，以难而废者十之一，以惰而废者十之九。”很多事我们没有做好或者没有做成功，是因为我们没有克服惰性，没有凭自己顽强的毅力坚持到底。任何困难的事情都不可能一蹴而就，如果没有持之以恒的精神和不达目的誓不罢休的决心，就不可能有所建树。

侯宝林只上过三年小学，他却克服一切困难使自己的艺术水平达到炉火纯青的程度，成为著名的语言学专家。有一次，他为了买到自己想要的明代笑话书《谑浪》，跑遍了北京城也未能如愿，后来得知北京图书馆有这本书，就不顾时值冬日，连续近一个月顶风冒雪去图书馆抄书。当他捧着自己那10多万字的手抄本时，喜不自胜。侯宝林正是凭着“不达目的誓不罢休”的坚强毅力，才成为一代相声艺术宗师的。

风不是总朝着海员希望的方向吹，躲在港湾避风永远也不能到达彼岸。请相信拿破仑那句话：“最困难的时候，也就是我们离成功不远的时候。”

不要让自己脚下的小草枯萎了

李风是个中游生，成绩一直不太突出，但是很稳定。近段时间她老说自己因羡慕别人而自信心不足。她认为记忆力不如同桌，计算能力不如前桌，答题速度不如后桌，诸如此类，不一而足。我知道这不是谦虚，是一种轻度的心理疾病。如果发现自己不如别人而找出改进措施，这是一种进步，但如果盲目羡慕别人，把自己否定得一无是处，那后果会十分严重。

有人做过这样一个调查：假如让你选择重生，你会做哪一个人？有人说做历史上的某个英雄，有人说要做现实中的某个伟人，但几乎没有人愿意还是做自己。

又有这么一则寓言：猪说，假如让我再活一次，我要做一头牛，工作虽然累点，但名声好，受人爱怜；牛说，假如让我再活一次，我要做一头猪，吃罢睡，睡罢吃，不出力，不流汗，活得赛神仙；鹰说，假如让我再活一次，我要做一只鸡，渴有水，饿有米，还受人爱护；鸡说，假如让我再活一次，我要做一只鹰，可以云游四海，翱翔天空。

羡慕别人是人的共同天性。但我们应知道，单纯的羡慕只是在灭自己的威风。所以，我们羡慕别人所得到的，不如珍惜自己所拥有的。我们不要因羡慕别人胸前的鲜花而让自己脚下的小草枯萎了。

我们不能把自己看得十全十美，这是一种狂妄自大。一个人能认识自己的不足，说明有自知之明；能看到别人的长处，说明自己理智清醒。人进步的前提就是发现自己的不足，找到问题的症结，然后加以解决。

记忆力不如别人，并非智商问题，可能是投入程度决定的效率问题。再说，人与人的记忆特点不一样，记得快的学生往往忘得快，记得慢的学生往往记得准，难遗忘。

计算能力低，是因为自己平时心算多、动笔少。只要平时不再借助计算器，大小题都落实到笔下面,你也能大大提高自己的计算能力。

答题速度不如别人,大可不必在意。不能只看速度,重要的是正答率。答得快,错得多,倒不如稳点答,做正确。高考也不是看谁答得快就给高分,只要我们能在规定的时间内答完题,最后较量的还是能否答对。

有人说,羡慕是一道十字路口,右拐能提高自己,左拐则通向妒忌。积极而有分寸的羡慕能够激励自己向对方看齐,消极而无节制的羡慕只能消磨自己的士气。

羡慕别人但不要迷失自己,羡慕别人胸前的鲜花但别让自己脚下的小草枯萎了。

成功拒绝悲观

高温渐渐退去,高压却缓缓加重。我的学生们将学习看得很重,将休息时间缩短了,还是不能满足家长对自己的要求。这确实让这些稚嫩的肩膀负担了太多。但是,又有什么办法呢?多少人曾痛斥过现实,又有谁能拿出几点有效的措施?当我们无法改变现实,最明智的选择就是适应它;既然我们要去参加一次次的测试,就必须适应它,考试考的是题,我们必须练题,考试要的是得分的能力,我们必须要大量地做题,通过做题去提高得分的能力。

人什么时候最痛苦?是在为之付出了几乎全部的心血,却没有换来些许的成就时。小强是我班的特困生,两年的学杂费都申请免除。他凭借让人佩服得五体投地的刻苦努力把成绩提高了很多,令同学和老师对他刮目相看。但在高手如林的学校,列强争雄,他的信心受到了很大的挑战,他的成绩似乎要在此止步。青少年的自信本就不堪一击,他此时感到异常的悲观痛苦,他曾经的雄心好像已经销声匿迹。我们在办公室长达 1 个小时的促膝长谈,或许能给他带来一些动力,扭转他现在的情绪。

等他回去后,我久久不能平静,于是又写下了一首小诗送给他。

拒绝悲观

悲观
是把锋利的剑
曾经的雄心
曾经的壮志
被它无情地刺穿
所以
要拒绝悲观
因为
目标就在前面
怎能让悲观模糊了视线
坚定的眼神要逃过恐惧的侵袭
火热的心要始终为前进呐喊

我有我的坐标
我知道那是原点
七尺男儿
不会静候苦果的审判
所以
要拒绝悲观

如何操练自己的毅力?

“古之立大事者,不惟有超世之才,亦必有坚忍不拔之志。”凡事皆需尽力而为,半途而废者永无成就。

锲而舍之,朽木不折;锲而不舍,金石可镂。精卫填海,持之以恒;愚公移山,帝感其诚。上学考试的路途凶险艰难,只有操练自己的毅力,才能在最后的决战中旗开得胜。那么如何操练自己的毅力呢?

一、树立目标,激发欲望

缺乏远大志向者,只能碌碌无为,因为他不能激发自己的内驱力。有强烈的成功欲望者,才能以坚强的毅力坚持到底,并且不会辜负付出的真正意义。

有一些学生只是处于某种短暂的外在压力而被迫行动,这终会使自己半途而废或功败垂成。凭一时的热情和三分钟的激情为他人而努力一阵子的学生,一旦老师、父母不敲警钟,懒惰之心就会乘虚而入,或是一遇挫折困难也就心灰意冷。鹏鸟何以能扶摇直上九万里?燕雀何以树巅而止?原因就在于目标的吸引力。

二、计划合实际,调适期望值

只有切合实际的计划才有可操作性,才是可行的,好高骛远者的结果往往是两手空空。如果期望值过高,可能会因屡次落空而引起心理挫折和自卑感。另外,计划和期望值应当由易到难,由低到高,循序渐进。

三、培养兴趣,乐在其中

上学考试确实是苦累、枯燥的,难以找到乐趣。但是苦乐本是一对矛盾统一体,并非不可转化,所以我们要注意培养兴趣,纵使过程苦不堪忍。一个数学题的解出,一次小考的进步,一个目标的实现,能够培养我们的兴趣。我们如果想到高考目标的实现和备考过程的价值和意义，所有的辛苦都会抛之脑后，正如明代胡翰语：“去日不可追，来日犹可期。朝采六艺英，夕玩忘其疲。”

四、不以事小而不为

毅力起于细微，也见于细微。所以，我们要从那些最易忽视，也最易暴露自己意志弱点的小事做起，比如坚持按时早起，坚持写学习日记，坚持天天练字等。我们不管遇到什么意外变故也决不放弃，不以所谓的借口原谅自己。一开始找人监督、催促是有必要的，久而久之，习以为常，你已经练就了自己的意志力和毅力。

五、强调从众心理

“近朱者赤，近墨者黑”反映的就是从众心理。在小学阶段，大多班级的整体气氛是好的，总会有一大批的学生可以成为自己的楷模和偶像。所以，当自己因某种原因而有所松懈或情绪低落时，不妨放眼模范们的艰苦努力，不妨以从众心理提醒自己。毅力本非天生，任何人的毅力都是后天培养的，也不会毕其功于一役。注意一些措施，你会培养顽强的意志力，这也保证自己今后的学习是节节升高，而不是虎头蛇尾。

新的突破

小贾的成绩已经很好了，历次测试都能排在全校前5名。我给他的竞争对手是一班的小杜，当然现在还不能与之相抗衡。在最近的几次测试中，小贾都紧随小杜，总是落后一点。小贾现在感到非常困惑，也对自己能否最终赶上并超过小杜开始怀疑，说自己就像被卡在一个点上，很难有新的突破。

我承认，一旦攀到了一定的高度，想再有新的突破是很困难的，但绝对不能说没有可能。就像跳高运动员，他把自己的成绩从一米一提到一米六并非太难，而从一米六提高到一米七就绝非易事。但是也不得不承认,跳高运动员还有很大的提高空间。

新的突破需要勇气,没有勇气就很难跨出突破的第一步。你已经把差距缩小了又缩小,你的努力已经初见成效,如果现在怀疑自己岂不是功败垂成,前功尽弃?拳王们无论面对多么强大的对手,总在上场时抛给对手一个必胜的眼神,这是大无畏的勇气,也是一种威慑力。不要有丝毫的怯意,这会影响你充分挖掘自己的潜力。自己认为自己无能,就会一直保持无能的现状而结束一生。

新的突破需要毅力,因为突破的过程必定漫长而又曲折,这段崎岖的征途需要用自己的顽强和艰辛去丈量。九岁就开始做学徒,后来建立了松下集团的松下幸之助在《开路》一书中说:"无论多么困难,不停地走,一定会发现新路。"

突破过程的艰难险阻很容易压倒自己的斗志,很容易让没有毅力的人就此放弃。这样,他永远也不能获得成功的幸福和快乐,而是注定得到失败的懊悔和沮丧。

抓好突破口也就抓住了开启前行之门的钥匙。应该把自己的突破看作有机的系统,必须有精准的设计。要清楚自己的强项。

有勇气,有毅力,找准自己的突破口,这样才能迈过那道坎,走向完美。

小草要突破冻土的压抑,雄鹰要突破风雨的袭击;突破后的小草将原野点绿,突破后的雄鹰会展开搏击的翅膀。没有突破,生活将是一片死寂,前景会是一片荒凉。

正己然后可以正物

岳飞有言:"正己然后可以正物,自治然后可以治人。"也就是说,必须有自律的意识和能力才能成就一番事业。

能自律的人不只体现在一个方面,生活上自律者,学习上必定自律。我对我的学生说过,命运掌握在自己手中,依靠别人对自己的强制是一种显示软弱的耻辱。

奥斯特洛夫斯基说他是对自己的一切批评者中最凶、最严厉的批评者。只有自己最了解自己，只有自己最清楚地知道自己的缺点和不足。只有善于发现和敢于承认自己的缺点和不足的人才谈得上正己。一个人发现了自己的缺点和不足就要痛改前非。前国足教练桑尼在给中国队员上第一堂课时就强调，必须从根上挖出自己的缺陷，然后从根上去解决。在学习和生活中也是一样，我们只有从根上挖出自己的缺陷，然后从根本上去解决，才能真正地提高自己、完善自己。

比如，老师要求每个早读课要背诵一段精美的文章，自己完成得怎么样了只有自己最清楚，老师上课也不一定能检查到你，但是我们应该知道完成老师布置的作业不应抱着侥幸的态度和应付的目的，只有自律地严格要求自己，才能达到比较好的效果。

君子博学而日参省乎己，则知明而行无过矣。我们要经常地反省自己，并注意加以克制，才能有超乎常人的成绩。正像泰戈尔说的那样，要进行严厉的自我克制，因为这种克制本身就可以作为人的一种精神寄托。

明代人徐溥，曾效法古人，用两个罐子分别装黄色和黑色两种不同颜色的豆子来检验自己的行为。每举一善念，道一善言，行一善事，则投一黄豆入罐；不善者，则以黑豆投入另一罐。开始时黑豆多黄豆少，后来逐渐变为黑黄各半，久之，则黄豆就占多数了。后来做官，他每月都从俸禄中抽出一部分救济贫者。进入内阁后，他购良田千亩作为周济穷人的“义庄”。

我们也不妨效仿，在不断地检验自己的过程中完善自己。一节课比较充实，在本子上画一红线；反之，则画一黑线。作业完成较好画一红线；反之，则画一黑线。遵守自习纪律画一红线，违反了则画一黑线……久而久之，你会发现你已趋于完美。

另外，一旦发现自己的错误，要痛下决心，彻底悔改，可采取点让自己铭记在心的措施。比如，鲁迅有一天上学迟到了，十分难过，决定以后不再来晚。他在自己的桌子上面刻了一个“早”字。由于有了这个“警钟”，鲁迅以后再也没有迟到过。我们佩服鲁迅的做法，也要牢记他的参悟之语：必须先改造自己，再改造社会。

第五章 道德意识的养成

教育为本，育人为先，立德树人是教育的首要任务。一个人的成长最重要的是在青少年时期养成良好的生活习惯，形成做人的优秀品质，树立明确的人生目标，掌握正确的学习方法，具备终身学习的能力，形成正确的人生观、价值观和世界观，适应未来社会发展的需要。这是人一生顺利成长和成才的基石，是影响人一生发展的根本因素。育人的形式是多种多样的，同时又是润物细无声的，爱国教育、安全教育、生活习惯、学习习惯、文明礼貌、诚实守信、感恩活动、主题班会、文化熏陶等，都会潜移默化地影响学生。新时代的教师，要自觉成为指引学生成长的人生灯塔，在育人方面有自己独特的研究和感悟，成为育人的标杆和典范。

“双减”背景下班级有效管理的策略

为了全面贯彻新课程改革的教育理念，落实立德树人的根本任务，教育部印发了有关减轻中小学生作业负担的文件。目的是减轻学生的学习负担，减轻家长的心理负担，增强班主任管理的有效性，提高课堂整体教学效率。

根据“双减”政策，教师既不能布置超出国家课程难度的作业，也不能将作业安排给家长。父母不能检查和批改作业，教师也不能在校外开展培训课程。政策一出台，就有人提出了自己的看法，认为学生的作业减少了，教师的职责就会减轻。实际上，每一位教师在“双减”政策出台后，都认识到了自身的责任，明白了自己的基本职责。教师所关注的焦点和教学重点也将由教科书内容的传授转移到对人的培养上。这就要求每一位教师在思想上、行为上做出相应的调整，并结合立德树人的根本任务，培养出符合社会发展要求的人才，并以“双减”为背景，提升班主任管理的成效，根据“减负增效”的教育目标，完善教学理念，优化管理流程。

一、运用合理化教学方式提高班级管理实效

对于班级的管理，班主任最需要做的就是规范化。课堂管理工作是教学过程中相当重要的一部分，除了让学生遵守课堂规则之外，还能让教师完成新课程改革的教育目标。如果想运用合理化的教学方式进行班级管理，那么班主任就需要摒弃传统的班级管理观念，采用符合社会发展规律的教学方法。

首先，班主任在实施合理化教育时，要时刻把学生当作课堂中的主体，而不仅仅是关照学生的考试成绩。班主任要将注意力集中在学生个性成长的层面上，并结合以人为本的理念、立德树人的任务要求、学生的考试成绩等方面，注重学生个性成长的层面，并结合以德树人的任务来完成。同时，班主任也要注意培养学生的行为习惯，帮助学生形成正确的学习习惯。当然这一习惯不仅

包含了学习的习惯，也包含了现实生活中的习惯。因此，班主任要发挥爱心，关照学生日常生活，了解学生学习状态，进而提升班级管理的有效性。

二、为教师树立榜样，提供良好示范和实践

班主任要在班级管理的实践过程中理解"双减"政策的要求和价值，结合榜样作用提供良好的示范与实践。每位教师都要参与到"双减"政策的实施中去，以减轻学生的压力，减少家长的心理负担，提高自己的专业素质，强化课堂整体教学效率。

比如，在传授语文知识时，班主任运用示范模式为语文教师提供正确的示范和实践性课程，使语文教师与"双减"结合，减少学生在作业中抄写的次数，增加课堂教学中学生练习的次数，提高语文课堂的教学效率。又如，在数学知识的传授中，班主任还可以运用示范模式，为数学教师提供基础的教学示范，让数学教师配合"双减"，增加一些新颖的教学方式，激发学生学习的兴趣，提高课堂中的学习效率，使学生能够在课堂中掌握相应的概念知识和计算技巧。

三、健全班级管理制度，在课堂中完善赏罚制度

班主任如果一味地运用传统的班级管理理念，那么就无法建立起完整的班级管理体系。赏罚制度不明确，致使学生个性特征的表现也十分模糊。

第一，班主任在进行班级管理时，必须把以人为本作为基本的教育理念，然后努力观察学生的优点和缺点。对此，班主任可以给予学生充分的激励，然后让学生发挥自身的优势，增强他们的自信。针对缺点，班主任尽量不要单方面地进行语言教育，而要适当地加以谴责。

第二，班主任要优化班级管理系统，使之更加完善。班主任要在开展管理工作的同时，对学生进行德育。学生们有了进步，班主任要及时夸奖他们；出现了一些问题，班主任需要耐心询问学生，了解学生的心理特点和素养水平，然后再结合学生自身的心理特点和错误的具体原因，引导学生发挥主观能动性，自主地解决自己遇到的问题。

四、注重学生个性的发展，明确学生的发展趋势

小学阶段，学生会随着年龄的增长表现出自己的个性。传统的管理方式会阻碍学生个性上的发展，而班主任采用新的管理方法则能使学生充分发挥个

性。在管理学生时，班主任可以以朋友的身份与学生进行沟通。当然，班主任在与学生交流时，要尊重学生，了解学生，以诚挚的态度和亲切的问候，了解学生的个性和优势，进而在培养学生的综合能力的同时，明确学生的发展趋势。

总之，在“双减”的大背景下，班主任提高管理的有效性，对“双减”政策的推行与实施具有极其重要的意义。班主任需要在“双减”政策和新课程改革的基础上，让学生和家长都能享受到“双减”政策带来的好处，让教师追踪“双减”政策的目标，培养学生的综合能力，促进学生全面发展。

素质教育视域下小学班级管理策略

小学阶段是中小学生发展的起步阶段，该阶段对于学生读书习惯的养成、“三观”的建立、道德品质的养成具有至关重要的作用。班级是一个小的团队，班主任是班级的“领头羊”，特别是在以立德树人为目标的教育改革背景下，小学班主任对学生的正确引领，能够让学生的德、智、体、美、劳等综合能力得到飞速的发展。班主任对学生进行的班级管理，是规范学生行为习惯、培养学生道德品质最直接的方式。班主任不仅要关注学生的文化课学习成绩，还要加强与学生的沟通与交流，坚持素质教育理念，促进学生朝着正确的方向发展。但是在当前的小学班级管理中仍旧存在着一些问题，班主任应当在分析教育实情、阐明班级管理存在的具体问题的基础上，采取有效的解决措施，提升班级管理实效，真正实现学生的健康全面发展。

当前，我国小学班级管理的总体状况是积极向上的，但是也存在着班主任管理理念相对落后、管理方法单一、规章制度不尽完善、缺乏有效的家校沟通等问题，应当引起广大班主任的重视。

20 世纪 80 年代以来，国家积极鼓励并推动教育改革，发展素质教育，培养创新型人才，这成为教育研究的热点议题。素质教育强调教育要面向全体学生，以提升学生德、智、体、美、劳各方面全面发展为旨归，着眼于每个学生的全面发展。尽管如此，在教育变革的大时代背景下，仍有些班主任秉持着传统的主宰式、大众式的管理理念。主宰式的管理理念是指有些班主任认为自己是班级管理的“绝对权威”，采取“一言堂”的管理方法，将自身意志灌输给学生，很少征求学生的意见。在这种管理理念下，学生处于被动接受的状态，不利于学生自主意识和创新能力的发展。大众式管理理念是指班主任在班级管理中忽视了学生的个性差异，采取统一的标准管理学生，突出表现在以学生的学习成绩作为管理的统一且唯一的标准，这种管理理念容易出现“偏待”的现象，也有违“教育公平”的理念。小学生心理个性强烈，不论是采取主宰式还是大众式的管理理念，都会触发他们的逆反心理，对于他们今后的发展与成长会产生消极的影响，而且也不利于和谐班级氛围的营造。

对于小学生的学习与成长而言，班主任要采取符合小学生身心发展规律的班级管理方法，帮助学生树立集体意识、培养学生的团结精神与合作精神，还有利于提升班集体的学习成绩。可是有些班主任认为班级管理只要“严”就好了，不论学生出现什么问题，一律采取斥责、批评的教育管理方式。这种单一片面的管理方法，不利于学生个性的张扬，影响班级工作的开展，虽然可以使学生表面上言听计从，但师生关系疏远，班主任不在场时，学生便闹翻天，不利于学生德、智、体、美、劳全面发展，也不利于健康师生关系的建立。

小学阶段学段长，学生身心发展变化大，班主任在制定班级管理规章制度时，既要考虑解决好当下的问题，又要考虑学生小学阶段整体发展过程中所要面对的问题与挑战，应当进行整体和长远的班级管理规划。当下许多小学班主任，习惯就事论事，缺乏长远的考虑与规划，班级管理工作的时效性较差。另一方面，许多班主任将班级管理的工作重心放在学生的行为规范上，忽视学生思想道德的引导与教育，学生不违反纪律、不捣乱即可，对学生缺乏思想层面的管理，班级管理规章制度的内容片面。因此，规章制度在具体执行过程中，难以科学、合理、高效，不利于学生个性的发展与人格的塑造。

家校合作组织是一种新型的组织。当前的家校合作体系面临着主体合作意识不强、合作目标不明确、社会推动力不足等问题，推动“家、校、社”协同联系，有利于实现教育资源的整合优化，促进教育目标的达成。学生是学习的主体，每个学生都是复杂的个体，在班级管理中，仅靠校内班主任个人的力量，无法有效实现通过班级管理塑造学生人格和良好行为品质的目标。有些班主任的家校互通联系,仅仅停留在作业、成绩方面,忽视学生其他方面的沟通与交流。甚至有些班主任与学生家长缺乏联系。家长缺乏管理学生的意识,轻视家庭教育的影响。学生在学校言听计从,回到家便放飞自我。这不利于学校管理工作的开展,从而使得学校内的管理功亏一篑。

教师的管理理念,决定了班级管理的成效。在素质教育的背景下,班主任应不断更新和发展自己的教育管理理念,尊重学生班级管理的主体地位,坚持与时俱进的态度,引导学生学会自主管理,实现主动发展。

处于小学阶段的学生,正处于人生发展的关键期,每位学生身心发展的成熟程度具有差异性,因此教师应该坚持因材施教,根据学生的实际情况和个体差异,摒弃专断式、大众式的管理理念,以生为本,立足学生实际进行管理。在新课程改革和素质教育的时代背景下,班主任应该增强管理育人的使命感和责任感,公平地对待每一个学生,从"重文化,轻德育"的理念下解放出来,用真诚的内心潜移默化地感染学生,促进学生的全面发展。

班主任进行班级管理的目的不仅是通过约束学生的纪律,提升学生的文化课成绩,还应该关注学生的行为举止、心理发展以及情感问题,促进学生人格的健全和道德品质的培养,以培养"完人"为目标。班级活动是对学生实施管理的有效途径,也是小学生喜闻乐见的一种方式。例如,教师可以积极开展多样化的班级活动,利用春节、清明节、端午节等传统节日渗透传统文化的德育、美育,增强学生的民族自信心;利用植树节、感恩节等开展劳动教育,帮助学生树立劳动光荣的观念;利用升国旗等活动,培养学生的爱国主义情感。教师通过各式各样的活动进行班级管理,从学生的实际情况出发,立足不同的侧面对学生进行教育,为终身发展打下坚实的基础。

《中小学德育工作指南》中明确提出应该构建民主的班级管理制度,积极鼓励全体学生参与到班级管理当中,构建民主的班级管理体系。素质教育以立德树人为目标,核心内涵和根本任务以人的身心全面发展为旨归,以综合素质的全面发展为目标,是克服"应试教育"顽疾的重要举措与必然选择。为了落实素质教育的要求,实现教育目标,班主任在优化班级管理时,应坚持"以生为本"的原则,调动学生参与班级管理的主动性,引导学生以主人翁的身份参与到班级日常管理当中，增强学生自我管理的意识，实现学生由他律向自律的转变。

学生的成长是一个长久的过程，班主任对学生进行班级管理时，应当拥有足够的耐心。从长远来看，在刚接手一个班级的时候，就应当对班级的学生做一个长远的管理规划：对于一二年级的学生来说，以养成教育为主；对于三四年级的学生来说，培养他们的规则意识和劳动意识，对他们进行德育，使其行为符合社会道德规范，为正确“三观”的形成打下坚实的基础；对于即将步入青春期的五六年级的学生来说，班级管理的侧重点在于培养学生的理想信念和责任意识，做好步入中学的衔接工作。

学生是教育的对象，也是处于发展中的人，身心状况是复杂多变的，仅靠教师一个人的力量，对学生进行身心的塑造是远远不够的。教育家苏霍姆林斯基说过，无论教师如何努力，如果没有家庭教育的有效配合，都收不到完美的效果。家校合作既包括学生家长帮助教师进行班级管理，也包括教师指导家长进行家庭教育管理。新时期的小学班级管理工作需要家庭、学校、社会“三位一体”的努力，有效的家校合作是推进教育公平、培养高素质人才、提升教育质量的重要举措。家庭是学生人生中的第一所学校，只有搭建高效的家校合作平台，形成教育合力，才能实现“1+1 ＞ 2”的教育力量，实现“5+2 ＞ 7”的教育效果。

搭建有效的家校沟通平台，一方面，教师可以积极组织家校互访活动，使家长与教师高度协同地进行学生管理工作。例如，班主任可以定期召开以“学生管理”为主题的家长会，不仅向家长反馈学生在学校中的表现，还可以让家长相互分享家庭教育管理的经验，帮助学生家长更好地配合学校工作，提升家庭教育管理能力；教师也可以不定期地进行家访活动，了解学生在家庭中的表现，为后续的班级管理工作提供经验，方便管理规则的进一步完善与落实，教师还可以组建家长委员会，利用学校开放日等活动，让学生家长走进校园，了解学生的日常学习表现、了解学校工作，积累教育管理经验，与教师共同协商学生管理规划。另一方面，教师还可以利用信息时代提供的便利，开发“家校网络交流平台”，通过组建微信家长群等方式建立家校沟通常态化机制，将学生的校内表现以及课后规划与家长进行实时的沟通与联系，实现家校双方的教育合力，提升管理效果，优化管理内容。

班级凝聚力在很大程度上决定了一个班级班风的好坏。班风是一个班级的灵魂和象征,是班级风气与优良习惯的重要体现,对于班级的整体发展和学生的健康成长有着举足轻重的影响。凝聚力强、班风好的班级,班级管理工作顺利,每位学生都能积极参与班级管理,踊跃参加各种校园活动,不再出现“你推我躲”的现象,并且能够在运动会、卫生比赛等校园活动中获奖;凝聚力弱、班风差的班级,班级管理工作费劲,学生纪律涣散,成绩落后。因此,提升班级管理实效的有效举措之一就是增强班级凝聚力,形成良好的班风。

活动是进行班级管理工作的有效途径,班主任要结合班级管理工作的相关事宜,精心设计一些内容丰富的班级活动,通过积极向上的活动内容,帮助学生增强凝聚力。班主任可以定期举办各种学生喜闻乐见的活动,以学习小组为单位,动员全班学生参加。集体活动最能增进学生之间的感情,增强学生间的凝聚力,可以让学生的学习成为一个开放的成长过程,增强荣誉意识,提高团队精神,使学生在不知不觉中融入集体,建立深厚的情谊。同时,班主任应当重视班级环境的建设,班级环境影响班风的好坏,也深刻影响着学生的身心发展。

首先,班主任应当注重班级物理环境建设,引导学生将自己的学习用品摆放整齐,还可以在班级中装饰一些绿色植物,设计每日一句、图书角、文化墙等,为学生营造一个良好的读书学习环境。

其次,班主任还应当注重强化学生的心理环境建设,营造良好的班级氛围。班主任可以定期组织班级读书分享会、经典朗诵比赛、名人故事座谈会等活动,营造浓厚的学习氛围,在日常生活中,关心爱护每一位学生,增进师生情谊,实现师生班级管理的高效配合。

扣好人生的“第一粒扣子”

——德育润心田

为贯彻落实习近平总书记在深入推动黄河流域生态保护和高质量发展座谈会上的重要讲话及考察山东省时的重要指示精神,深入推进中华优秀传统文化创造性转化、创新性发展，持续弘扬孔繁森精神，推进经典诵读、戏曲、书法等传统文化进校园，在全校师生中倡导建立适应新时代要求的美德生活新方式，我班创新性地开展了一系列德育工作，以安全教育、行为习惯养成教育、文化传承等为重点，把德育真正落实到学生的学习、生活中。

（1）爱国教育。我班利用重大节日，如教师节、国庆节、母亲节、重阳节、感恩节之时，采用升旗仪式、主题班会、主题演讲、手抄报、黑板报等形式对学生进行感恩教育、爱国教育，使学生感受到老师的关爱、父母的温暖，激发学生对祖国与民族的深刻了解和热爱，培养他们勇于探索、善于开拓的精神。

（2）安全教育。安全工作对学生的安危、家庭的幸福和社会的稳定有重要的意义。因此，做好安全工作，创造一个安全的学习环境是十分重要的。我班充分利用主题班会、板报、手抄报、国旗下讲话、安全演练、防溺水签字仪式等形式，对学生进行安全教育，尤其是对夏季的防溺水安全教育进行了重点讲解，在老师和家长们的呵护下学生们得以健康快乐地成长。

（3）开展了“英烈故事我来讲”“中华人民共和国成立 74 周年讲故事”“致敬抗美援朝、争做新时代新人看图讲故事”等活动。学生在讲故事时，做到了故事完整、自然流畅、感情真挚、动作大方、普通话标准、声音洪亮，展示了学生讲故事的才能，英雄红色教育让学生再一次受到了心灵的震撼。

（4）中华古代文化经典记载着中华民族的成长与进步，积淀着中华民族的智慧与精神，是现代文明的母体与源泉。我班举办了“诵国学经典，做阳光少年”中华经典诵读比赛。

（5）开展“习近平致中国少年先锋队建队 72 周年的贺信和新时代好队员”活动。我班利用中国少年先锋队建队 72 周年的契机，在班级中开展了认真学习“习近平总书记致中国少年先锋队建队 72 周年的贺信”活动，少先队员们在活动中学得认真，听得仔细，再一次表达了成为中国新时代好少年的期望。我班借此机会又得到了一次爱国主义的洗礼。

（6）宪法宣传日活动。我利用宪法宣传日对学生进行宪法和法制知识的宣传，让他们了解法制知识，为以后利用法律武器维护自己的权益打下了基础。

（7）开展法制进校园活动。为了进一步让法制走进校园，增强少先大队队员的法律意识，使其接受法制教育，自觉遵纪守法，学会运用法律保护自己，做一个知法守法的合格少先队员。

（8）通过对学生一日常规、教系红领巾、学行队礼、排队等对学生进行行为规范教育。

（9）利用主题班会对学生进行节水、爱护环境、节俭教育。

（10）为深入贯彻习近平总书记提出的坚决抵制餐饮浪费行为，我对全体学生开展了“光盘”行动教育。

（11）为深切缅怀为新中国成立而献出生命的英雄们，在 2021 年 9 月 18 日全校各年级各班开展了九一八事变纪念日主题班会活动。

（12）在少先队建队节到来之际，我们六三中队和部分四年级少先队员齐聚操场，举行了庄严而隆重的以“长征精神照我成长，星星火炬传递梦想”为主题的庆祝少先队建队节活动，通过少先队入队仪式，全体队员都受到了洗礼和鼓励。

通过一系列活动的开展，少先队员们一次又一次地得到教育，不但思想有了质的飞跃，对学习的重要性也有了深层的认识。以此为契机让学生进行手抄报的创作、作文的创作，并出现了一些好的作品。

【作品一】

珍惜资源，爱我国土

慷慨的大自然为人类的生存和发展提供了大量的资源，人类正是因为有了这些资源的支撑，才得以繁衍生息。

“死去元知万事空，但悲不见九州同。王师北定中原日，家祭无忘告乃翁。”每每读到这首陆游的《示儿》，我都不禁被其沉痛与激昂震撼，此乃陆游之绝笔，弥留之际还念念不忘祖国中原的国土，最终写成了这首千古绝唱。

国土，是国家主权管辖范围内的地域空间。在我们辽阔无垠的国土上，五千年的文化一脉相传。我们的祖先，在这片富饶的土地上，走出了茹毛饮血的远古时代，繁衍至今。

如今 960 万平方千米的国土，是祖祖辈辈自然与人文要素交汇的结晶，是我们中华儿女的摇篮，更是我们心中的骄傲！难怪杜甫有“剑外忽传收蓟北，初闻涕泪满衣裳”的欣喜若狂，文天祥有“从今别却江南路，化作啼鹃带血归”的悲恨惆怅，李贺有“男儿何不带吴钩，收取关山五十州”的激情澎湃。

数千年来，这片土地创造了无数个神话，辉煌灿烂的农耕文化在此发源，勤劳的中华儿女，自强不息，凭着国内的资源建设出当今昌盛的中华！

在我国广阔的领海之下，蕴藏着无比丰富的资源。“海土”这一名词，越来越多地在人们口中相传。海洋同陆地一样，对中国的现代化发展起到了至关重要的作用。为了保障国家发展，我们对领海进行了开发，但仍要维持海洋的生态，在国家发展与保护资源之间做好权衡。

如今的神州大地上，“国破山河在，城春草木深”的凄凉悲壮早已不复存在，取而代之的是一派欣欣向荣。“耕者有其田”，中华儿女这个美好的梦想得以在今朝实现，在我们的国土上，正演绎着一场场赤膊上阵的角逐。

珍惜资源，热爱国土。这句话早已深烙在每一个中国人的心中。作为中国的新生一代，或许现在的我们不能驰骋疆场保护国土，也不能献身科学为祖国开发资源，但我们能做到珍惜资源，爱我国土，为了祖国的主权献出自己的全力。

让我们一起呼喊吧——珍惜资源，爱我国土！

【作品二】

保护资源，共享美好未来

自从人类降生到地球上生活以来，就尽情地享受土地所献给人类的丰富资源。土地是神圣的，它给了地球上所有生命所需的一切，但它也会因为人类浪费或毁坏土地而带来灾难。

有这样一个故事，从前有一个小岛叫作“快乐岛”，那是一个地图上找不到的小岛，整个小岛鸟语花香，简直就是世外桃源。有一天，小岛上来了一群新居民——野猪。它们一到这里就无止境地开垦，盖大楼，使昔日的世外桃源变成了工厂、荒地。突然，可怕的事情发生了，“沙尘怪”向它们袭来，小动物们不是咳嗽就是迷了眼睛，有的还得了眼疾。到了最后，“快乐岛”变成了“荒芜岛”。这虽然只是一个故事，但也让我们明白了毁坏土地的危害。

我国土地资源总量大，但平均每人占有土地很少，平均每人占有耕地更少。据有关统计资料，我国有960万平方千米的土地面积，是世界第三大国，不可言小，但又是世界上人口第一大国，拥有14亿人口，平均人口密度每平方千米110多人，是世界平均人口密度的三倍。我国东南部部分省平均人口密度甚至达到每平方千米600人。更为严重的是，早在十年前我国的耕地面积就只有14.32亿亩，仅占全部土地面积的10.4%，人均耕地只有1.1亩，不足世界人均耕地（3.75亩）水平的三分之一。人均土地资源是直接关系一国人均国民收入、土地产品产量的重要指标。

地球上所拥有的矿产资源、水资源、煤矿资源、大气资源等一些资源，本来是可以再生的，但由于人类无限制地开采，使一些资源无法再生。

森林，多么自然的名字啊！它可以使空气清新，让风沙不再猖狂，不再作恶多端，可它现在正在被无情的电锯毁灭。

地球，是人类的母亲、生命的摇篮，千万不要等到她病危的那天我们才后悔莫及。土地并不属于人类，而是人类属于土地，我们要爱护和珍惜土地，感谢土地赐给我们的一点一滴，感谢地球带给我们的土地。

【作品三】

传承家风家训，弘扬传统文化

家风家训是每个家庭的精神传承，是祖祖辈辈们遗留下来的美好道德品质。好的家风直接关乎个人素养，是树立正确人生观的基石。

我家的家风家训主要由三个部分组成：一勤，二俭，三孝顺。

那我们就先从“勤”开始吧！小时候的我非常懒惰，经常赖床，还十分拖拉，就连最基本的写作业都要爸爸妈妈催促。有一天，爸爸语重心长地对我说：“书山有路勤为径，学海无涯苦作舟。”他给我讲了许多有关勤奋刻苦的名人故事：有东汉时期悬梁刺股的孙敬，有西汉时期凿壁偷光的匡衡，还有东晋时期闻鸡起舞的祖逖等，这些人物让我深深地感受到了只有奋发图强，勤奋刻苦，才能取得更大的成就。

“俭”是中华民族自古以来的优良传统。我们在上幼儿园的时候，就已经学过“谁知盘中餐，粒粒皆辛苦”。虽然我们现在的生活水平已经有了很大改善，但是我们还要时刻警醒自己“一粥一饭，当思来处不易；半丝半缕，恒念物力维艰”，倡导光盘行动。还有我们平时常用的水电等，并不是取之不尽，用之不竭的。我们应该从小事做起，从自身做起，做一个勤俭节约的人。

百善孝为先，“孝”是中华民族的传统美德，是每个家庭及个人的道德准则。羊有跪乳之恩，鸦有反哺之意，动物尚有此心，何况是我们呢？孝顺还生孝顺子，忤逆还生忤逆儿。想一想，你的父母每天在外奔波忙碌，含辛茹苦地把你养大。他们不求回报，只为让你生活过得更好。而我们能做到的就是尽自己之力去报答父母的养育之恩。

好家训，创造好家风。它可以让一个家庭积极向上，实现美好生活。我们要传承优良的家风，继承良好的家训，做国之栋梁！

【作品四】

中国孝道之美

——《众里寻你——寻找最美孝心少年颁奖典礼》观后感

在多媒体教室里，我含着眼泪看完了《众里寻你——寻找最美孝心少年颁奖典礼》。当时，教室里异常安静，许多同学像我一样极力地抑制想放声痛哭的声音，轻轻的抽泣声此起彼伏。

看着最美孝心少年平凡而感人的故事，接受着精神的洗礼，他们的故事让我更深刻地认识了“孝”的含义。“孝”字“老”在上，“子”在下，这是一种担当。最美孝心少年们都是十几岁的孩子，跟我们差不多。但他们一个个辛酸的故事，令人感动，那自强不息、阳光向上的精神，那面对困难时阳光般的微笑，令人动容。他们用自己的行动诠释着中国孝道的美。

最美孝心少年黄凤，6 岁时，爸爸摔成了残疾，走不动了，躺在了床上，妈妈离开了已经困顿的家。面对这样的不幸，6 岁的黄凤竟决定照顾爸爸一生，从 6 岁到 16 岁，她就是用自己柔弱的身体撑起了这个家。

最美孝心少年吴林香的外公右手残废，外婆半身瘫痪，父母离异后，妈妈又身患肺癌。就在这样一个破碎的家庭里，13 岁的她成了顶梁柱。虽然每天辛苦地做着一切，但从来没有放弃过，依然坚持着，而且在妈妈去世后，代替妈妈照顾好其他人，不愧是“中国最坚强的女孩”。

“妈妈，我愿意付出所有，只为看到你的微笑。”这是来自内蒙古的 8 岁男孩赵文龙对妈妈的誓言。最美孝心少年赵文龙，妈妈患有尿毒症，他不离不弃，五年如一日地坚持在学校、医院、家这条路上奔波。他每天都要买菜做饭，还得给他妈妈按摩，直到他妈妈睡着，他才睡。他说：“妈妈，我愿意付出所有，只为看到你的微笑。”这就是一个 8 岁的男孩用那份爱的坚守与孝心的担当回赠给妈妈的爱。

最美孝心少年邵帅、徐沁烨、王芹秀、路玉婷、高雨欣、龙花，他们面临厄运与挫折，敢于承担，表现得是那么坚强，他们用真诚的心和深沉的爱来回报自己的父母。

羔羊跪乳，乌鸦反哺，看了他们的故事，想想自己，生活在幸福中的我们，在享受爸爸妈妈的宠爱时，在品尝着妈妈亲手做的饭菜时，无忧无虑地学习时，是否想到了父母的辛苦？在面对困难与挫折时，是否能坚强面对，乐观向上？10 位孝心少年，他们孝敬父母长辈，担当家庭责任，自强不息、阳光向上、奋发有为，是我们学习的榜样。我们要从身边的小事做起，懂得感恩，珍惜属于我们自己的幸福。从小播下孝心的种子，是社会对我们的要求，也是我们所必须尽的责任。孝心不分大小，不分远近，但别爱得太迟。从现在起做个敢于担当的人就是最大的孝。

自主主题班会课例《感恩的心》

【班会缘起】

部分学生学习不够刻苦，不珍惜父母的辛勤劳动而乱花零钱，亲情意识淡薄，只知享受，不知感恩。

【班会目标】

（1）使学生了解亲情，感悟亲情，理解亲情，学会感恩。

（2）丰富学生的生活和情感，激发学生的亲情意识，培养对亲人的感恩之心，使学生懂得孝敬父母，从而增强学生对家庭的责任意识，让他们知道如果自己不好好学习，乱花零钱，就对不起父母，从而形成一种"勤奋好学，积极向上"的班风。

【活动准备】

（1）提前让学生收集资料。

（2）通知家长准备参加这次主题班会。

【创意设计】

（1）学生做家庭调查，调查自己的家庭收入和家庭支出（主要是父母用在子女身上的花费），并写观察记录，写出家庭收入和支出情况。其目的是让学生感悟父母挣钱的不易，并写出自己的感受，汇报交流。（这一设计是让学生切身感受父母挣钱的不易、父母劳动的艰辛，初步感受父母的爱）

（2）进一步感受父母的爱不仅仅是为我们付出辛勤劳动，父母甚至可以为子女献出自己的一切。为了达到这个目的，班主任要发动学生搜集有关父爱和母爱的文章。学生通过读散文、讲故事、演小品、听歌曲等多种形式，从不同角度感悟父母对子女刻骨铭心的爱，从而达到让学生感悟亲情、学会感恩的目的。

（3）最后的起立宣誓，是对父母的一个承诺。亲爱的爸爸妈妈，我们向你们郑重承诺：在思想品德上让你们安心，在学习上让你们放心，在生活上让你们省心,我们要“不负天下父母心”。

【班会实录】

一、主持人致欢迎辞

A:热烈欢迎家长们的到来!老师们,家长们,同学们,大家好,六年级(三)班主题班会现在开始!我是主持人A。

有这样一首诗,大家可能都会记在心里,是孟郊的《游子吟》:“慈母手中线,游子身上衣。临行密密缝,意恐迟迟归。谁言寸草心,报得三春晖。”(学生不自觉地跟读,很有气氛)这是一首母亲的赞歌。心存感恩,其实我们最应该感激的是一直以来为我们默默付出、无私的、不求任何回报的,疼我们、爱我们的爸爸妈妈。今天班会的主题是“感恩的心”。

二、班会流程

(1)A:星期天,我们进行了一项家庭收入和支出的调查,下面请农村家庭、打工家庭、工薪家庭和经商家庭的代表把自己的调查结果公布一下。(农村家庭、工薪家庭、经商家庭、打工家庭的代表分别发言)

学生1:我是农村家庭的代表。下面我汇报一下我家的收入和支出:我家现有4口人,耕地7亩,年农业总收入约为8 300元,化肥、灌溉、农药、收割等花费约为2 500元,实际年纯收入约为6 000元。副业收入:我家现有香油房一处,每月收入约500元,每年收入约6 000元。所以,家庭年总收入约12 000元。我哥哥升入高一,今年交学费5 000元,再加上住宿费、生活费等,我和哥哥两个人的花费就占家庭总收入的60%,一年下来,家中也就剩下三四千元。

学生2:我是打工家庭的代表。我爸爸是个工程师,在城里建筑工地打工,每月工资是3 000元,一年也就是36 000元。这些钱,不仅要支付正常的生活开支,还要给妈妈看病。现在妈妈又患上了胃病,到处求医,花了不少钱,可就是治不好,一断药就开始胃疼。妈妈去医院看一次病就得花去四五百元,这一年看病就十几次,也就花去了四五千元。再加上家中还有70多岁的奶奶,每年花费(包括看病)也要三四千元。这样一算,爸爸每年也就剩下一万多元。

学生3:我是工薪家庭的代表。我生活在一个普通的工薪家庭里。爸爸在畜牧局上班,每月工资2 200元;妈妈在莘县一中上班,每月工资4 300元,妈妈时常编写一些辅导材料,加上稿费,妈妈每月的收入最多不过4 800元。但是妈妈实际得到的远远少于这些,因为我们家每月的水费、电费、宽带网费等费用都要从妈妈的工资里扣除。去年,爸爸买了辆汽车,从此每月要交500多元的养护费和油钱。此外,爸爸妈妈为了我能全面发展,还省吃俭用给我买了一架钢琴,我每次学琴都要交100元的学费,这样每月都要交400元。妹妹上幼儿园每学期交4 000多元。回头算算,爸爸妈妈的工资已经所剩无几。

学生4:我是经商家庭的代表。我生活在一个大家庭里,全家男女老少共15人。我们家的经济来源是一个家族企业。爷爷、叔叔们就忙碌着这一摊子。我们家的年收入在10万元左右,别看这是一个较大的数字,但在经商方面,稍一投资就没有了。我学钢琴每小时100元,妹妹学舞蹈每3个小时100元。这样,我的家庭收入也所剩无几。目前,我们家族的企业不景气,爷爷已经62岁了,应该停下脚步歇歇了,但爷爷为了整个家仍不知疲倦地工作;几个叔叔也是每天深夜才回到家;妈妈在家照顾我和妹妹。我的长辈如此劳累,但从没有在儿女面前皱过一下眉头,从没有在儿女面前流露出半点伤感。他们所做的一切都为了我们,为了我们的一切!

A:从同学们刚才的发言中,我们能感受到什么?(多个学生谈感受)

A:是啊,人生在世,谁无父母,谁没有沐浴过父母的养育之恩?人从呱呱坠地到长大成人,哪一个能离开父母的呵护、教诲、影响和扶持?子女的一个个足迹,哪一个不印记着父母的深深情谊;子女的一步步成长,哪一步不浸润着父母的殷殷心血?父母给我们的不仅是辛劳和汗水,父母对子女的感情是人世间最真诚、最无私、最深厚、最崇高的感情。为人子女者,你读懂这份感情了吗?你读懂这份希望了吗?请欣赏配乐散文《奇迹的名字叫父亲》。

奇迹的名字叫父亲

1948年,在一艘横渡大西洋的船上,一位父亲带着小女儿,去和在美国的妻子会合。

海上风平浪静,晨昏瑰丽的云霞交替出现。一天早上,男人正在舱里用水果刀削苹果，船突然剧烈地摇晃，男人摔倒时，刀子扎进胸口。他全身都在颤抖，嘴唇乌青。6岁的女儿被父亲瞬间的变化吓坏了，尖叫着扑过来想要扶他，他却微笑着推开女儿的手："没事，只是摔了一跤。"然后轻轻地拔出刀子，很慢很慢地爬起来，不引人注意地用大拇指擦去了刀锋上的血迹。

以后三天，男人照常每晚为女儿唱摇篮曲，清晨为她系好美丽的蝴蝶结，带她去看大海的蔚蓝。仿佛一切如常，而小女儿没有注意到父亲每一分钟都比上一分钟更衰弱、苍白，他看向海平线的眼光是那样忧伤。

抵达纽约的前夜，男人来到女儿身边，对她说："明天见到妈妈的时候，请告诉妈妈，我爱她！"女儿不解地问："可是你明天就要见到她了，为什么不自己告诉她呢？"他笑了，俯身在女儿额上深深地刻下一个吻。

船到纽约港了，女儿一眼便在熙熙攘攘的人群里认出母亲，她大喊着："妈妈！妈妈！"就在这时，周围忽然一片惊呼，女儿一回头，看见父亲已经仰面倒下，胸口血如井喷……

尸检的结果让所有人惊呆了：那把刀无比精确地洞穿了心脏，他却多活了三天，而且不被任何人察觉。唯一可能的解释是因为创口太小，使得被切断的心肌依原样贴在一起，维持了三天的供血。

这是医学史上罕见的奇迹。医学会议上，有人说要称他为大西洋奇迹，有人建议以死者的名字命名，还有人说要叫他神迹……

"够了！"那是一位坐在首席的老医生，须发俱白，皱纹里满是人生的智慧，此刻他一声大喝，然后一字一顿地说，"这个奇迹的名字，叫父亲。"

A：父爱无言，却博大深沉；父爱无言，却真挚长久。欣赏了散文之后，请做一个游戏。

（2）A：还记得我们做过的一个游戏吗？这个游戏比较残酷，我们姑且给它一个名字，就叫"舍弃"，下面让我们一起来看一下游戏的结果。

（看多媒体课件）

A：从结果来看，参加游戏的有45位同学，有效票数为43票。在这43位同学中，有41名同学最后将自己的父母保留了下来。这也说明父母在我们心目中的地位。但是在这个游戏过程中，我给大家十分钟的时间，很多同学没能完成，都在苦苦地思索，进行着心理斗争："到底先舍弃谁？"但大家想想，如果换成父母的话，在选择时，他们思索的时间又会有多少。

A：事实上，很多时候我们的爸爸妈妈在生与死的瞬间会凭借自己的本能不假思索、毅然地舍弃自己的生命，把生的希望留给子女。

A：下面请听这样一个故事，一个真实的催人泪下的故事：《天亮了》。

（3）学生讲故事《天亮了》。

播放背景音乐：(flash 动画）韩红的《天亮了》。

（在讲故事的过程中许多同学都感动得流下了眼泪，印象深刻的是一名男生竟趴在桌子上呜呜地哭出声来。）

班主任总结：大家都被故事里的爸爸妈妈感动了，这种场面、这种永远失去的痛楚的的确确最能打动我们，也最能触动我们内心深处的脆弱。但是，这种生死离别的场面、失去双亲的情境并不是我们每个人都会经历的。那么，在平凡的生活中，就没有令我们感恩的事了吗？不，当然有！请欣赏情景剧《一碗蟹肉饺》。

（4）情景剧《一碗蟹肉饺》。

人员：四名学生（角色：母亲、孩子、老奶奶、小吃店老板）。

旁白：故事是这样的，秀秀是个住宿生，每个周末才能回家。每次回家妈妈就会给她做最爱吃的蟹肉饺，这种蟹肉饺做起来相当麻烦……

班主任总结：非常感谢这几位同学的倾情演出，也希望每位同学都能在日常生活中用心地去感悟父母之爱！

（5）沉静三分钟（让学生把刚刚波动的情绪通过思考沉静下来），放音乐《母亲》。

师旁言：我们现在的心情十分激动，现在就让我们每人拥有三分钟的时间，闭上眼睛，在《母亲》这首歌中将思想做一个沉淀。抛去杂念，用心去体会父母在我们成长过程中的付出。想一想他们干裂的双手、黝黑的面庞，想一想他们日夜操劳的身影，想一想他们带病为我们做饭的情景，或者想一想爸爸妈妈的音容笑貌……

（6）感恩父母（通过准备阶段时的观察和思索自由发言）。学生谈自己对父母的感恩之情。

（学生发自内心地讲如何感父母之恩，教师表扬学生并进行总结。）

班主任总结：其实在现实生活中我们该感恩的又何止自己的父母呢？我们还想感恩谁？还应感恩谁？亲人、朋友、同学、陌生人等。

班主任总结：我应该感谢你们！(为什么感谢，总结)

(7)结束班会，演唱手语歌《感恩的心》。

班主任总结：同学们，本次主题班会即将结束。我们的四位同学准备了一首《感恩的心》的手语歌，最后就让我们以这首歌来感恩各位老师，是他们激励着我们接受了这次感恩教育；用这首歌感恩我们的父母，是他们给予了我们生命；用这首歌感恩令我们感动的一切……

A：让我们对天下的父母说："我们永远爱你们，我们永远是你们的骄傲！"

A：千歌万曲，难以抒发我们对父母的爱戴！千言万语，无法表达我们对父母的感激！

A：请全体同学起立，宣告我们的承诺：亲爱的爸爸妈妈，我们向你们郑重承诺：

在思想品德上让你们安心；

在学习上让你们放心；

在生活上让你们省心；

我们要有一颗"感恩的心"。

A："感恩的心"主题班会到此结束。

以健康的环境熏陶人，以创新的活动教育人

如今的社会，中小学生很多是独生子女，多数家庭娇生惯养，使得他们长期过着衣来伸手、饭来张口的生活，觉得父母的给予是理所应当的，体验不到劳动的辛苦，也不懂得关心和体贴他人。在学校，他们的劳动观念淡薄，做事丢三落四，自私刁蛮。这一系列现象折射出现代中小学生不良的行为规范和思想意

识。针对这些情况，我结合目前多数学生成长的家庭环境状况，坚持“以健康的环境熏陶人，以创新的活动教育人”为主题的思想教育方式，从以下方面进行教育：

一、加强文化建设，优化育人环境

班级要努力营造健康向上的文化环境，培养学生健全的人格和心理品质，增强学生的法律观念、安全意识、珍爱生命的理念意识。要把“学经典、正行为、尽孝心、立大志”的中华传统美德教育贯穿在日常工作中。经典诵读琅琅的读书声响彻校园，中华经典美文浸润了学生的灵魂，净化了学生的思想。

二、开展丰富的德育活动，寓教于乐

班级管理坚持“育人为本，德育为先”的思路，德育工作以理想信念教育为核心，以行为习惯养成教育为重点，做到月月有主题、周周有重点。通过开展“春暖花开，情满校园”“感悟细节，铸就成功”“扬爱国旗帜，展少年风采”“感恩责任奋进”等系列主题教育，抓小事、抓活动、抓细节，营造浓厚的舆论氛围，规范学生行为习惯，提高学生综合素质。

三、加强家庭、学校、社会三结合教育

班级要加强家庭、学校、社会三结合教育，促进全员德育工作开展；组织“少年志愿者”服务队，深入社会开展社会实践活动，让学生从实践体验中养成良好的行为习惯和道德修养；坚持每年组织学生观察大自然，参加保护“马颊河”行动……鼓励学生走出课堂、走进社会，在活动中学做人、学守法、学服务、学创造。学生的服务意识、环保意识和主人翁意识不断得到增强。深入持久的主题教育深入到了学习、安全、纪律、学风教育，增强了学生的光荣感、使命感和责任感。

我通过营造良好的班级氛围，促进学生之间互相督促、互相进步，使不文明行为得到及时制止和改进。另外，新颖的主题活动不但提高了学生参与活动的积极性，而且能使学生在活动中受到更深刻的教育。事实说明，以良好的环境影响人和以活动为载体教育人的方式收到了良好的教育效果。

家校共育促成长

苏霍姆林斯基说:“最完备的社会教育是学校教育和家庭教育的结合。”两个教育者——家庭和学校,不但要一致行动,要向孩子提出同样的要求,而且要志同道合,抱着一致的信念,始终从同样的原则出发,无论在教育的目的上、过程上,还是手段上,都不要发生分歧。由此可见家校共育的重要性。

于某,女, 11 岁。父母离异后兄妹 4 人随父亲生活,父亲常年务农无暇顾及他们。随继母生活后,家里有 6 个孩子共同生活,家庭生活缺少关爱,平时衣食住行较同龄儿童有一定欠缺。

在于某升入我班时,我已经对她的家庭有了一定的了解。如果依靠家庭的力量,是很难营造好学习氛围的,也很难取得家校的密切联系。因此,在接班伊始,我就格外关注于某。新入学的于某,一头蓬松的短发,背着破旧的连拉链都没有的小书包,仰着炯炯有神的大眼睛望着我,一刹那,我的心就这样被悄悄融化掉了。接下来的几日接触,我发现于某书写很慢,但是总会很认真地听课。与此同时,我也总是很无意地在课堂上夸奖她的学习态度认真。她总会很羞涩地低下头,但是夸奖总会在她的心里悄悄生根发芽。

在午间或课间休息时,其他学生都会无拘无束地聊天、做游戏,她却从来不参与,总是独自坐着。发现这一现象后,我总会以游戏的方式陪她聊天、谈心,帮她融入班级生活。我为了帮扶她的学习,树立她的自信心,一直努力地在思想上、教育上感化她,对她的努力及时给予表扬和激励。另外,我特意任命她为语文课代表,惊喜和自信也悄悄地在她眉间绽开。在我的努力下,她学习更用心了,写字虽然速度稍慢,但总会用最正确的书写姿势写最工整的汉字,用最认真的态度聆听每节课,成绩也以较快的速度提升。在期末时,她收获了我班“古诗背诵小能手”、全校“三好学生”等荣誉。

在认定为我校家庭经济困难的学生时，于某也正常向学校提交申请，并且条件均已达到，但因于某未曾办理银行卡，后因父亲身份证丢失等各种原因无法办理学生个人银行卡，在与家长沟通时，家长表示确实无法办理银行卡，选择暂时放弃这一学年的贫困申请。我和学校真正了解了于某的家庭情况后，立即将这一情况上报联校，联校也及时和银行进行沟通，最终由联校为于某办理了银行卡，顺利申请到义务教育生活补助金。通过这一系列的家校沟通，于某的家庭成员也对我校给予较大的肯定，并认可了老师的工作。

班主任是班级工作的轴心，而德育便是班主任的风向标。在我们双向努力下，于某收获了她小学生涯的一小步的飞跃，但这也只是一个小小的起步。古人常道，“十年树木，百年树人”，人与树木相比是更难塑造的。我认识到了德育过程虽然非常漫长和艰巨，对学生的影响却是非常巨大的。我也要投入全身心的努力，以学生为本，用爱心去体会学生的世界，向他们抛出期望的风帆，陪他们开启快乐学习的大门。

让每一个学生在学校里抬起头来走路

前苏联教育家赞可夫曾说过：“漂亮的孩子人人都喜欢，而爱难看的孩子才是真正的爱。”这就是爱和宽容带来的美妙与和谐啊！有这样一段话：如果一个孩子生活在批评中，他就学会了谴责；如果一个孩子生活在鼓励中，他就学会了自信；如果一个孩子生活在认可中，他就学会了自爱。班主任工作的辛苦和不易，其间有欢笑，有泪水，但我最大的感受，则是充实，这一点可能是没当过班主任的教师无法体会到的。班主任工作是一门艺术，班主任是班级管理的组织者、教育者、指导者，其工作的对象是人，是有思想、有情感、有个性的活生生的人，是正在成长的一代新人。因此，管理班级是一项艰巨的工作，它不仅需要爱心、耐心与细心，也需要创造。下面谈一谈我在管理班级上的一个案例。

我接管这个班级时，被班里一名学生的形象给震撼到了。这个女生穿着邋遢，头发感觉好久都没洗过，脖子上满是清晰可见的泥垢，鼻子下面两条鼻涕随时都可能流到嘴里。我当时就想：会是怎样的一个家庭才会让一个女生有这样的形象呢？我通过多方面的了解，知道了她家的基本情况。杨某，11岁，在我们这个乡村小学，她是周边四邻八村里兄弟姐妹最多的孩子了，上有两个姐姐，下有两个弟弟，她正处于家庭的中间位置。她从小就由奶奶抚养。奶奶年迈，父母又无暇顾及这么个孩子，不注重这个孩子的吃穿问题，更无暇顾及这个孩子的学习。由于家庭教育方式、社会环境影响等方面的原因，该生对学习一直没有真正产生兴趣，作业也不能按时完成，学习行为习惯很差，上课不遵守课堂纪律。该生与同学的关系也很差，没有同学愿意和她坐同桌。总体上，她表现得非常不自信，对任何事情都不敢尝试。

自从接这个班开始，我就不断地尝试改变她的这种情况。首先。我通过家访对她的家庭进行全面了解，结合她的父母、奶奶对她进行生活习惯的教育，每天检查她的个人卫生情况，鼓励她养成良好的个人卫生习惯，从面上让同班同学接受她，并对全班学生进行教育，衣服穿着讲究干净，不讲漂亮和牌子，防止孩子们产生攀比的心理。针对她家孩子多、消费大、家庭困难的问题，我向学校提出了每年的教育补助名额的申请，虽然不能解决她家的困难，至少可以减轻一下她父母的负担。一段时间后，我发现这个孩子的变化惊人，与同学的关系也有所改善，课堂上遵守纪律了，并且对能回答的问题敢于举手了，这是自信的表现。初见成果，我想怎样才能激发她的学习动力，让她把学习成绩赶上来。于是我让她当上了一个语文小组长，时常地表扬、鼓励她、督促她，还经常地抽出时间给她补课，给她讲一些名人故事激励她奋进，告诉她“唯有知识能够改变命运”的道理。由于该生就住在学校附近，所以我经常利用饭后之余到她家进行家访，了解相关情况。功夫不负有心人，现在她的学习态度端正多了，自信、开朗了许多，虽然上课偶尔还会开小差，但绝大部分时间能认真听讲，发言也较以往积极，而且作业也能及时完成，学习成绩也在稳步提高。看到她的进步，老师们、同学们都很欣慰，对她的看法也在不断改变中。

没有差的学生，只有不当的教育方式。教师要学会热爱学生，对于一个学生在充分了解的基础上采取不同的激励方式，做到因材施教。所以，对于该生我经常关心、鼓励她，挖掘她的优点，用她的优点去消除她自身的弱点，使其感觉到她也是受人重视的。教师对学生的爱、理解、宽容、尊重、鼓励，犹如春风化雨润物无声，能激发学生的内心，净化学生的心灵，使学生鼓起前进的勇气，扬起理想的风帆，驶向胜利的彼岸。学生都是有思想、不断发展的个体，没有谁是一块天生的顽石，在他们的内心深处都有一块最柔软的地方。只要我们当班主任的工作做到家，一定能打开学生心灵的窗户，打开它，你就能看到一颗颗鲜活的心。天道酬勤，只要我们努力，一定会成功的。

在这些年的实际摸索中，我深刻体会到，作为一名新时代的教师要拥有敏锐的眼光，进行积极思考，并能针对时代的新特点寻求科学有效的教育方法，打开每个学生的心扉，与学生共同进步，在工作中不断探索和实践，真正做到教好书，育好人。正如苏霍姆林斯基心灵的召唤那样："让每一个学生在学校里抬起头来走路。"

家校同步成长快

一、教师与家长携手，达成共识

原来，新航父母工作忙，从小就是奶奶一人照料他。他调皮，爱捣蛋，奶奶又非常溺爱他。平时，在家里，新航不吃饭，奶奶总是到处追着他喂饭吃；奶奶从来不会骂他，即使有错也会迁就他。父母起早贪黑工作繁忙，回家后也难得与孩子相处，索性爱心加倍，常常放纵孩子，使他为所欲为。于是，新航只要稍有不顺心就赌气不吃饭或者摔东西，甚至出手打人。有一次，妈妈气不过打了他几下，他竟然与妈妈对打。爸爸不但不阻止，反而大笑起来。这就更加助长了新航的嚣张、任性。为了尽快改变他的坏习惯，我决定家访，利用家访的时间与家长沟通。具体做法如下：

（1）家访时我带上一些小玩具，利用玩具的魅力吸引新航，让他能愉快地接纳我，拉近我们之间的距离。

（2）在与新航的父母交谈时，我以诚恳的言语换取了家长的信任。在拉家常的过程中，我婉转地提出问题，举例说服家长，让他们认识到小孩不良性格的严重性，劝说家长与我互相配合，携手共同教育孩子。同时，我也要求家长在教育孩子时，父母连成一线，唱一个调，不让孩子有空隙可钻。

（3）在说服家长，得到他们的认同后，我为他们推荐了几本教育杂志，使他们知道教育孩子必须家校同步，进一步更新观念，强化行为。

二、持之以恒，事半功倍

俗话说得好“只要功夫深，铁杵磨成针”，凡事贵在坚持，特别是对于孩子某种不良习惯和性格的纠正，就更不能操之过急。所以，教师与家长应该做好心理上的长期准备，只有统一战线，坚持不懈，不让孩子钻空隙，逐步提高要求，才会最终达到目的。在这学期里，我做了大量的家长工作，家校共唱一个调，注意经常保持联系。

具体做法如下：

（1）当家长感到疲惫而无力过问时，我就上门家访，把意见和对策送上门，得到家长的同意、支持后再行动，保持家校的一致性。

（2）当孩子取得了小进步，我就通个电话简单地讲明下一步计划，统一意见，双方互相提醒不可放松。

（3）当孩子出现突发事件，我就与家长联系，讲明事发原因、我的处理意见，并劝孩子的父母双方统一意见，心平气和地处理事情。

（4）过一段时间后，我与孩子的父母通过电话联系，互相总结孩子的近期表现，找出闪光点，予以引导、鼓励，找出不足之处，探索新方法。

通过我与家长双方的不断努力，新航变了，学习也认真了，会和同伴和睦相处了，学习上也有了很大的进步。

走进学生的内心

魏书生说:“心灵的大门不容叩开,可是一旦叩开了,走入学生心灵世界去,就会发现那是一个广阔而迷人的新天地,许多百思不得其解的教育难题,都会在那里找到答案。”作为一名教师,教育学生特别是问题学生,不能戴着有色眼镜或凭主观看法去处理问题,而是要循循善诱,时刻尊重、信任他们,不能一味地批评指责,否则会引起学生的逆反心理,适得其反。

上个学年第一学期开学初,作为班主任的我迎来了刚刚升入六年级的学生。面对着一个个活蹦乱跳的学生,我看到了他们的活泼可爱和对知识无限的渴求。从他们炯炯有神的眼睛和虎头虎脑的样子中,我看到了自己即将开始的教育工作的希望,憧憬着未来教学工作的开展。我的教学步伐迈得很慢,这样做是为了让全班的学生都能跟上我的教学脚步,共同把知识点一个一个、脚踏实地地踩过去。然而尽管如此,我发现有一个学生始终跟不上全班学习的脚步,即使课余时间我不断地给他补课“充电”,效果仍然不佳。他写的字,歪歪扭扭,每一笔每一画看上去好像蚯蚓在地上爬似的;抄写汉字的时候,看一笔写一笔,看一笔再写一笔,“口”字用圆圈表示……批改他的作业,要看好长时间才能辨认出写的是什么字。我把他的字拿给任课老师看,老师们皆摇头称奇。写不好字,这究竟是什么原因呢?我陷入了沉思。他的字以前就是这样的吗?他的学习习惯以前就是这样的吗?我开始了自己的德育导师路上的探索。这个学生叫张某,学习成绩跟不上已经持续了很长一段时间。其间,我梳理了他在五年级的学习情况。五年级的时候,他的成绩一直处于班级的末尾。他现在的这种情况由来已久,我想,只要我不断地付出努力,不断地对他感化和开导,是一定会转变他的这种状况的。

我要想改变他的不良习惯,必须从了解他的家庭背景和生活习惯着手。课余时间,我找张某谈心。为了打消他的戒备心理,我把谈话的地点选择在校园的一处安静的角落。在我的步步疏导下,张某的话匣子打开了,一发而不可收。从交谈中,我得知他家就住在学校附近,交通便利。母亲在家务农,主要任务是管孩子;父亲在外打工,很少回家。他平时的饮食起居都由其母一个人包办。而且他的家庭状况也比较特殊,父亲腿部有残疾,母亲之前有过精神方面的疾病,平时生活中他也有一些乱花钱的小毛病。此后,我又打电话给他的妈妈,进一步了解了家庭教育的情况。原来,张某从小自卑,不敢与人交流。之后,我便尝试着运用学过的心理学知识和方法对他进行心理疏导,辅之以教育,盼望他能够与其他学生一样健康地成长。

在班主任管理工作中,遇到棘手问题在所难免。有的人会停下脚步不断抱怨,有的人会故意忽视得过且过,有的人会拼命纠缠毫无章法,而我会知难而进,并且恰当地运用各种途径和方法努力把问题解决好。

在这个案例中,我认为首先应该加强家校沟通。我再次跟张某的妈妈进行了沟通,把张某在校的表现真实地给她进行了再现,并指出了造成这种现象的根本原因:这个孩子,我们要不断地鼓励他,不断地用正能量去激励他,使他增强生活的信心和积极性;学习上要多加辅导,要有耐心……张某的妈妈表示会按照我的要求,积极配合。

其次,走进孩子内心,帮助其摆脱困境。站着交谈或者在办公室交谈,他对老师会有戒备,不愿吐露真言。我常选择安静又隐蔽的场所作为谈心的地点。显然,张某很放得开,也说出了许多肺腑之言。我还通过一个个小问题慢慢地把他的世界观、价值观引导到正确的轨道上来,使他充分认识到养成良好生活习惯的重要性,使他明白学习是学给自己的,只有自己学有所成,以后才能办大事。我不断地给他讲通俗的道理:只要你以诚相待,你就能找到好朋友;你自己变得优秀了,同学们也会更加乐于与你交朋友。

再次,在师生间、同学中架起关爱的桥梁,使他感到来自班集体的温暖,恢复健康的心理。我在学生中找了一位活泼、性情温和、善交谈的同伴和他结成对子,做好朋友,带领他一起玩,使他体验到集体生活的快乐和同伴的关心。我还让这位学生做他的小老师,嘱咐张某学习上的困难可以时刻请教他。此外,我还根据他的兴趣爱好引导他积极参加集体性的活动,鼓励他积极参与班级活动等，创设一些机会让他担任一些愉快的"角色"，引导他参加班级表演，并及时表扬鼓励，以培养其积极情绪和优良性格。

最后，在良好的学习氛围中，我鼓励他努力学习，上课做到认真听讲，课后认真完成作业。课余时间，我抽出部分时间对他的学业进行个别辅导，引导他每天制定一个小目标，比如，今天要学会写五个词语、今天要会背诵课文的其中一个自然段等。完成小目标，日积月累，学习上的大目标也就完成了。我鼓励他认识到"做错题目不可怕，可怕的是对错题不以为意的态度"的道理，提醒他不可轻易放过错题，做错的题目要弄清。

学生是花朵，是祖国的未来和希望，教育和培养学生是我们教师义不容辞的责任。几经努力，张某在生活和学习上已经有很大改变，分数也由原来的不及格进入了 80 多分、90 多分的水平。我相信，在我的坚持下，他一定会有花开的那一天，德育导师的工作我将会一直做下去。

谈话要有"度"

新学期已经过了两周，班内的大部分学生都能很好地投入学习中，学习动力也比较充足。通过观察日常和课堂表现，我发现小涛同学近期的学习状态比较萎靡，成绩也不理想；结合上学期的表现，我感觉他可能出现了问题。

周二放学后我找小涛谈话，询问原因得知：他学习动力不足，上课经常开小差，学习状态不好，想学但学不下去。由此，我想到了美国著名心理学家、教育家布鲁纳说的一句话："最好的学习动力是学生对研究的东西有着内在的兴趣和深刻的认知，就会产生愉悦的情绪，从而集中注意力，积极思维。"我展开谈话时，由于小涛的特殊性（爸爸去世），尽量避开敏感性的字眼，直奔主题。

学习的动力是激发学生学习兴趣和行为的重要因素。缺少动力，学习积极性不高，不能发挥自觉性和主动性。我于是从家庭的侧面入手，告诉他："谁都可以缺乏学习动力,唯独你不可以,因为你与他们不同,你承担着母亲的期盼、家庭的希望。你缺少了动力,迷失了方向,甚至会丧失信心,你这样的状态,你想到过自己的母亲吗?如果她看到你这样的状态,她会有什么样的眼神,她会是什么表情,她会有多么的失望。”谈到这,小涛的表情有了些许的变化。我继续说道:“许多人能够成功,并不是因为他们拥有优越的家庭背景,而是因为他们在经历过困苦和挫折之后,依然能够坚持自己的理想,去追逐自己的梦想,拥抱自己的思想。他们在走向成功的道路上,始终没有忘记自己经历的困苦和失败。你现在缺乏学习的动力,迷失了自我,丧失了信心,也间接地忘记了自己的责任,抛弃了自己的家庭。”小涛眼含泪花地说:“老师,我没有忘记自己的责任,也没忘记自己的家庭,我能做好,请老师相信我!”

看到小涛的表情,我已经知道他的学习热情又重新点燃了,于是说道:“我一直都相信你,相信你会改变和更好,同时我会时刻监督你的表现。”

通过不断地反思与学习,我认识到与学生谈话要触及学生的心灵,让他们能充分认识到自己存在的问题,但又要点到为止,为他们保留应有的尊严。谈话的目的是激发学生的学习动力,促使他们不断进步。与学生进行平等的谈话,既要触及心灵,又要点到为止,这需要一个“度”。

放大学生的优点

我每年接手的学生中都有几个不讨人喜欢的。他们上课爱说话,爱睡觉;作业不写或者写得非常潦草;自习课上不是搞小动作就是呆坐一节课;提问时经常不会。学生小李就是其中的典型,他身上包含了列举的所有缺点,并且还经常上课迟到。

我曾多次给他指出这些缺点,甚至还采用了惩罚措施:撕了潦草的作业重写一遍,睡觉时罚站一节课,不会背诵时上讲台定时重背一遍……虽然各种方法都在他身上用过,收效却甚微。小李的缺点不但没有减少,而且还有明显增加之势，并且还与我形成了“师生对抗”。对小李的管理成了我的“心病”：继续管他，已经找不到好的方法；不管不顾，就等于在这场“师生对抗战”中以他的胜利而告终。如果是那样的话，一定会在班级中产生负面效应，会有一些人慢慢跟他学，我的管理与教学就会更加难以进行。为此事，我伤透了脑筋。

一次课间，我与小李的同桌聊天时，他的同桌无意间透出一句话：“老师，你总是挑小李的错，所以他暗地里和你较劲。”我听了后心中一惊，没想到我们之间的对抗，原因是我总挑小李的缺点……我开始反思自己：难道是我错了？想让他改掉缺点的想法没有错，一定是我的方法错了。我忽然想起苏霍姆林斯基《给教师的建议》中讲过怎样断定学生学习上的成就，他认为：“学习上的成就这个概念，本身就是一种相对的东西，对一个学生来说，‘五分’是成功的标志，而对另一个学生来说，‘三分’就是了不起的成绩。教师要善于确定每一个学生在此刻能够做到什么程度……”我似乎有点醒悟：我在小李同学的管理方式上出现了错误，放大了小李的缺点，忽视了小李的优点。这些天来，我一直历数小李的种种缺点，希望他能改正，有点“拔苗助长”的迫切，结果造成了与他的对抗。静心想一想，小李同学也不是那么令人讨厌：每次看到我进教室，高谈阔论的他都会戛然而止，这表明他还是尊重老师的；每次下课拖堂时，我说耽误同学们的时间了，小李也会接一句“没关系”；每次罚站，他也会一只手拿课本，另一只手悬空记笔记……想到这些，我忽然有些后悔和自责。

在接下来的日子，我开始换了一种思路对待小李同学：及时寻找并放大他的优点，进行正面指导，至于他的缺点，也不再一串串列举了。经过慢慢与小李交流，我们的“对抗”消失了，现在他的缺点也比原来减少了。相信经过一段时间，他一定会变得更好。

一滴水能折射太阳，一次被放大的优点能改变学生的习惯，作为教师更要会适时、理性地放大学生的优点。当你眼中是“完美”的学生时，学生眼中也同样会折射出“完美”的教师和课堂。

让孩子们成长为他最好的样子

我今天之所以选择这个主题，并不是我在这个方面做得有多好，而是想把它作为班主任工作的一个终极目标去努力。所以，我希望在我担任班主任期间，通过我的助力，每个孩子都能得到更好的发展。

就像韩愈《师说》中所说："师者，传道授业解惑也。"

我的方法就是：先帮助孩子们找出他们学习中出现的问题，再找到解决办法，最后督促他们坚持下去。当然，如果能把这些工作提到问题出现之前，效果就更好了。

一、每个时间段最需要解决的问题

（一）第一阶段

第一阶段：一二年级。这一阶段我们需要做的就是帮助学生们快速适应小学生活。哪个学生角色转变得快，哪个学生就赢在了起跑线上。

1.第一步，熟知规则

我们要让学生们知道小学有哪些规则不能违反，如果违反了需要承担什么后果。当学生们对这些规则以及触犯规则的后果都烂熟于心的时候，你就会发现绝大多数学生都是遵守规则的好学生。明明知道是错误还会屡次去犯的学生毕竟是少数，他们有时候是真的不知道那是错误。我想说，明事理、懂规则真的跟年龄没有多大关系。

去年我班有个学生叫小政，进了我班之后屡次犯错，后来犯的错误多了，他妈妈就向我诉苦："这孩子怎么越大毛病越多，越不懂事了呢？"我问她："你确定他的这些毛病以前都没有？"她想了想说："从小政上一年级开始，我就去外地打工，平常看不见他，也不知道他在学校具体是什么样。反正他的成绩一直很好，就认为既然成绩好他又能差到哪里去呢？所以有时放假发现他有一些小毛病也没当一回事。其实也是因为他常年不在我身边,我不想一见到他就老挑他的毛病。没想到后果这么严重。现在我说什么他也听不进去,动不动就跟我吵架,认为我是在找碴。就这一身的毛病,还自认为他比以前更好了呢。”

其实,在那些让老师和家长头疼的学生中,像小政这样的情况并不在少数,不管是因为成绩好,还是因为缺乏父母监督,最后的结果都是没人告诉他什么是对什么是错。所以,我们在入学之初就要把这件事当成第一要务去抓,做好了,后续就会少很多麻烦。

2. 第二步,培养好习惯

决定一个人学习成绩的因素,可以归结为三点:第一点是智商,这个与生俱来,我们没法改变;第二点是学习条件,这个因素对于在同一个学校或班级就读的学生来说,差异不大,也可以忽略不计;第三点就是习惯。

习惯是在长时间里逐渐养成的、不容易改变的行为倾向。

习惯是需要养成的。俗话说“万事开头难”,要养成一种新的习惯,开始一定不容易,但一旦坚持了一个阶段,它就会成为一种自然。当学生们都能把好的习惯变成一种自然的时候,他们离成功就不远了。

习惯是多方面的,是相互影响的。学习习惯亦然。

(1)自律。小学五六年级的学生有个最大的特点就是自律性不强。这可能跟他们的学习经历有关。不止一个家长跟我交流的时候表示,他们最认可的管理方式就是私立学校的无缝监管。但我认为,不管这种方式效果有多好,都不应该再成为我们学段的主流。因为慢慢地大家就会发现,随着时间的推移,制约学生们成绩提高的并不是学习时间,而是学习效率。

(2)学习方法。在小学这一阶段,我们首先要帮助学生们快速找到那些通用的学习方法。再努力,再舍得花时间,如果方法不对,尽走弯路,效果也不好。时间长了,还会影响信心,打击学习的积极性。再者,学习方法的指导要精细。比如错题本的使用。如果你只是粗略地告诉学生们:每人都得准备一个错题本,每天把做错的题都整理在上面,那么,你检查一下就会发现,他们只是你板书和答案的搬运工,显然这种错题本有没有作用都不大。如果,你再进一步指导他们,整理错题时,一定要认真分析做错的原因,要认认真真反思,直到找到出错的根源;而在遇到不会的题目时,如果别人一点拨就能找到思路,就一定不要让别人一讲到底，而应该自己顺着思路独立思考，然后认真独立地整理一遍；如果那些不会的题目在别人讲完之后还比较陌生，就没有整理的价值了。相信通过你的进一步指导，他们才真正学会了错题本的使用方法。

(3)自主。学生们对学习的第一认知就是：学习等于完成作业。一天之内，应该学多少，应该怎么分配每一科的学习时间，完全取决于作业的多少。对于那些成绩比较好的学生，完成老师安排的任务对于他们来说很轻松，如果他们不知道自主安排学习的话，相信他会离优秀越来越远。而对于基础比较薄弱的学生，如果不知道如何自主安排查缺补漏的话，相信想提高成绩也相当困难。

我认为以上三个学习习惯是这一阶段的学生最欠缺的。

(二)第二阶段

第二阶段：三四年级。这一阶段学生们的问题主要是学习方法需要进一步优化。虽然在第一阶段我们已经关注了学习方法的指导，但是世界上并没有一种"放之四海而皆准"的方法，所以这一阶段就需要帮助学生们逐步优化，从而找到最适合他们的学习方法。要解决这类问题，只需要我们老师通过作业、课堂表现或者谈话，找到他们学习中的不足，并加以指导、监督就可以了。

(三)第三阶段

第三阶段：五六年级。很多人认为，学生们越临近初中，他们的精力就会越集中，学习效率也会越高，这一阶段是老师们最省心的时候。其实不然，很多学生越临近毕业，反而越会出现这样或那样的问题，而且这些问题多数出现在心态方面，所以我们只需要帮助他们调整好心态就可以了。

1. 心理焦虑型

临近毕业，学生们通常都会变得懒散，杂事分散了学习上很大一部分的注意力，尤其是个别学生出现问题的时候。许多家长也变得很焦躁，甚至比学生的症状还严重，这就直接加重了学生们的心理负担，造成了恶性循环。

我们班有个叫小斌的，爸爸对他期望很大，一直认为他的成绩、为人处世都很好。可最近小斌和同学闹了一点矛盾，他爸爸就认为他不够努力，他的学习方法不对，反正哪哪都有问题。所以，只要他在家，他爸爸就一直关注他，吃饭的时候句句不离学习，就连他睡午觉的时候也要进去好几次……小斌就觉得整天生活在爸爸的监视之下，很压抑，想离家出走，但又觉得爸爸的行为也是为了自己好，自己很难达到爸爸的期望，觉得很愧疚。从那以后，他每天都不由自主地想这些事情，根本学不进去。后来我给他爸爸打了一次电话，告诉他小斌是个刻苦的孩子，学习方法也没有问题，现在最大的问题就是家长给他的压力太大。然后我就把小斌焦虑的原因告诉了他，并提醒他如果不做出改变，小斌的情况会越来越糟，最后他勉强答应我会少些对小斌的关注。此后小斌的方方面面才慢慢有所回升。但凡碰到焦虑的家长，我们要积极进行沟通。而碰到自身焦虑的学生，我们能做的就是尽量给他们安排一些具体、可完成的学习任务，比如，每天解决几道错题，背写几个词语……来转移他们的注意力。当他们越来越专注于解决任务时，就会慢慢从过分关注中走出来，重新投入学习中去。

2. 躺平型

还有的学生认为一切已成定局，自己不管怎么努力都不会有太大的改变，所以就不再努力了。

这时候我们要让学生们认识到：事事我曾抗争，成败不必在我，任何时候都不能放松对自己的要求。我们要及时解决出现的问题，帮助他们有计划地提高自己。当他们能实实在在地感知到自己的进步时，自然不舍得放弃。

二、不同类型的学生最常出现的问题

（一）“小富即安”的小白

有些学生成绩很好，就有点得过且过，养成一种“小富即安”的心理。但我认为，最好的成长应该是成长为他们最好的样子。

小白，班里的第一名，在刚分到我班的第一个学期，他就一直有这种心理。其实，他会有这种心理也很好理解。首先，他很聪明，实力很强，很多东西学一遍就会，不怎么需要努力就能考个好成绩。可最近一段时间我几次找他谈话，给他提建议，他一直都没有做出改变，看得出来跟他的谈话并没有谈到他的心里去。既然谈话不管用了，就不要谈了，再谈也没有意义，我只需要给他培养个竞争对手打败他就可以了。所以，真正让他做出改变的就是他第一次考到班里的第二名之后，对他造成的冲击是巨大的，因为有一就有二，除非他做出改变。那次考试之后，他主动找我分析他的弱点，跟我交流突破的方法，并一点点优化自己，当然他的成绩又回到了他该有的高度。

（二）被“聪明”绊住脚的小硕

很多聪明的学生都具有懒散、心高气傲的特点。他们为什么懒散？是因为他们自认为很聪明，不需要勤奋。他们为什么心高气傲？也是因为他们自认为很聪明，别人都不如他，他谁都看不上，所以别人说什么他都听不进去，只坚持自己的想法，活在自己的世界里。针对有这种想法的学生，我们需要进行“挫折教育”。

今年我们班有个学生叫小硕，虽然他入班时是班里的第二名，但他的成绩一直不稳定，这次高，下次一定低，而且就跟过山车一样，起伏很厉害。通过观察和交流，我发现他就是有这种想法的学生。他平时很懒散，上课经常发呆，自习经常说话，搅得整个班里都乱糟糟的。他认为老师们都不如他。针对这种情况，我采用的就是“挫折教育”。首先，只要他不影响其他学生的学习，对他的发呆、懒散采用放纵的态度，当然最后的结果就是，他的成绩不再起伏。我就跟他说，我不相信他努力学习就一定能回到班里的从前，他不服气，果然比以前刻苦了。但我觉得他的认识和刻苦都不够，所以，我一方面通过课堂提问让他在学习上遭受挫折，这次他是真着急了。到了下学期，他也不张扬了，也能听进去老师的建议了。然后我就慢慢地把他从学习到习惯的不足给他一点点指出来，然后在他有所提高的时候给他适当的鼓励。改正的过程虽然很漫长，但我认为只要坚持下去，他一定会越来越好。

三、如何走在问题的前面

（一）赢得信任

当学生们出现问题的时候，所有解决方案的实施都扎根于学生和家长对老师的信任。那么怎样才能赢得他们的信任呢？

1. 用专业赢得信任

一个学生最先认识老师是从老师的课堂教学开始的。如果他对一个老师的授课很认可，那么他就会很愿意亲近这个老师，喜欢跟他交流，也信任老师说的每一句话。当他出现问题时，也愿意找老师想办法，老师在对他进行指导的时候他就更容易接受。

2. 用爱心赢得信任

一个学生犯了错误的时候，如果老师仅仅以惩罚者、管理者的身份出现，一味地指责、批评这个学生，他和他的家长马上就会筑起心理防线，马上会在思想上站到你的对立面。这时候无论你给他们提出什么建议，他们都不太能听得进去，他们只会一味地在减免惩罚上跟你扯皮。因为他们不相信你，他们不相信你是为了孩子好，他们会认为你只是为了惩罚孩子。

所以，当面对一个犯了错误的学生时，我们就要从为学生发展的角度去跟家长和学生交流，那么这时候你会发现你很容易引起他们的共鸣，他们也更愿意坐下来好好地听取建议，并按照你的建议去做。

（二）熟知学生

高年级的学生在思想、认知等很多方面都不成熟，所以经常会出现很多奇怪的想法和幼稚的行为，而这些想法和行为我们成年人未必都理解。所以要想给学生们提出有效的建议，熟知学生的方方面面是必不可少的。

1. 学会交流

交流要深入学生的内心。我不提倡那些形式上的交流，本来学生在那里学得好好的，你愣是把他拉出来谈了一节课，并且说的话都是一些表皮的话，一点都没有触动他的内心，我觉得这一节课还不如让他学会儿习呢。

交流要有目的性。在跟一个学生谈话之前，你一定要明确你是为了什么而谈话，是为了更好地了解情况，还是为了提高他的认识、扭转他的思想，千万不要为了谈话而谈话。

交流不要拘泥于形式和时间。衡量一次谈话有没有效果，关键看这次谈话对学生的内心有没有产生触动，能不能促进他的改变，能不能帮你更好地了解学生和班级情况，并不是谈的时间越长效果就越好。

2. 学会观察

我们了解学生们情况的另一个方式就是学会观察课堂、自习甚至课间学生的表现情况。

（三）寻求帮助

我们面对学生们出现的各种各样的学习、心态、心理等多方面的问题时，有时单凭一个人的能力是很难完美解决的。所以，学会求助就变得尤为重要了。

（1）向书本求助。

（2）向培训求助。去年的那个班我一直带了两年，等快到小学毕业的时候，学生们说，马上就要毕业了，想让我跟他们说两句。我想了想只跟他们说了五个字：我无话可说。真的，大家也许觉得很可笑，但这就是实情。当我把我所知道的都教给我的学生们的时候，我觉得我的思想好像被掏空了。

（3）向同事求助。我在班主任工作上做得这么轻松，其实离不了那些老教师们和领导们对我的指导。真的，学会向你身边的人学习，真的是让你快速成长的一种最好的方式。

巾帼不让须眉

性格决定命运，态度决定成败。学习成绩上的差异，不取决于智力，在很大程度上取决于对待学习的态度。著名高考研究专家王极盛教授调查发现，优秀生对待学习的态度几乎完全一致，他们把学习看成一种义务、一种责任、一种欲望，而不是看成一种累赘、一种包袱、一种苦难。比如青海省 2004 年文科状元王军说，学习知识的欲望是他学习有较大进步的主要因素。王极盛教授这样总结他的研究成果：绝大多数学生的智力水平都差不多，学习成绩的好坏，第一看他对学习有没有正确的态度，第二看他下功夫没下功夫，第三看他方法得当不得当，第四看他心态怎么样，第五看他有没有好的学习习惯。

不知是谁、从什么时候、在什么场合宣扬过一个理论，说女生不如男生聪明，这一理论在一定程度上影响着部分女生的学习态度、心态、习惯甚至学习的方法。或许这一理论是建立在一定科学研究基础上的，也就是，从科学角度上去分析是正确的，但正确的理论与现实是不一样的，就像“一个人一小时可以挖一口井，而一百个人一分钟挖不出一口井”的道理一样。

现实是怎样的呢？还是王极盛教授的调查结果最说明问题。1999—2003 年，他历时四年对全国 300 名高考状元进行了跟踪调查和研究。他说，从总体上来看，男女状元的比例基本上是五五开。在他的研究中，每年招收全国 60%

左右状元的北京大学，连续六年女状元所占的比例都高于男状元。2000—2004年，北京大学招收的各省市状元中，女生所占的比例分别是56%，65.9%，68.8%，62.8%和60%。即使是数学考试，女生也丝毫不逊色。2001年，全国高考文科数学6个同学得了150分，其中5名是女生，理科数学两个同学拿了150分，一男生，一女生。在重庆更是出现了让人瞠目结舌的现象，连续四年的文理科8名状元中有7名是女生，只有2003年的理科状元是男生。

2005年高考中，甘肃、吉林、浙江等省的文理科状元都是女生。这证明，男女在智力上是有差异的，但这并不是说谁更聪明一点，而是说在大脑左右两半球的功能方面男女各有各的优势。美国心理学家、诺贝尔奖获得者罗杰斯佩里教授就男女大脑功能差异问题做了一系列的实验，分语言性和动作性两部分进行。结果是：在方向和位置的辨识、图形的组合等方面，男性要优于女性；而在语言表达能力、记忆力和处理人际关系上，女性要比男性强。这表明：女性建立执行语言能力的左脑优势比男性早；男性却会较早地建立右脑优势，善于解决需要空间识别能力的问题。

由于男女左右脑的优势各不相同，反映在智力上的差异一般有如下几点：

（1）在感觉上，男性视觉能力较强，尤其在空间知觉上。所以男性在辨别方向、寻找道路和线路上要略胜一筹。女性的听觉灵敏性较好，对声音的辨别和定位要优于男性。

（2）在语言能力方面，女性在语言的流畅性、读写和拼音方面都比男性强，只是在词汇量、推理和逻辑性上稍差。

（3）在思维、记忆和想象方面，男性多偏于抽象逻辑思维，女性则多偏于具体形象思维。理解记忆和抽象记忆以男性较强，而机械记忆和形象记忆女性略占上风。男性的想象多属于物与物的关系，倾向于逻辑性；女性想象则偏重于人与人的关系，侧重于形象性。

可见男女生是各有优势的，女生们自不必多虑。鉴于以上情况，女同学们应增强信心，发挥心理稳定、细心的优势，更要有巾帼不让须眉的气场。

莫让“荣誉”成为枷锁

最近一段时间，我班一直未得到优秀班级流动红旗。我反复思考，是我管理有问题，还是学生做得不够好？面对这种情况，我反思，流动红旗不能到我班，说明我们还有需要改进的地方，我们要有进步的意识，而不是放弃的想法。我们应该把荣誉变成前进的动力。我痛定思痛，决定给学生们开个会，警告他们，不要让“荣誉”成为枷锁。

我早就说过，要输得起，也要赢得起。什么叫赢不起？暂时的进步、小小的成功，就欣喜若狂、乐不自胜，这样被夸大的幸福感，会冲昏自己的头脑，很容易让自己乐极生悲。过去不等于现在，现在不等于将来。流动红旗不能到我班，说明我们要有进步的意识，而不是放弃的想法，我们应该把荣誉变成前进的动力。在开学前几周，流动红旗常驻我班，有的学生看到流动红旗而沾沾自喜、忘乎所以，结果导致曾经的辉煌被葬送。

居里夫人曾两次获得诺贝尔奖，全世界有 107 所大学、研究院、学会授予她名誉终身院士、名誉博士、通讯院士等称号。在如此巨大的荣誉面前，居里夫人躲开荣誉，尽量拒绝各种访问，继续躲在简陋的实验室里，从事科学研究。她甚至把英国皇家学会奖给她的奖章给孩子玩，并对朋友说：“我想让孩子从小就知道，荣誉就像玩具，只能玩玩而已，绝不能永远守着它，否则将再难成功。”

著名生理学家巴甫洛夫的一个学生，实验取得成功后非常骄傲。巴甫洛夫对他进行严肃的批评教育。那位学生问道：“老师，您的第一篇科学论文发表时，难道不高兴吗？”巴甫洛夫回答说：“我当时的心情与其说是高兴，倒不如说有点压力。因为我想到，在科学的崎岖小路上，要想取得即使一点点进步，也是很不容易的啊！”

我们在暂时的进步和阶段成功面前，应该想到下一次的突破，而不应是难以抑制的喜悦，要提防“江郎才尽”和“仲永之伤”的悲剧。

爱迪生年轻时力求上进，在人类科学史上屡建奇功，先后有一千多项发明，享誉天下。但在晚年，他却被显赫的荣誉俘虏了。在实验室里，他自矜其功，甚至对手下的人说：“你们不要向我提什么建议，否则，人们会认为我的发明是接受了你们的建议才搞成功的。”从此，这位发明大王的科学生命枯萎了，以后再也没有什么发明。

荣誉不应该成为我们进步的羁绊，阶段性成功不应成为我们突破的枷锁，我们应该像莎士比亚那样对待它们。他说光荣和成功应该像水面上的水花一样，由小变大，再变大，一直到完全消失。

树立健康第一的理念

时至深秋，天气转凉。近来，班内有六七个学生因感冒请假，另有近十几个不下火线的轻病号。问题已相当严重。我必须增强学生呵护身体的意识，强调增强体质、保证身体健康的重要性。

人生有三宝，一曰健康，二曰财富，三曰知识。显然，健康是排在首位的。毛主席不也说“身体是革命的本钱”吗？健康，使人精力充沛，充满活力，提高学习、工作效率。当然身体健康不是成功的必要条件。美国的海伦·凯勒，虽盲、聋，却取得了正常人难以企及的成就，成为世界闻名的作家：罗斯福半身不遂，依然不影响他成为最伟大的总统之一而享誉后世；张海迪高位截瘫，却被誉为中国的海伦·凯勒……这说明他们有超人的意志和毅力。实际上，这些成功者花在开发身体潜能上的时间、精力是成功的正常人的很多倍。

保证身体健康，我们就要保证“两操”“一活动”的数量和质量。“两操”也就是课间操、眼保健操，“一活动”也就是课外活动。

有个别学生在上操时不想去，种种理由，种种借口。有的学生去了操场，不好好跑步，不规范做操，长期下去因缺乏锻炼而导致自身抵抗力下降。还有的学生不参加阳光大课间组织的集体活动,而在教室里偷偷地写作业。阳光大课间成了写作业的时间。这种做法无异于竭泽而渔。

偷偷挤时间学习,这是一种可嘉的精神,但绝对不是聪明之举。我们的学习是一个长期的过程,而非一朝一夕。我们经常说"抓住每一分钟学习,不如抓住学习的每一分钟"。同学们要仔细体会其中的道理,我们比的不只是时间,更需拼效率。"两操"的锻炼可以增强自己的体质,课外活动能够让紧张的大脑暂时松弛,这都有助于提高我们的效率,有利于我们的学习。

联合国世界卫生组织提出了肌体健康的具体标准,同学们可以作为参考。

(1)食得快。食得快不是狼吞虎咽,而是不挑食、不偏食,没有难以下咽的感觉。

(2)便得快。不强行憋内,便后无疲劳感。

(3)睡得快。上床能很快入睡,而且睡得很深,醒后精神饱满。

(4)走得快。行走自如、协调,迈步轻松、有力,转体敏捷,反应迅速,动作流畅。

感悟人生价值

学校针对各年级学情,要求各班级开一次关于"树立正确的人生观、价值观"的主题班会。于是我借鉴他人的经验设计了一节班会课:打开电脑,在大屏幕上显示出了"9 种优秀品行:守时、节约、诚实、礼貌、孝敬、进取、合作、责任感、自主性。8 种不良品行:拖拉、浪费、欺骗、霸道、无进取心、封闭、无责任感、依赖他人"。

我先让学生从 9 种优秀品行中选择 3 种抛弃掉,时间为 3 分钟。我告诫学生:"你抛弃的这 3 种品行将永远离你而去,永远不会回到你的身上,请慎重选择。"开始有些学生还不觉得怎样,一会儿脸上的表情就显得有些严肃了。有些学生犹豫再三,画掉了又觉得舍不得,重新用橡皮擦掉,再做选择。3 分钟到了，有些学生还没有完成看似简单的作业，在我的催促下，很勉强地画掉了3个。然后，我又告诉学生："在剩下的6种品行中，你必须再选择3种抛弃掉。"话说到这里，下面已经是一片唏嘘之声。我注意到，即使是平时经常迟到、上进心不强的学生，脸上也是一片凝重之色，很严肃、很认真地斟酌、选择，好像一下笔就会永远失去这种优秀品行，显得那么的不舍得、难以决断。

然后我又依次要求学生在8种不良品行中选择自己拥有的3种、2种。我一再提示学生："同学们，你所选择的不良品行，将终生伴随着你。你一旦做出了选择，就意味着你将成为一个那样的人。同学们可要认真对待。"舍弃困难，选取也同样困难。面对不良品行，每位学生都不愿意在任何一项上轻易画上钩号，还有不少学生用自己的书本遮挡起来，不愿意让其他同学看到自己选择了什么。

游戏终于结束了，我要求学生就本次活动写一点感悟和体会，在班上交流。

有的学生写道："游戏一开始，我反反复复地读着这些词，企图从好的品行中找出几种不那么可贵的然后舍弃它们，从不良品行中选择几种罪恶小点的然后选择它们，可惜我一种都找不到，选择是如此的艰难。"

"虽说是个小小的游戏，却能让我感悟到世人总是在拥有时不加珍惜，失去了才知道它的可贵。这个游戏让我懂得珍惜，懂得了拥有的可贵。我一定要好好珍惜今天，把握明天。"

这节班会虽然没有教师滔滔不绝的长篇巨论，却让学生经历了一段复杂的情感历程，经受了一番思想、灵魂的激烈斗争，在学生的心灵深处掀起了波澜，促使他们去体验、去感悟、去思考……在这种体验中，他们会明白许许多多……这种让学生自己去体验、去感悟的教育充满了人情味，贴近学生的生活实际，能够走进他们的心灵世界，只有这样才能把德育工作落到实处。

运用教育智慧转化班级问题学生

小李同学是我六年级班上的一位女生，在班级中的成绩属于中等水平，性格非常腼腆，孤僻内向，在人面前总是不苟言笑，上课时从不主动举手发言，老师提问时总是低头回答，声音听不清，脸蛋涨得绯红。下了课小李同学除了上厕所以外，总是静静地坐在自己的座位上发呆，同学邀请她一起玩，她会勉强笑一下，仍坐着一动不动。她平时总是把自己关在房里，不和同学玩；遇到节假日，父母叫她出门游玩、做客，她也都拒绝。我发现了小李同学的情况后，私下与她进行了一次沟通，但小李同学孤僻淡漠的性格导致这次的沟通效果不尽如人意。多年的教育工作经验告诉我，小李同学出现这种情况，极可能是因为她的心理有一定问题。如何帮助她克服心理问题，走出阴影？我对小李同学的问题进行了仔细的剖析，认为导致她目前状态的原因主要如下：

（1）个人因素。通过观察，我发现小李同学长期受自卑、羞怯、焦虑和恐惧等负面影响，过重的心理负担使她不能正确评价自己的能力，一直怀疑自己的优点，即使在成功面前也难以体验成功的喜悦，从而陷入失败的恶性循环之中，这样就严重影响她的身心健康发展。

（2）家庭因素。现在的家庭多是独生子女家庭，造成家长对孩子有着望子成龙、望女成凤的期待，导致许多学生肩负重担。过重的压力在学生未能达到父母期望时，便使学生形成自卑心理，否定自己，怀疑自己，不安、烦恼、孤独、离群等情感障碍随之而来。我与小李同学的家长取得了联系，在进行深入沟通后发现，小李同学的母亲对孩子的学习辅导力不从心，而父亲每晚总是工作到深夜才回家，偶尔才过问一下孩子的学习情况，对孩子的期望也很高，但表达的方式十分粗暴。

（3）教师因素。在学校里，如果教师对一些学生了解不够，关注不多，就容易造成对这些学生的评价偏低。一旦如此，几个月或者几个学期以后，这些学生便逐渐产生失落感，在老师那儿他们得不到适时的表扬和赞叹，久而久之便否定了自己的一些行为和想法，慢慢地不相信自己的能力与水平，也就越来越不自信。此时，自卑感便慢慢占了上风。再加上教师片面地认识学生，对优等生日趋偏爱，更进一步加深了学生的心理压力，使学生的自卑心理日趋严重。小李同学的成绩属于中等水平，平日里受到老师的关注和评价较少，由此变得越来越不自信。

面对小李同学的自卑问题，我采取了一系列的教育措施。

（1）认可表扬，拉近距离。师爱是教育的基础。为了消除小李同学的畏惧心理，我在课余经常有意无意地找小李同学闲谈，让她帮我拿作业本、发作业本，上课时从不公开点名批评她，发现她有所进步及时表扬，经常对班级学生说："看，我们班的小李同学今天坐得真端正！我们班的小李同学回答问题真响亮！"渐渐地，小李同学开始喜欢和我接近了，在私下与我进行交流时也慢慢地打开了心扉，学着慢慢表达自己的想法了。

（2）树立信心，激起动力。有一次，班级举行小组间的演讲比赛，胆小的小李同学被所在小组选上了。我知道这是小组成员给她的机会，我就发动她的好朋友动员并让他们一起上。开始她不愿意，最后在老师和小组成员的鼓励下，她上了，而且表现得还不错。我和其他老师都在自己所任课的课上以她为典型进行了表扬。小李同学第一次在同学们面前有了开心的笑容。从此，小李同学变了很多，对好多课似乎也有了一定兴趣。经过不断鼓励，她进步了。有一天她主动问我："我成绩能行吗？"我满脸笑容地认可并夸奖了她。从此，她非常努力，成绩也有了质的飞跃。

（3）重视家庭，提高能力。小李同学心理上的自卑，很大一部分原因在于家庭的教育环境与方式。因此，我把她的父母请来，详细地分析了小李同学在校的表现及原因，与他们沟通情况，共同商量解决学生不良心理状况的办法，并建议家长选择适当的教育方式，要为自卑的孩子提供表现自己的机会。比如在家里：有客人来到家里，家长可以让她为客人递茶、剥糖果等，也可以让她与客人玩一会儿，给大家表演一个节目；适当地让孩子做家务，提高她的自理能力，从家务劳动中锻炼与家人交往的能力；对孩子的进步给予肯定、表扬。

（4）进行评价，促进自信。我开展了形式多样的评比活动，用激励的方式使其扬长避短。我让小李同学自主设立了自己的成长档案，每月评一次，让她通过自评、小组评，把自己取得的进步记录下来。在评价中，小李同学从他人的肯定中得到了满足，获得了自信。在自我批评中，她学会了反省，逐步完善自己。为了增强她的自我教育意识，我每个月都给她以正确的评价，把她突出的个人事迹在班集体中、家长会上进行表扬。这样充分调动了她的积极性，使她在评价中自我激励，迸发个人力量，不断自律、自信、自强。

(5) 参与管理，自信自强。通过自主管理的深入，我将更多自主的空间给了学生。在班级中，我提倡班干部轮换制、组长负责制，在年级中推出了各项管理岗位，让学生充分自主，不断自律、自信、自强。在经过一番激励之后，小李同学也积极投入各项自主管理中，从班级的小组长开始，她对自己、对同学、对事情的看法有了明显的变化，不再沉沦在自卑之中，更多地展现出来的是一种自信、自强。在管理中，小李同学发现了一些管理上的问题，通过与老师交流、与同学协作，她所在的小组不但各项评价合格，而且在班级中也名列前茅。看到自己取得的成绩，小李同学脸上露出了笑容。从此，她行为更自律，态度更积极，学习更自信。

通过我慢慢的关心、帮助和辅导，小李同学现在有了很大的变化。其学习成绩不断提高，下课能主动与同学交往、做游戏，上课能举手发言且声音洪亮。家长也反映在家学习主动，乐于把班级的事讲给父母听，主动帮家长做些力所能及的家务。

面对小李同学的成功，我们可以更加认识到激励的作用、集体的力量，而这一切的成功主要在于我对于学生的爱以及对于教育智慧的合理运用。因而，针对类似小李同学这样的问题学生，教师要循循善诱，不可操之过急，不要把注意力集中在学生的不良表现上，要更多地关注学生的优点和特长，使之一步步放开自己的心绪，慢慢地转变看待周围事物的不正确思想，将自己融入集体中去，一点点感受大家对她的善意。教师要通过多元评价、活动参与，使其自信自强，从而使学生将自己的注意力转移到父母、老师、同伴上来，最终消除与所有人的隔阂，乐于接受周围的一切事物，增强自信心和积极性。

小李同学的改变离不开教育智慧。无论是新课程改革还是教师专业发展，都离不开教师的教育智慧。没有教育智慧，就没有教育的生存与发展。已有的研究对教师教育智慧的界定有多种阐述。有学者认为，教师的教育智慧集中表现在教育教学实践中，它具有敏锐感受、准确判断生成和变动过程中可能出现的新形势和新问题的能力；具有把握教育时机、转化教育矛盾和冲突的机智；具有根据对象实际和面临的情境及时做出决策和选择、调节教育行为的魅力。也有学者认为，教育智慧是教师的教育境界，包括教育理智、教育意识、教育能力、教育艺术、教育机智等要素，是教育感性与教育知性、教育理性与教育悟性的统一。因此，教师的教育智慧在促进学生发展、提升教育质量方面有着至关重要的作用。

做善于反思的班主任

二十几年的班主任工作，让我深深体会到：做班主任不容易，做好班主任工作更不容易，做好班主任工作要善于反思。

美国教育心理学家波斯纳曾说过，没有反思的经验是狭隘的经验，至多只能是肤浅的知识。因此，他提出了教师成长的公式：成长 = 经验 + 反思。

所谓反思，就是自己把自己作为研究对象，研究自己的教育理念和实践，反省自己的教育实践，反省自己的教育观念、教育行为及效果，以便对自己的教育思想进行及时的调整。

刚开始工作时，为了在教学上干出成绩，我对学生的约束很严，哪怕学生犯了很常见的错误，我也会批评和指责他们，因为我坚信“严师出高徒”，因为我认为只要对学生严格要求，让学生按照我的意愿去做，就会取得良好的效果。

记得我班上的一位小张同学，不善言辞，属于比较内向的男生，很听话，平时成绩也很好，尤其写作业非常认真，这令我从心底里高兴。但有一次，在检查学生作业时，我发现他的作业写得不怎么认真了，字体笔迹似乎也变了。“怎么是这样？难道是其他同学代他写的？”我越想越生气，一怒之下，将他的作业给撕了,并让他拿回去重写。(我想严格要求他,让他做得更好)他也没有说什么,便按我的要求去做了。然而,当他再次把作业交上来时,虽然比第一次写得认真了点,但仍没有达到以前的程度。我更加生气了,认为他这是叛逆,是故意的。于是我把他批评了一顿,并让他解释原因。他当时支支吾吾不肯说,我便更"坚定"了自己的看法(他是故意的)。在我的再次严厉批评、教导、逼问之下,他终于说出了真相。原来是他在家里帮妈妈干活时,不小心把手指划破了,说着他把缩在袖子里的手伸了出来。我看到他的大拇指被包扎着,正巧不能灵活地握住笔。那一刻,我不知道说什么好,确切地说是不知道该说什么。继续批评显然不行。向他道歉?又怕有失自己的威严。他似乎看出了我的心思,笑了笑说:"老师,没关系,我知道您对我严格是为我好,等我的手好了,我还会好好写作业的……"天啊!那么小的学生,居然那么懂事,即便我那么批评他,他却完全没有责怪老师的意思……没等他说完,我打断了他的话:"你是个懂事的好孩子,老师错怪你了,回去好好学习吧!"但我终究没有说出"对不起"三个字。

除此之外,我对其他学生在其他方面也是要求甚严。在这种严格要求下,学生确实很怕我。我也有一点欣慰,认为自己的教育观念及行为值得肯定,学生学习成绩也还不错。然而,好景不长,所带班级成绩并没有继续上升,反而出现了下降趋势。学生看我走进教室就大声读书,抑或是保持良好纪律认真写作业。我刚踏出教室,他们就如脱缰的野马,"活跃"了起来。越是这样,我对他们的要求就越严格,越是严格,他们就越怕我,也学会了更好地配合我"演戏"。学生怎么会这样呢?他们怎么就那么调皮和不懂事呢?我越想越是感觉不理解。

班主任是班级的领导者与组织者,是班级的领头羊,在班级出现问题时,首先要做的就是自我反思。也许,是我该好好反思自己了。静下心来,仔细想了想,我似乎明白了些什么。

反思自己,发现有很多做得不妥的地方,很多时候会怨天尤人,埋怨学生不够聪明,埋怨学生太调皮。静下心来想想平日里那些毫不起眼的学生,那些尽惹我生气的学生,原来也都有可爱的一面,原来他们也都是很聪明的。我猛然醒悟,其实每一个学生都有自己的闪光点,只是有时因自己匆忙的步履、灰色的心情遮掩了双眼;烦琐的工作、忙乱的头绪,钝化了思想;成绩的镣铐、应试的倾向，扰乱了心智。所以，学生的缺点在我眼中被放大。其实我仍然是喜欢他们的。

古人云：“使人畏之，不如使人服之；使人服之，不如使人信之；使人信之，不如使人乐之。”教育是人的灵魂的教育，班主任应以博大的胸怀感染人，以高尚的情操折服人，以榜样的示范直接影响和渗透学生的心灵，在反思中实践，在实践中反思，适时调整自己的策略，让学生在教育过程中学会做人，学会读书，学会处事。

十种最受学生欢迎的教师

一、有自己独特教学个性的教师

不人云亦云，有自己独特的教学思路和主张，这种教师善于发现自己的性格和业务方面独到的优势，在夯实自己教学能力基础的同时，培养出自己独特的教育思维和教学个性。要培养出学生的个性，要求教师对于自身要有清晰的认识，并善于不断调整自己的定位，在学校环境和个人条件之间寻求平衡。当今教育，教师最缺少的就是独立人格和自由精神，导致培养出的学生千人一面，缺乏创新能力和独特气质。教学个性本身就意味着创造力。

二、对学生一视同仁的教师

一个教师通常要面对几十上百个学生，学生性格有好有坏，成绩有优有劣，能够关注每个学生，并爱护每个学生，是这一类教师所具备的能力。把学生当学生看，把人当人看，不唯成绩论素质，不唯喜好论好恶，不唯家境论高低。有人说，关注每个学生，就是要做到关注成绩最差的学生。我想补充一句，关注每个学生，也要做到关注你最讨厌的学生。

三、严而有度的教师

这种教师把班级管理得井井有条，有一整套管理理念和管理手段，并善于进行总结和反思。这种教师认为，学生正处于成长发育阶段，难免存在缺点，犯这样或那样的错误，所以必须按照学生的言行规范来严格要求他们，又正因为这些缺点和错误是难免的，所以对他们的要求应该有度，按照他们的成长规律，给予他们改正缺点和错误的时间和机会，不一味地批评和指责甚至体罚或变相体罚。因此，这种教师的管理总能得到学生的尊敬，使学生心服口服，从心底里认同这样的教师。

四、善于把握机会的教师

教育教学过程中，每个细节都充满了教育的契机，但教育机会稍纵即逝。善于把握教育机会的教师，能够走进学生的心灵，了解学生心里在想什么，对学生能够换位思考。有位教师告诉我，她班上之前有一个性格不好、学习成绩差、不受欢迎的学生，在三四年级时成绩有一些进步，她给这位学生颁发了一个“学习进步奖”，结果学生产生了非常大的变化，开始能融入班集体当中，为班集体做了不少贡献，当然学习成绩也进步了不少。

五、做事有分寸，能控制自己情绪的教师

职业化的教师，一定是能够控制自己情绪的教师，不将自己的不良情绪发泄到学生身上，也不把不良情绪带回家。教师对学生的一句评价，学生可能记住一辈子。因此，作为一名教师，一定要善于控制自己的情绪。

六、风趣幽默的教师

每个学生都喜欢生动活泼有趣的课堂。但是，风趣幽默不是让学生上课时嘻嘻哈哈，而是让学生的情绪处于良好的状态，以便迅速地汲取知识。学生喜欢上风趣幽默老师的课，就是对风趣幽默的老师最好的评价。每个学生都喜欢风趣幽默的老师，但并不是每个老师都能做到风趣幽默。

七、有宽容心的教师

这种教师心胸开阔，善解人意，对学生能够宽容的缺点和错误采取宽容的

态度，给学生很好的印象。比如，一个学生上语文课时在画画，被语文老师发现后，老师指出他画画选错了时间和地点，同时鼓励他在合适的时间和地点发展自己的兴趣和特长，并动之以情，晓之以理，让学生口服心服。后来这个学生不但打好了知识基础，而且发展了个人兴趣和特长，很感激老师的教诲。

八、以身作则的教师

身教胜于言说，教师的一举一动，学生都在关注，并进行评价甚至模仿。以身作则的教师是学生的表率。凡是要求学生做到的，自己首先做到；凡是学生一下子难以做到的，从不强求学生。教学生做人，自己首先做好人。他总是实事求是，循序渐进，计划性很强，阶段性很强；教育的针对性很强，因材施教，因地制宜，从不好高骛远，或简单粗暴。

九、有真才实学的教师

这种教师并非有多高的学历，而是勤奋学习，严谨治学。要给学生一杯水，自己就要常备一桶水。当今社会是个信息爆炸的时代，教师的知识结构和知识储备如果不经常更新，不经常吸纳来自各方面的教育信息，就会被社会淘汰，不被学生欢迎。因此，培养优秀的学习能力，并不耻于向学生请教，以学生为友，以学生为师，是当今社会对新时期教师的要求。

十、注意自身形象的教师

注意自身形象的教师，更具有亲和力和感染力，更容易融入学生群体，受到学生的喜欢。形象不只是外表和衣着，还是举手投足、一言一行，更是由内自外散发的精神和气质。学生看到的，学生听到的，学生感受到的，都是教师形象的组成部分。衣着不是非得朴素，学生喜欢就好；言谈不是非得一本正经，学生喜欢就好；精神却一定要有活力和朝气，这样学生才会更喜欢。

第六章 习惯意识的养成

不要把良好的行为习惯养成看作小事，习惯养得好，终身受其益；习惯养不好，终生受其累。我们要从现在做起，从自己做起，从点点滴滴的小事做起，养成良好的行为习惯，树立良好的形象，谱写成功之歌！

坚持必成功

“工贵其久，业贵其专。”古之立大事者，不唯有超世之才，亦必有坚忍不拔之志。“生活对我来说是一次艰难的航行，但是我又怎么会知道潮水会不会上涨，以至淹没嘴唇，甚至会涨得更高呢？但我将奋斗，我将生活得有价值，我得努力战胜并赢得生活。”这是凡•高的豪言壮语。我们的人生何尝不是一次艰难的航行？能否顺利到达胜利的彼岸，关键看自己能否坚持到最后一分钟。因此，莎士比亚说：“凡事皆需尽力而为，半途而废者永无成就。”

在现实的学习和生活过程中，我们会遇到很多的挫折和困难，刀光剑影的短兵相接是否会让你半途而废？“将军百战死”的残酷是否会让你临阵脱逃？沙场永远是英雄的舞台，胜利之门永远为坚持者敞开。

第23届奥运会上，中国女排对阵苏联女排。孙晋芳传球给“怪球手”张蓉芳，张蓉芳快速跑到二号位，不料踝关节一阵剧痛，但她顾不得太多，奋力跳起将球扣死在对方场内。当她落地时却站不住了，踝关节肿得像拳头一样大。后几场比赛如果她缺阵的话，对手绝不会放弃赢的绝佳机会。她忍着伤痛参加了后面所有的比赛。外国记者问袁伟民，中国队医用什么绝招让张蓉芳的伤恢复得那么快？袁伟民动情地说：“灵丹妙药就是我们队员的意志。”是坚持成就了中国女排。

甭说在通向成功的过程中遇到了困难挫折，我们要提醒自己坚持，就是在成功近在咫尺时也要提醒自己，战斗到最后一分钟，因为与胜利失之交臂是最大的悲剧。我班有两名学生同时学书法。一个学生专心学书法，天天坚持，风雨无阻；另一个学生随心情练习，三天打鱼，两天晒网。结果迥然不同。生命本就是奇迹，只要坚持，不会有什么难题。正如同济大学的周洪所言：“挫折和苦难是没有一个人可以躲闪的，它会以一定的形式与你见面。昨日的我曾经经历，今天的你们也会遇到，无须逃避，更勿害怕，认真地面对和经历它，你的心将会像淬了火的钢铁一样不易弯折，强韧无比。”相信吧！坚持到最后真的能够胜利。

好习惯益终身

蔡元培先生说:“教育就是帮助学生。”英国作家萨克雷说:“播种行为,就收获习惯;播种习惯,就收获性格;播种性格,就收获命运。”将这两句话合二为一,即“教育就是帮助学生播种良好的习惯”。好习惯能使学生受益终身,发展为一个全面的人,一个对社会有用的人。可见,学生良好习惯的养成是多么的重要。我们班级的习惯养成教育活动,从开始实施到现在已有一段时间,现结合我个人的工作实际和班级学生的发展情况,做一下简单的阶段性总结。

我认为,高年级中的大多数学生,基本上已经能从他律转为自律。针对这个阶段学生的心理特点和他们已经养成的习惯,有必要对学生继续进行规范化教育,因为规范化教育是他们养成良好习惯的根本途径。这就要求我们这些教育者,在教育管理中注意处理很多的细节问题。现就我班学生学习习惯养成方面的细节教育谈以下几点:

一、培养学生课前预习的习惯

预习是学习知识的良好开端,是学生求疑、思考的过程,更是一种能力的培养。我采取课前督促检查,课堂及时反馈,课后适当评价等多种方式激发学生的预习欲望,并通过不定期的抽查活动进行监督,特别是对预习做得好的学生,我会大力表扬。久而久之,逐步使学生的预习行为由被动变成了主动,养成了良好的预习习惯。通过预习,学生们在课堂上表现得更自信了,学生的差距感缩短了,班集体更和谐了。

二、培养学生与人合作的习惯

与人合作是集体教育的一个重要方面,在课堂教学中,我通过小组合作学习的方法培养学生的合作习惯。课堂上,我鼓励学习成绩优异的学生去帮助成绩差一些的同学。通过帮助交流,学生们互相发现对方的优点,彼此倾听,互相欣赏,学生们在交流、协作和分享中,互相取长补短,逐渐培养出了主动合作的意识。学生们不仅在学习中合作,还把这种习惯延伸到了人际交往之中,连课下也团结互助,帮辅合作,逐渐将个人与班级融为一体。班级中处处飘荡着学生们愉快学习的笑声,笑声里既有独立思考后的收获,也有合作努力的成果。学生们的协作性、民主性、主动性都有所增强,这也为下一步改革教学打下坚实的基础。

三、培养主动阅读与积累的习惯

阅读是一项长期的、日积月累的、潜移默化的精神活动。它影响一个人素质中最基本、最核心的部分——价值观、审美观、道德观、人生观。阅读既是一个人了解世界和思考世界的过程,又是一个人自我反省、自我提升的过程。因此,阅读在人的成长过程中起着至关重要的作用。

养成良好的阅读习惯,终身受益。我着力于培养学生写读书笔记的习惯,让学生在阅读中善于总结心得,汲取知识,遇到好词佳句摘抄下来,鼓励学生熟记自己喜欢的句、段,并试着运用到自己的习作中去。这样长期坚持,学生的实践积累及创新思维能力得到了发展。

四、培养学生认真书写的习惯

在日常教学中,我总是对学生的书写态度和习惯进行严格要求,包括坐姿和执笔方法。姿势正确,才是写好字的基础。我要求学生书写规范字,并常常给学生做示范,严格检查他们的作业书写情况。我还在班内开展“小小书法家”的评选活动,大大提高了学生的书写兴趣。

在班级工作中,我还要努力做好以下几方面的工作:

(1)让学生懂得我要这么做的道理,所谓“知然后行”。只有明白了道理,才能形成自觉性。不按时完成作业的、玩网络游戏的学生,我总是先找其谈话,让他们明白利害关系,再让他们写检讨书反省,然后在班会上做检讨、表决心。这样既使他从思想上提升认识,又让其他学生引以为戒。

(2)要注意发挥榜样的作用。正所谓“身教胜于言教”,教师的形象及言谈举止也直接影响到学生。要求学生做到的,我自己首先要做到。所以,我在日常工作中时刻注意以身示范，平时也善于发现拥有良好习惯的学生，树为榜样。

（3）发挥督促与监督作用。良好习惯的养成不是一朝一夕就能成功的。加上学生自控能力较弱，有时会出现反复现象。这需要我们常常讲、事事讲，做到百讲不厌，以督促检查，使学生在不断的实践中形成自觉性，将外来的强制性转化为内在的主动性。同时，充分发挥学生间监督的积极性，使学生从被监督者变为监督者。学生在监督别人的同时，也实现了自我监督。

（4）完善评价体系。小学生好胜心强，喜欢竞争。我们要在养成教育评价中树立典型，及时表扬，促进学生产生强烈的荣誉感，使其他学生学有方向，赶有目标。我们要调动学生的积极性，进一步促进学生良好习惯的养成。

总之，学生良好习惯的养成非一日之功，需要有持之以恒的训练，坚持不懈的教育，让学生们每天都能懂得一点、进步一点、形成一点、巩固一点，积少成多，良性循环，逐步完善自己。为了学生未来的长足发展，我们教师还要继续做好这项工作，让好习惯成自然，让学生受益终身。

习惯最有力

“少成若天性，习惯成自然”，好习惯是学生最宝贵的财富。因习惯已成，则性若天然，不期然而然矣，不施力而有力，不欲发而自发，其重要性不言而喻。反过来，坏习惯一旦养成，则亦是一种力量，积重自难返，千牛亦莫挽矣。

观学生之优劣，其中差异归于最后，莫大于习惯。虽然，天资也是一项很重要的因素。然而观之于仲永及最近之天才，往往老大不成。究其因，亦是习惯滋养不同而已：有好习惯，则滋养如雨泽，不亢不旱，天资成长自然；反过来，没有好习惯，则如善根遇大旱，而根不能长生矣。

而习惯之成，在于幼年，家庭教育亦复如是，善养其心，善护其性，则长大自然而成，少却许多烦恼。师之教生，亦复如此，从刚入门即养成习惯，则久而弥善。设若习惯不成，则力量转弱，虽施长力而效不佳矣。故为师者不可不察：

用心用力，当在开始之时，开始时，习惯养成时，用少心力即可成就大力，后益无穷。

习惯已成，则为风；风气已成，则为质。小而言之，家风乃家族之习惯；大而言之，国风乃国家之习惯。总而言之，则班有班风，校有校风。此风一成，短时间内难以改变，故千里之行始于足下，万事开头难，开头至关键。

慎乎始，则中途易行；粗乎始，则中途多舛。

无论个人、班级还是单位、国家，皆可于始慎行谨行，则无边利益，不求而得矣。

当习惯成自然

我平时上课时间比较紧张，在课堂上很难有意识地注意到学生的每一个小动作。最近几次在课间，我发现一个有趣的现象——转笔，并且转笔的学生不在少数。

究竟转到什么程度呢？他自己知道自己在转笔吗？期中考试就要开始了，我准备再仔细观察一下。

有一次，我们六年级全体学生进行小测验，试题已经发到学生手里了，我告诉学生："现在还不到答题时间，请每位同学写好自己的姓名，把自己手里的笔放下。"其实这个时候学生是可以看题的，但我发现A同学一边看试题，一边转着笔。我走到他身旁轻轻地把他手里的笔放下，并用眼神示意他开考前不要拿笔，A同学也很配合。

开始答题后，我坐在讲桌前观察下边所有的学生，突然我发现A同学又在转笔，到他开始书写时才停止转笔！我又看了看周围的同学，竟然还有一部分人也是这样！于是我有了一种猜测，这可能是学生们一种下意识的动作，可能他本人并没注意。

于是，我重点观察A同学的动作，果不其然，只要是他不用笔写的时候，都在转笔，并且转笔的水平还相当高，笔在他手指间一圈一圈地转居然掉不下来！并且一旦他有了一个想法准备去写的时候都能很自然地停下来。

考试结束后，我侧面打听了一下这位学生的情况，这位学生的成绩在班级内中等，最大的毛病是会的做不对、做题时对条件的分析不够深入。

又过了几天，我正好碰到同事在办公室里与 A 同学交流，A 同学对自己的学习成绩无法提升也很苦恼，但一直找不到有效的解决方法。

在他们的谈话即将结束时，我问了 A 同学一句："我问你一件小事，你平时转笔吗？"由于我不是 A 同学的任课老师，所以 A 同学很诧异地看着我说了句："嗯，有时转笔。"

我试探着再问："你这次测验时也在转笔，并且只要是你不用笔写字的时候几乎都在转笔！这你知道吗？"

A 同学流露出了更加吃惊的表情："这我真不知道！"

他的回答在我的意料之中，他对转笔这个动作的熟练程度已经达到了不用刻意去想，随手就能在无意识的状态下把笔转起来的程度！

对他来说，转笔不但是一种习惯，而且这种习惯已经被强化成一种自然反应了。于是，我以转笔为例提醒他注意两个方面的转变：一是训练自己全身心投入的习惯；二是争取让自己的好习惯强化到像转笔那样的熟练程度，就没有那么多失误了。我告诉他，一定可以做到的！

由此可见，习惯的作用是巨大的，每个人身上都有好的习惯，也都有不好的习惯，当习惯变成自然时，习惯就会成形，就很难再改变了。所以，我们在教学过程中，一定要正视学生的每一个好的或者不好的习惯。当他们产生错误后，也许是因为他们自己已经形成这样的习惯了，这时他自己可能就很自责了，这个时候我们与其去责备他们，不如耐下心来与他们一起分析出错的关键，慢慢帮学生去改变这个不良习惯！

培养学生良好习惯，为学生的一生发展奠基

众所周知，班级是一所学校的基本组成单位，一个班级的好坏直接影响着学校的学风、校风，甚至是荣辱成败。班级管理工作却又是非常的烦琐复杂，千头万绪。要真想把班级工作做好，班主任应颇费一些“心机”。正如一位专家所说:“班主任工作痛并快乐着。”自从联校开展这项活动以来，我把培养学生良好习惯融入班级管理工作中，从而有了新的体验和感悟。

第一，应注意加强引导性思想教育。我一贯的做法是充分利用张贴物，以《中小学生守则》《小学生日常行为规范》《中小学生课堂常规》为抓手进行教育。由于我所担任的是高年级班主任，学生的年龄相对较大，很多时候他们能明白事理，有了一定的自我约束力，违规违纪多是自我放纵或一时跟风型的“从众心理”。基于此，每学期伊始，我总是抽出一定的时间，和学生共同学习《中小学生守则》《小学生日常行为规范》《中小学生课堂常规》，通过学习与讨论，让学生明辨是非，知道哪些事该做，哪些事不该做，并让学生由生活现象谈个人体会，使学生树立朴素的荣辱观。因为这些内容涉及学生生活的方方面面。同时，我们也知道，作为张贴物，不是贴在墙上就万事大吉了，学生就不敢违规违纪了。我们只有让他们认真学习，经常学习，他们才会学后而知，知后而思，思后而行，从而辨是非，明荣辱。记得，我接四年级班时，班级纪律混乱，没有学习氛围，多数学生游手好闲，无所事事，还经常惹是生非，让其他班的学生告状。成绩更是一塌糊涂，年终期末测试时语文平均分不足40，及格率百分之十几。面对现状，我们共同学习《中小学生守则》《小学生日常行为规范》《中小学生课堂常规》等，并逐步对有关学习习惯、行为习惯、卫生习惯等进行规范、督促，进行表扬、激励性思想教育，从现在看，取得的成绩还是值得欣慰的。

第二，制定相应的班规班纪，且应雷厉风行地执行。现在越来越多的教师反映学生难教了，不好管了。甚至在相关高压政策的束缚下，不敢管了。其实

这是对我们的管理策略的挑战。我们应本着惩前毖后、治病救人的原则，充分采用预防制和惩罚制相结合，以预防为主的策略。因为良好的习惯本身就是一种约束力。师生可以在民主的原则下共订班规班纪，使学生参与其中，从开始就打消他们想违犯的念头。其次，一旦违犯，班主任应灵活、适度地处理，但必须惩罚。如学生上课不认真听讲，可以让他站着听一会儿；完不成作业，必须补完且重写一遍；打架，必须写好反思，通知家长……如我班一女生，据其他教过她的老师讲，该生从不写作业，一问要么说忘带了，要么沉默不语。我接班后，经劝告、谈话，现在绝大多数情况下她都能完成作业，连原任老师也感到惊奇。当然，我承认里面也不缺少对她善意的“惩罚”。

第三，充分发挥教师的人格魅力和优秀生的榜样带动作用。一方面，教师应严于律己，谨慎于自己的一言一行、一举一动。通过授课、作业批改、课下谈心交流、对学生的主动帮助等，达到“亲其师，信其道”，以自己的人格魅力督促学生形成良好的习惯。当我从蒋老师手中接过该班级时，学生总认为我太严肃，管理太严，对我的抵触情绪很大。经过一段时间的相处和了解，班风、学风有了很大改观，次次成绩稳中有升，学生信服了，我也由衷地感到欣慰。特别是收到众多学生的节日祝贺、新年祝福，我更认为这是身为人师的最大财富。另一方面，学生榜样的带动作用。俗话说：榜样的力量是无穷的。我充分利用了这一点。如设立了班级好人好事登记簿，手工制作了班级储蓄罐，进行了星级学生评选，推选了各小组好习惯标兵等，让学生感到榜样就在自己的身边，自己就应学习他们的一言一行、一举一动，学习他们身上表现出的良好习惯。

第四，以各种活动为载体，充分发挥“表扬”这一武器。当班级走上正轨后，我充分利用班会、思品课、活动课等，及时肯定、表扬了学生的良好习惯，并把别的老师对他们的夸奖说给他们听，并指出最近的不良行为，让学生明白得失，知错就改，从而迈向一个新的起点。或许一个“勤”字是班主任的法宝之一吧！同时，还应该重视对班干部的选拔和培养。班主任应慧眼识英才，选拔有责任心、有才干、有组织能力的学生担任班干部、组长，形成一个健康向上的班集体。

古语曾云：少成若天性，习惯成自然；今语有言：态度决定成败，习惯决定一切；著名儿童教育家叶圣陶先生也认为：“教育就是培养习惯。叩心自问，既为人师，就应为学生的一生发展奠基，路漫漫其修远兮，吾将上下而求索。”

学生养成了主动学习的习惯

自主是指不用别人来指挥,自己做决定。自主学习是在自主的前提下,主动学习,主动接受新知识,自主学习与以前的“填鸭式”被动学习有很大的不同。

从平时的上课和听课来看,我们的学生很多时候都是被动学习,教师怎样指导,学生就跟着指挥棒走,走到哪里,都不去思考。出现这样的结果很大程度上源于传统的“填鸭式”教学,我们教师生怕学生学不会,所以在课堂上一直滔滔不绝地讲,学生们跟着老师的节奏,被老师牵着走。学生们对知识的掌握都停留在表面,具体运用时不知如何下手。学生总是说:“老师,我都背了,怎么还是不会做题呢。”

在课堂上,我总看到很多学生待在那里,手里没有笔,眼神一直停留在一个地方,老师喊他们一声,他们才猛地回过神,匆匆忙忙地拿起笔,假装在那写写,眼神还不时地瞄向老师。此时你若停下来批评他们就会耽误课堂的进程,我只好用眼神警告他们。

新的学期开始,我在第一堂课上就告诉他们要有学习计划,有自己的思想,进行自主学习。新的学期课本没到,我让学生复印了课本的前半部分,用了两节课后,新课本到了。过了一天我又去上课,学生们都拿着新课本在背诵,手里拿着笔在标画,我再仔细一看,他们已经把原来的知识重新整理到新课本上了,同时把错题整理在纠错本上,有错因分析。他们的这些做法超出了我对他们的认知,于是夸他们说:“我的学生主动了一回!”

有时,我会和学生们说:“你们应向大猩猩学习,它们在看到香蕉时,知道借助凳子去主动够一够,你们也应该主动学习、思考,跳一跳,让自己的学习变得不那么被动。”学生的主动学习需要教师教学方式的转变,需要我们帮助他们养成主动学习的好习惯。

如何提高学生的注意力

也许很多同行在自己的教学生涯中都会遇到这样的困惑：一道题讲了很多遍，学生还是出错。很多时候我们都会抱怨学生太蠢、太笨，甚至不可理喻，而不去反思自己的教学观念或教学行为。于是，我们还会不厌其烦地再去重复讲更多遍。如果是那样，我们只会重复着昨天的故事，疲惫着昨天的疲惫，无奈着昨天的无奈！对教师来说，优化课堂教学流程固然重要，而重视对学生课堂注意力的培养也同样不可忽视。上课时，学生的注意力是课堂效率的重要保证，它直接影响到一堂课的教学质量和课堂效率。因为学生是学习的主体，如果他们不能全身心地投入课堂中去，那教师再出色也无济于事。

为了提高教学效率，必须培养学生的课堂注意力。这是一个说起来容易做起来难的问题。要想提高学生听课的注意力，我想应该做到以下几方面：

一、教师自身应改进教学方式，学习运用先进的教学理论来指导课堂教学

社会在不断进步，同样学生也在不断进步和变化。如果我们一味地沿用老一套教学模式，那么作为教师就会跟不上形式，教学势必要落后。在我刚走上工作岗位时，喜欢以这样一句话“我们读书的时候，怎么样、怎么样”。虽然原来也有好的学习方法，但是一味地强调过去，就会落后。结果有时我在这样处理问题时也出现了一些矛盾。而这种方法也是我原来的老师教我的。所以，用传统的教学模式来上课，结果只能是“欲速则不达”。因为学生只是在很被动地接受知识，就像完成某项任务一样，不是用心去理解、接受。这样，学生的注意力会集中吗？课堂效率能提高吗？所以作为教师只有认清形势，不断地改进教学方法，才能在以后的教学过程中立于不败之地，才能在上课时体现“学生是主体，教师是主导”的地位，才能真正实施素质教育。只有这样，才能使你的课更吸引学生，才能使学生的注意力更集中。改进教学方法当然还要先进的、正确的教学理论来指导，这就要求我们平时不断地学习、补充这方面的知识。

二、教师应不断拓宽自己的知识面，丰富自己的课外知识

现代社会已是一个飞速发展的社会，随着科技的不断进步和发展，现在的学生所接触的事物也越来越多，只靠书本知识已经不能满足部分学生的需要。他们想要了解更多的知识，由于条件限制，这部分知识相当程度上来自教师。

三、教师应不断提高自己的专业知识水平

作为一名教师，要上好一堂课，离不开精深的专业知识，因为学生上课还是主要掌握教学大纲所要求的内容。学生如何既快又轻松地掌握这些内容，对于教师来讲，就需要用精深的专业知识来作为基础。课堂上，教师处于主导地位。我们不要小看这个“导”字，一旦有误导的话，“主体”学生就会犯一系列错误。有句俗话“火车跑得快，全靠车头带”，假如连“车头”都“脱轨”的话，那后面的“主体车身”会怎样呢？所以，这个“导好”或“导坏”就取决于上课教师。假如教师没有精深的专业知识，口才再好，也讲不出什么内容，这样怎么把大纲要求的知识传授给学生呢？怎能把前后知识有机地结合起来呢？作为学习主体的学生，参与起来就不可能很轻松，相反会很吃力，那么，学生的注意力又怎会集中呢？课堂效率也可想而知。所以说，缺乏精深的专业知识的教师上课，学生的注意力根本就不会集中，根本就不能上好一堂课。

四、教师应注意上课时的音量

听多了课，大家都知道，有的教师上课声音很洪亮，坐在后面听课，感觉很舒服；有的教师上课声音很低，坐在后面听不清，大家就会想：我们听不清，学生肯定也听不清，学生能学会吗？从这里也可知道，上课时教师的音量也会决定学生的注意力。我们知道，说话声音响亮，给别人的感觉是这个人精力充沛；反之，则是有气无力。而学生上课需要的是一种生动的、充满激情的课堂氛围，在这种氛围下，学生们才会积极地投入课堂教学中来。所以，我认为教师上课时的音量也会直接影响到学生的注意力，影响到课堂效率。

五、应加强师生之间的情感交流

教师和学生的关系是相互的。假如一位教师和学生只是简单的教和学的

关系的话，那么这个教师肯定不是个成功的教师。师生关系涉及好几个方面，最主要的是学习和生活。我曾经听到过学生这样的言谈：“我不喜欢某某老师，他不关心我们的学习，上完课就走了。我喜欢某某老师，他上课时耐心地指导我，下课有时间尽量帮我解答难题，他很关心我的学习和生活……”实际上学生的这些话，就是指师生之间有了情感交流。我想，后者的课堂效率会高于前者，因为他注意了师生之间的交流。假如教师在上课时能通过各种途径加强师生交流，一个赞许的动作、一句表扬的话、一个微笑都会对学生产生影响，都是在和学生进行情感交流。几年下来，我感觉所有的学生都喜欢这样的老师，都喜欢上这样的课。这样的教师上课，哪些学生不愿听呢？这也无形之中吸引了学生上课的注意力，课堂效率也就提高了。教师课后和学生加强交流，也会间接影响学生课堂上的注意力。因为我觉得一个教师在平时如果注意和学生加强交流，使学生感到这位教师很关心他们，那么这位教师在学生心目中就具有亲和力，师生关系就融洽，上课时学生就会更容易接受这位教师，更容易积极参与这堂课的教学。正因为有了这些情感交流作为基础，课堂的氛围一定会很融洽，学生学习的兴趣一定会很浓厚，热情会很高，注意力怎会不高度集中呢？

以上这几点都很重要，它们相辅相成，都是提高学生注意力、保证课堂效率的重要组成部分。

让坚持成为一种习惯

三天前的晚上，家长群里小美的妈妈发了一条信息：“老师，你管管小美吧，她在家里不好好写作业，不是玩手机就是看电视，我怎么说她都不听，我是真的管不了，您帮帮我吧，辛苦您了！”

其实在我眼里小美还是个不错的学生，成绩中游偏上，思维敏捷，上课回答问题也比较积极，这样的一个学生在家里的表现是这样的吗？这很出乎我的意料。是什么原因呢？我思考了片刻，打开手机通讯录拨通了小美妈妈的电话。电话那端小美的妈妈是又急又气，全是对小美的不满。我对小美的妈妈说："其实小美在学校里还是一个表现不错的孩子，有时候孩子出现这样的问题，并不能全怪孩子，为什么孩子在学校里能认真写作业，在家里却不行了呢？您先想一想平常您和孩子的爸爸是不是在家经常玩手机？"她不假思索地说："她爸爸白天干活比较累，回家就刷个微信啊，看个快手或是抖音什么的，也算是休息和放松了。我呢，就是开个网点，不用手机怎么行呢？"

"您想一想，你们两个天天玩手机，刷抖音，感觉很有意思，孩子看了能不眼馋吗？起初你们可能认为孩子学习成绩还可以，孩子看电视，你们不管，玩手机也不管，时间长了再想管，还能管得住吗？孩子现在还小，她会模仿你们的一言一行，所以当她出现问题时应该立刻给她指正，做得对了就应该给予鼓励。所以要想教育好孩子，首先家长要以身作则，做孩子的榜样。趁现在孩子还小，一定要帮助她改正，让孩子养成好的习惯。所以我希望你们至少不要在孩子面前玩手机。还有孩子有了情况，要单独和我说，不要发到微信群里，这样对您的孩子不好。"

"那我们现在怎么办？"小美妈妈问。

"和孩子一起约法三章，从现在开始，一起努力，在孩子面前放下手机。"我告诉她。

之后我又和学生进行了交流。首先，我肯定了她在学校的表现，相信她是个学习认真的好学生；其次，我和她交流了在家玩手机的原因，让她体谅父母的辛苦；最后，我和她做了一个约定，坚持每天和老师聊一聊作业的完成情况。

我在思考：小美毕竟还是一个不错的学生，如果加以指点，步入正轨应该不是问题。可像小凯这样的潜能生如果这样的话，会是什么结果呢？学生在家不写作业，他们都干什么了呢？是不是也在玩手机或看电视呢？假期作业到底应该由谁监管，并保证质量呢？为什么每次假期作业都有几个学生完不成呢？问题的根在哪里呢？

我想到了前段时间读的叶圣陶先生的《习惯成自然》，文中提到："我们在学校里受教育，目的在养成习惯，增强能力。我们离开了学校，仍然要从多方面受教育，并且要自我教育，其目的还是在养成习惯，增强能力。习惯越自然越好，能力越增强越好。”所以，自主完成作业的血脉还是良好的学习习惯。

著名教育家苏霍姆林斯基曾经强调过：“没有家庭教育的学校教育和没有学校教育的家庭教育，都不可能完成培养人这一极其细致而复杂的任务。”所以，家校合作应该是学生自主完成作业的土壤。

通过和小美的约定，我及时地了解了她每天的学习情况，而且又从班里选了两名潜能生加入进来，希望通过一段时间的坚持，他们都能脱离我的监督，独立地坚持下去，让坚持成为一种习惯！

习惯意识的养成

——魏书生育人九诀

接手一个新的班级，总有一些不尽如人意的地方，也可能是学生暑假开学后还没有进入学习状态，此时我想很有必要进行习惯的养成教育。我特把魏书生的育人九诀和班内学生一起学习，一起进步。

一、点亮“盏盏心灯”

魏书生老师班级的黑板右上角。每天都由学生写上一则格言。魏书生老师说：“我常觉得格言警句，像一盏盏心灯，倘在学生心灵中点燃，会有利于学生选择正确的道路，朝着自己理想的高峰攀登。”请看如下格言：“人生只有进取，满足就意味着死亡”“最大的罪过，莫过于自暴自弃”“吃苦是人类的第一财富”“你经常和什么人在一起，那么，你就是什么人”“九尺高台，起于累土；千里之行，始于足下”……试想，从初中一年级到三年级，天天点亮“心灯”，学生们会从不同的角度，天天受到“心灯”的照耀，会收到不可想象的效果。看到这里，我立即让学生写一句自己的格言警句，以便时时刻刻激励自己前进。

二、确立“座右铭”

从1995年开始，魏书生老师就要求全班学生，必须根据自己的实际情况确立座右铭。座右铭上写清三部分内容：一是自己最崇拜的人的名字或照片，二是自己要追赶的本班同学的名字，三是针对自己的思想弱点写一句医治这一弱点的格言。第一个内容起到“精神充电”的作用，第二个内容可以激发全班学生你追我赶的积极性，第三个内容是学生自我完善、实现第二个内容的最好办法。我让全班学生仔细思考、斟酌自己的座右铭，并张贴到课桌上。

三、自我“精神充电”

魏书生老师的学生，心目中都有一位自己崇拜的伟人，书桌内放有这位伟人的传记。有时，在语文课前三分钟进行“集体充电”，全班学生起立，各自想着自己最崇拜的人，自己就是这位伟人，自己的音容笑貌、举手投足、为人处世都和自己崇拜的人一样。想象得越逼真、越形象、越生动、越细致，“充电”就越成功。有时进行“个体充电”，当学生自己在学习和生活中遇到挫折或困难时，他们就想到这位伟人，看看伟人传记，学习这位伟人是怎样不怕挫折并战胜困难的，于是就有了战胜困难的决心和勇气。

榜样的力量是无穷的。我让班长带领学生们下课后到图书室借阅名人传记，并做读书笔记。一段时间后进行读书交流。

四、主办“班级日报”

魏书生老师的班级经全班讨论并一致同意后，于1984年1月开始轮流主办班级日报。主办班级日报有若干规定，例如：直接反映本班同学学习生活的内容要占60%以上的版面，主要设有班级新闻、学先进专栏、本班同学的学习方法介绍、好人好事、警钟专栏；必须设有文章病院专栏；对班级纪律、卫生、出席、课间操得分情况，必须及时报导；为昨天的值日班长开辟一小块工作失误及补救的分析园地，及时分析班级工作失误的原因及制定补救的措施；每期报纸必须有图画点缀，黑白的可以，彩色更好；报纸必须在当日上午12时之前夹到报夹子上面，不能拖办晚报。

办班级日报，可以培养学生们的综合能力，如写作能力、书法绘画能力、版面设计能力。由于我们学校的条件有限，我每周让学生做一期手抄报。

五、坚持"道德长跑"

魏书生老师的学生每天都需要写一篇日记,天天坚持,魏书生老师称之为"道德长跑"。学生们写日记的形式多样,内容丰富。有的是教师命题,大多是学生自命题,但总的要求是让学生把"摄影机"对准生活的光明面,让那些所见所闻、所思所感、风土人情、崇拜的人、喜欢的书、感人的事时刻影响着学生,激励着学生不断进取。

我也采取这一措施,学生升入六年级后无论是阅读能力还是写作能力都有了很大的提高,学生写日记的形式也很新颖。

六、加强"体育锻炼"

魏书生老师的学生每天要坚持长跑 5 000 米,做仰卧起坐、俯卧撑 100 次,男女生同样。这是多么大的体育运动量啊!对一般人来说是难以理解的。魏书生老师却认为:"这样做,更重要的不但增强了体质而且磨炼了同学们的意志,在现代社会,这种顽强的百折不挠的意志是一个成功者不可缺少的条件。"实践证明,魏书生老师的学生无论是体质还是意志,都是同龄学生中的佼佼者。没有健康的身体何谈学习的进步!

七、撰写"自我教育说明书"

魏书生老师的学生,如果违反了班级常规,或者某项任务没有及时保质保量完成,那么,这名学生就要写一份说明书。说明书的字数不固定,根据具体情况而定。说明书不同于检讨书,因学生所站的角度不同,所以写的情感及其效果固然不同。魏书生老师的一个学生说:"我爱淘气,小学时常写检讨书,越写越恨老师;现在写说明书,越写越恨自己!"写说明书的目的是说明之所以违反了班级常规,或某项任务没有及时保质保量地完成的原因、过程、结果。让同学、老师或家长知道,以得到其了解、理解或谅解。更重要的是,通过写说明书来达到学生自我教育的目的。写说明书,是让学生做自我心理裁决,让学生心平气和地思考这样做的利弊关系。这样有利于将师生矛盾转化为学生的自我矛盾,学生"新我"与"自我"斗争,正是自我教育的最佳方式。学生犯错是常态,犯错后要有敢于承认的勇气,更要有改正的决心。

八、行使“主人权力”

行使“主人权力”是魏书生老师最高明的办法。他常说，教师是学生的公仆，学生才是学校的真正主人。让学生们时刻认识到自己是生活的主人，是学习的主人，学生们才能把学习当作是耕种自己的“责任田”，而不是为老师或家长“打工”。魏书生老师班级的学生，每人都有自己承包的“责任田”。轮流承包的有：担当“值日班长”，抄写“每日格言”，主办“班级日报”，教唱“每周一歌”等。固定承包的有：收发各学科每日作业，检查学生日记；监督老师“发火”、课间纪律、花盆、鱼缸等。总之，每名学生都有自己“说了算”的田地，都是主人，都有机会行使主人的权力，都能体验到自己的价值。

九、享受“快乐人生”

魏书生老师经常教育学生：“人世间有什么？有阳光，有鲜花；有正义，有善良，有勤奋，有自强，有开朗，有快乐。但人世间还有阴云，有毒草，有邪淫，有凶恶，有懒惰，有自卑，有狭隘，有忧虑。生活中原本有快乐，你善于寻找，善于站在快乐的一方，坚守住快乐的心理阵地，不让忧虑打进来，你便是快乐的人。”他让学生体验生活的快乐、学习的快乐、畅谈竞争的快乐、吃苦的快乐。如让学生写日记以《谈学习是享受》为题，居然让学生一直写到《谈学习是享受之一百》。他就是这样强化学生享受人生快乐这根神经，使学生的心理素质不断提高。无论是生活还是学习，从不感到沮丧，始终保持欢快愉悦的心态。要有阳光心态，才能做阳光好少年。

第七章

健康情绪的养成

当我们的愿望和需要得到满足时，我们会感到快乐等积极的情绪；反之，我们会感到愤怒等消极的情绪。消极情绪对于我们适应环境是有一定积极作用的。但是，当我们常常处于消极情绪的模式中，我们会难以改变自己的状况，会出现拖延、晚睡、难以控制地大发脾气、抑郁、社交恐惧……因此，我们要调整好自己的情绪。管理好情绪就管理好了自己的人生。可见情绪之重要。

情绪最佳效果好

人是有着丰富内心世界的万物之灵，大自然在给予我们健全的四肢和智慧的大脑的同时，也赋予了人类多姿多彩的情感。我们每一天遇到的每一件事情，都会引起我们各种各样的情绪。积极的情绪可以使精神振奋，心胸开阔；消极的情绪则会影响学习、工作的质量与效率。

那么，同学们经常会陷入哪些情绪误区呢？

一、对自己没有信心，感觉前途渺茫

这种情况在基础较差的学生中是非常普遍的。很多学生都表示，很想在学校表现好，以优异成绩回报父母和老师，不过，觉得自己以前没有学好，基础较差，认为六年级了即使再努力也很难有所突破，于是感觉前途渺茫。

其实，这种想法是很片面的。只要我们端正思想，针对自己的问题采取有效措施，对症下药，一年中有所进步并非难事，而且基础越差，提高空间越大。“自信是灵魂的防腐剂，对于那些有自信而不介意于暂时落后的人，没有所谓的失败。”这是雨果的妙语，也告诉我们绝对不能丢掉自信。

二、不愿面对，总想逃避

当前，很多学生在心理上比较脆弱，有的学生一想到小学毕业考试就感到恐惧，甚至有的深化到听到“考试”字眼就心生惧怕之意。同时，他为了尽量保持内心的平静，会下意识地采取逃避策略，从心理上不去面对这个事实。因为不愿去想，所以就会感到非常茫然。

这是一种典型的“精神软化”和“性格脆化”症。如果不让自己的精神和性格“强壮”起来，在异常激烈的竞争中会败得很惨。身经百战的老将哪能在两军阵前感到畏惧。

三、单调的学习生活，让自己心生厌烦

兴趣是最好的老师，如果没有兴趣，就会有一种被强迫的感觉，大脑会对学习内容进行排斥，学习效率和质量肯定不好。在平时的学习中，我们要培养兴趣。毛主席说："与天斗，其乐无穷；与地斗，其乐无穷；与人斗，其乐无穷。"我们也应在这一场没有硝烟的争斗中体验到无穷的乐趣。

"兴趣生引力，引力生毅力。"兴趣越浓厚，引力也就越大，它可以使一个人聚集精力和才能，专注、执着地追求目标的实现。

良好的情绪是花中扑鼻的芳香，良好的情绪是一首歌的优美旋律。但愿我们能落实那壮语：我们保持良好的情绪笑到最后。

把烦恼情绪关在门外

人的情感是非常微妙的，它对工作和学习的影响也是不容忽视的。恐怕每位学生都有这样的体会：当自己心情愉悦时，学习兴致很高，做题速度快且正答率高；而当自己心情糟糕时，学习效率就会大打折扣。这是因为情绪影响了自己对学习任务的排斥度。在我们接触学习任务之前的一段时间和接受之后的短时间内，在心理上普遍存在排斥性。愉悦的心情会对自己的行为趋向起积极作用，逐渐消除排斥性，从而慢慢地让自己进入学习状态；烦乱的心情就对自己的行为趋向起消极作用，致使自己看见什么烦什么，排斥性非但不减反而增大至对学习任务采取放弃态度。

我们的行为无一例外地受自己情绪的影响，但并不是说我们只有做其奴隶的份，我们完全可以通过自己的努力驾驭情绪，利用情绪。尤其在小学阶段的最后一年，时间是宝贵的，同时效率也是不容忽视的，为了保持平稳的心境和保证较好的学习效果，做到最好，我们必须学会控制和利用情绪。

喜怒哀乐是人对人生酸甜苦辣诸体验的情感反映，是人之常情，但我们往

往不能够将其表现得恰如其分。比如,在平时的数学测验中,有道大题很难,有位学生费了九牛二虎之力也没有丝毫眉目。当时她就想:“我数学几乎每次都是满分呀!这次不完了吗?最拿手的一科考不好,那另外几科更别说了。”越想越烦,越想越怕,最后她考虑到自己会跌倒而爬不起来,将功亏一篑,在控制不了自己情绪的情况下,她将试卷撕得粉碎。这样的情绪失控导致的后果将无法弥补。其实,她完全可以先放下这道题,保证另外会的题目考满分。其实,上面那位学生就是典型的“情绪强化症”。一道题做不出来纯属正常,没必要把后果想得如此严重。

有些事情使我们烦恼时,如果听任它,甚至有意识地强化它,它就会越变越大,让人头痛不已,甚至使自己失控。就好比一个线团,出来的那个线头不能使劲拉,你越拉,线越乱,以致最后怎么解都解不开了,如果你轻松地将那个线头剪掉,那就跟什么也没有发生过一样。

烦恼就是这样,好比一个喜欢捉弄人的小幽灵,如果你在它经意不经意地敲门时给它开了一条缝,它会毫不客气地闯进来搞个乱糟糟。所以我们不要轻易地把烦恼放进来,即使它进来了,也要尽快把它赶出去。

痛苦是心灵的花朵

孙鹏最大的特点是情绪容易波动,他会把不如意放大为伤心,再放大为痛苦,所以他的成绩总是大起大落,很不稳定。他昨天给我写了张纸条,说他现在非常痛苦,语文成绩不见提高,再加上胸膜炎复发,使得他心烦意乱,在看到别人都深入学习时,自己老是有种想放弃的打算。

昨天晚上,我迟迟不能入睡。我想,孙鹏是有实力的,只要心态稳定,学习这件事不在话下,所以我必须帮他调节情绪。

今天上午,我在操场上与他交流了很长时间,他畅所欲言地吐露了自己的心声。我最后给他总结为六个字:不能善待痛苦。

贝多芬 26 岁时，耳朵失聪，他并未发疯，而是放弃所有的社交，全身心地投入创作之中。他忍受了痛苦，迎来了硕果累累的收获季节，攀上了艺术的高峰。

中年时的罗斯福，做了参议员，恰在这时他却奇怪地患上了肌体麻痹症。这一打击并未让他心灰意冷，并未影响他几年后当选美国的总统。

蚌在痛苦中孕育珍珠，晶莹夺目；蛹也在桎梏中孕育美好前景，化蛹成蝶。所以，要学会善待痛苦。

反过来想一想，除了黑暗，没有别的路径通向黎明；除了挑战难关，没有别的路径通向成功。成功并非在遥不可及的远方，而是在我们心中。一个人只有在任何情况下不忘自己的理想，保持心态的平静，才能向成功稳步前行。

人这一生会经历很多的不如意，等自己长大了，再过十年想想，我曾因成绩的一时不理想而痛苦地想放弃一切，那会是多么的可笑啊！那时你会说这怎能算得上痛苦?

成大事者必须要在情绪低落时激发自己的积极心态，从而尽快地变消极的痛苦为快乐的执行。快乐不是与生俱来的，快乐需要我们营造，营造快乐本身就是一个快乐的过程。转变心态，快乐会使你眼前的一切变得异乎寻常的美好和隽永。

也许，世界上并没有真正的不幸和烦恼，只有真正的幸福和愉悦。幸福和愉悦的人，用歌声裹着泪水；不幸和烦恼的人，用泪水浸泡着歌声。一切的一切，全在自己的意念。君不见有人痴望昙花感叹：“人生苦短，一闪即逝。”有人吸着梅香吟道：“冬天来了，春天还会远吗？”

激发正向学习情绪

在现实生活中有很多负能量的东西，如我的学习成绩不好，我最近成绩又下降了，学习不用很刻苦，我什么也做不好，勤奋没有什么用等如此之类的话。确实，一些负能量的话很容易让我们厌烦和产生抵触情绪。但是，当我们不能改变现实时，最好的办法就是调整状态，调动情绪去适应现实。

一、激发兴趣

爱因斯坦说过："兴趣是最好的老师。"孔子也说："知之者不如好之者，好知者不如乐知者。"这说明兴趣在人的学习生活中是非常重要的因素。

兴趣当然不只是对事物表面的关心。任何一种兴趣都是由于获得这方面的知识或参与这种活动而使人体验到情绪上的满足而产生的，所以它与认识和情感有着密切的联系。如果一个人对某事物不认识，也就不会产生情感，因而也不会对它产生兴趣；相反，认识越深刻，情感越丰富，兴趣也就越浓厚。正所谓"知之深而爱之切，爱之切而知之深"。所以我们要注意在学习中体验满足感和成就感，这些感觉体验可以增强我们解题的动机进而让我们产生兴趣。

有人就此画过一个循环强化图式：

解题的兴趣(动机)→成功地解题→解题的兴趣。

浓厚的兴趣会有效地提高解题的成功率，而成功的解题反过来又激发解题者更浓厚的兴趣，由此，解题者的解题动机在循环中得到加强。采用循环强化的方法培养和强化兴趣，不失为一有效之举。

二、坚定决心

失去信心是彻底的失败，坚定决心是成功的全部。强烈的征服欲能给予你巨大的动力并大大提高解题的效率和正答率。正如有人所说："你卷进问题的深入程度取决于你解决它的愿望的殷切程度。除非你有强烈的愿望，否则要解出一个真正难题的可能性很小。"

三、稳定心理

考试或练习过程中会遇到一些"意外"，如较难的题目、从未见过的题型等。这些很容易让我们的心理产生波动，产生厌烦急躁的心理情绪。我们要保持镇定、冷静，尽量减小或消除其消极影响，靠坚强的意志力暗示自己去征服和解决。

优秀的演员不会因为角色难演而放弃出幕，出色的运动员不会因为对手的强大而俯首称臣。我们也要把每次练习和检测视为证明自己的绝佳机会，调动自己的最佳情绪去展示实力。

练习快乐

或许你总以为快乐是一种奢望，它需要腰缠万贯，需要位高禄厚，其实，快乐是属于我们每个人的，它可以练习。快乐就在一次成功的考试后，就在一天充实的学习中，快乐就是受到挫折后的奋起，就是受到表扬后的再接再厉。

家长和教师的期望让你重负难任；激烈残酷的竞争让你感觉生活失去了七彩，已是暗无天日；生活的不易让你感到前途未卜，已失去了高昂的斗志。但这一切都不应影响我们的快乐，正如亚伯拉罕·林肯所说："只要心里想快乐，绝大部分人都能如愿以偿。"

香港有位女歌手，乘南方航空公司的飞机赴北京演出。她上机前忙于应付，疲惫不堪，机场上香港娱乐记者出言不逊，所以心情很郁闷。但当她走到机舱口，空姐灿烂而真诚的笑容让她精神一振。她羡慕地问空姐："你能教我如何笑得这么好看吗？"

空姐告诉女歌手在训练课上老师是如何教她想象自己最快乐的事情，把精神调整到最佳状态以及如何对着镜子看口形……

几个小时后，从北京机场出来的女歌手，是一个快乐自信的美人儿。

快乐是可以练习的，这并非一个秘密。我们在苦恼时不能复制苦恼，不能听凭坏情绪一点点吞噬自己，因为快乐可以作为一种技能去练习。

（1）面朝大海，春暖花开。有时，我们会因碰到自己无法控制的局面而焦躁不安，此时我们应承认现实，然后设法创造条件，使之向着有利的方向转化。找到了转机的动力，也就优化了自己的情绪，就像海子的诗句："面朝大海，春暖花开。"

（2）阳光总在风雨后。如果有些烦恼的事已经发生，你就应正视它，并努力寻找解决的办法。风雨是在向彩虹召唤，云开日出是情理之中的必然。

（3）莫庸人自扰。科学研究证明，人的情绪起伏也有周期，所以，有时我们的情绪坏得莫名其妙。这时，试着把自己的坏情绪变成一种宣泄的方式：听一首自己最喜欢的轻音乐，参与一项自己最喜欢的体育运动，找一个自己最信任的朋友谈心，等等。一切平息之后你会发现“世上本无事”，何必自扰呢？

（4）我是幸福的人。在烦恼袭来时，有些同学总觉得自己是天底下最不幸的人。其实，这是一种悲观的“放大”论，事情并不完全是这样。有一句话：“我在遇到没有双足的人之前，一直为自己没有鞋而感到不幸。”这是有多么深刻的含义啊！

情绪决定心态，心态决定思维方式，而自己的心态和思维方式会影响自己的成功和价值实现，所以我们要练习快乐。

学会宽容别人

如先改变自己，对方也会改变，心境也会改变；心境有了改变，言辞也会改变；言词有了改变，态度就会改变；态度有了改变，习惯就会改变；习惯有了改变，运气就会改变；运气有了改变，人生随之改变。

一位作家说这“八度幸福”是多么有味道的人生箴言啊！像一把锐利的铁锹，可以翻挖板结的思想心田，让沉寂的生活春意萌动，像一缕阳光，穿透阴霾，直抵心灵深处，让被困苦、挫折、失落遮挡的精神之芽，伸出拥抱阳光的手臂。

学期的下半段，学生在面对小学毕业的情况下，心情很容易变坏，而灰暗的心情和不良的情绪对学习效果有很大的消极作用。最近一周，我班内已有好几个同桌闹矛盾的例子，这确应引起重视。

人与人之间的相处，不能斤斤计较，要用宽容消除隔膜。这是一种博大的胸怀和超然洒脱的态度，也是人类个性的较高境界。宽容豁达者能够对别人不同的看法、思想、言论、行为等都予以理解和尊重，也不轻易把自己认为正确或错误的东西强加于别人。在不同意别人的观点和做法的时候，他们会尊重别人的选择，给予别人自由思考和改变的权利，会以德服人。胡适先生说过，自由的前提是人人采取两种态度：一是在道德方面，大家都应有谦虚的美德；二是在心理方面，每个人都要有开阔的胸襟与兼容并蓄的雅量。这两种态度可以使我们获得自由，也给我们的相处提供和谐的空间。

宽容的态度培养我们一种“让道”的精神，成大事者善让，不注重于争高论低，而是通过退让的方式去专注地做自己的事，很多人之所以不能成大事，其一就是无谓地好争而不好让。“君子坦荡荡”这是古训，做人要胸襟宽广，要有宽容平和之心，这不仅是一种魅力，更是成就事业的必备因素。

另外，我们还要明白，人与人在交往中，因为个性、脾气、爱好、要求不同以及价值观念的差异而容易导致误解和本应相容的分歧，这些误解和分歧容易造成矛盾和冲突。只要我们能宽以待人，推己及人，将心比心，以心换心，就能消除误解和分歧，从而消除冲突和矛盾，就能够赢得好感和尊重，营造融洽和谐的交往气氛。

即使对方真的是该承担责任，作为学生，我们也要明白，这些矛盾是没有根本利害冲突的矛盾，为了今后更好地相处，就不要为这些细枝末节而生气，就不要为这些鸡毛蒜皮而伤脑筋。

改变自己的态度，还自己一方亮丽的天空，就像那句名言：冬天脱去冰雪的桎梏，春天就多了一份沁人心脾；太阳改变了脸色，天空就多了风情，万种妩媚。

学会进行积极的心理暗示

经常听一些学生说“刚背的东西又忘了”“我脑子一片空白”“我复习得很不满意”“我咋这么笨”之类的话，这就是消极心理暗示，它对学习生活的消极影响不容忽视。俗话说“怕死就有鬼跟着”，这不是迷信，而是反映了一个很有科学根据的道理，相信你也曾有过“最怕出的事偏偏发生”“最不愿意的结果偏偏出现”的经历，这里面都有消极心理暗示的消极作用。

为了证明心理暗示的作用，我们来做个实验。用一段30厘米左右的线系住一重物，用手提着上端让重物下垂，然后用自己的意念使重物前后摆动、左右摆动、画圆圈。你并没有感觉到手在用力摆，但重物真的按你的意念摆动了。

这就是暗示的作用。暗示是一种用含蓄或间接的方式，让人接受某种信息，它可以影响到我们的心理、生理和行为。

暗示可分为自我暗示与他人暗示、积极暗示与消极暗示、直接暗示与间接暗示、催眠暗示与觉醒暗示，如果个体经常给自己消极的心理暗示，就会影响生理反应，导致坏的结果。

让我们再来看下面一则故事。

有个少妇到医生处接受治疗，她说，她不管吃什么东西都会呕吐。医生经过仔细询问之后才知道，原来有一天她应邀到朋友家吃晚餐，正进餐时突然感到恶心呕吐，随即由口中呕出一条蛔虫，她非常惊慌，赶快回家。从那天起，她就吃什么吐什么。

医生立刻决定为她"做手术"。不过医生发现一种非常奇特的情形，那就是当医生跟她谈话时，少妇总是不愿意说话。经过医生的追问之后，少妇说她不愿意张开嘴巴，张开嘴巴是很难为情的。医生问为什么，少妇回答说，因为她肚子里有虫，在身体里面吃她，所以不敢让别人看到她张嘴巴。其实这位少妇的精神并未失常，也没有神经衰弱的现象，只不过因为吐出一条蛔虫，所以就自认为满肚子都是虫。

少妇说，她要让肚子里的虫都饿死，所以不吃不喝任何东西。手术完成后，医生立刻告诉她说："你肚子里的虫都拿掉了，你现在是个正常的健康人。"

事实上她的胃一点儿毛病也没有。可能是医生的话奏效了，不久之后，这位少妇渐渐地能吃能喝，而且恢复得也很健康，手术后的第六天就能自由自在地走路，呕吐的情形也完全消失了。

可是有一天，一位医学院未毕业的实习医生告诉她说，手术时什么也没有发现，而且病因仍然不明。当天晚上，这位少妇又开始呕吐，持续好几个星期后，终于死亡。医生将她解剖，仍未发现有任何内脏疾病。

另外，还有很多积极的心理暗示战胜疾病甚至癌症的例子。

既然心理暗示有如此的魔力，我们何不为自己的学习和生活设计一些积极的心理暗示呢？诸如："我行，我行，我能行""我已经复习好了""我是最棒的""我是阳光男孩""我是阳光女孩""好结果应该是水到渠成的理所当然"

"我是适度紧张,这更有利于发挥,别的同学肯定比我更紧张"。

说到这里,我想到我班的男生小周。他刚进我班时,头总是低着,走路时也是如此,回答问题时,你根本听不到他在说什么。此后,我询问了班级中的其他学生。通过询问得知,他的家庭状况是父母离异,他和年迈的奶奶生活,再加上生活条件不好,在其他同学面前总有一种低人一等的感觉,所以出现低头走路不敢说话的现象。我知道后,经常找他谈心,告诉他不管家庭状况怎样,都应该积极地面对,做个阳光男孩,这才是他应该有的样子。说到这里。我又和他谈在前两年毕业的同学小赵。小赵是个孤儿,连年迈的奶奶也没有,和他相比不是幸福多了吗？渐渐地,他有了改变,回答问题时的声音也大了一些。我想这就是积极的心理暗示所起的魔力。

克服心理饱和

"饱和"一词是化学术语,将溶质加入水中,当到一定程度而溶质不能再继续溶解时,叫作"饱和"。

心理饱和就是指心理承受力到了不能再承受的程度或影响了正常生活的现象。

比如,老师布置了很多假期作业,前几天学生做作业时兴趣很大,效率也高,正答率也能保证。但到了后来,兴趣渐渐降低,速度和正答率都会降下来,随之而至的可能还有厌烦的情绪。同样的道理,工人做同样的工作,教师重复同样的内容,都可能出现心理饱和现象,简而言之也就是"干腻了"。

有位美国商人到印第安人居住地旅游,发现那里的草编织帽比较漂亮,于是问道:"买一顶帽子多少钱？"

对方回答:"10 元。"

商人问:"如果买 100 顶同样的帽子呢？"

对方回答"每顶 20 元。"

商人问:“为什么我买得越多价格却越高呢? ”

对方回答:“做一顶帽子我感到很新鲜,做 10 顶帽子我要耐着性子,而要做 100 顶同样的帽子,那我将要强忍着性子 !”

由此可见,心理饱和多为负面效应。

现在,学生已是高年级学生了,为了我们共同而明确的目标,他们放弃了许多爱好,简化了生活内容,这种反复、单调的活动,极易出现心理饱和效应。这种效应会影响学习的情绪和效率,甚至像多米诺骨牌一样引发一系列问题。所以,我们要在增强自己的心理承受能力的同时,不断地采取有效措施。

有记者采访一位“文革”时被下放到乡村给牛铡草的音乐家。在被问及他八年的铡草生活为什么没让自己变老,反而更加容光焕发时,那位老音乐家说:“我每天都是按 4/4 拍的节奏去铡草。”

这个故事告诉我们,发现乐趣,优化情绪是克服“心理饱和”的有效措施。另外,我们还可以试着去做一做以下几点。

第一,保证充足的睡眠。充足的睡眠是使大脑保持良好学习状态的必要条件。因剥夺睡眠而得来的学习虽有一时之效,却使大脑过度疲劳,会产生对学习的厌倦感,导致心理饱和。

第二,在学习阶段应学会合理地安排各种任务,根据学科特点和自己的身心状况不断变化学习方式和学习内容,避免重复性学习时间过长带来的心理饱和。一个人长时间学习一种内容最容易疲倦,最好是没等疲劳就换一种学习内容,因为变换学习对象也是一种休息。学习内容可以跨科变换,也可以同科变换,如学英语时,听说读写交替进行。

第三,缩短单项学习活动的时间。每一科目的学习时间不要过长,如果自己感到疲倦了,最好马上休息。在学习中途也应多增加几次休息,一般来说一小时内应有一次 10 分钟的休息时间。

第四,如果你确实出现心理饱和,不妨先放下学习,活动一下身体或远眺片刻,或与别人说说话,缓解一下紧张的情绪,这样就可以减轻心理饱和带来的精神压力。

另外,还可以适当参加一些文体活动,以避免学习的单调性。

任何工作都可能产生心理饱和,关键在于自己要有心理准备和预防、缓解措施,不要因为发现心理饱和而产生过重的心理压力。

要有阳光心态

一个班主任带出的学生，无论是学习状况，还是学习态度，还是和同学的友好相处，都应该非常相似，可有时虽然是同样的情况，然而不同的意念就会产生不同的态度。思想是何等奇妙的事啊！如何去想，决定权在你。学习和生活中难免有很多不如意和不开心，但我们要学会改变心态去面对，这样才活得潇洒、豁达、开开心心。如果满肚子牢骚，满脑子气愤，那我们的一生有何意思，我们在世上走一遭，是为了享受生活，而不是为了寻找不如意来折磨自己。

要知道，成功永远属于那些抱有积极心态并付诸行动的人。成功需要健康的心态，没有健康心态的成功早晚会出现漏洞，甚至会塌陷。为什么拿破仑能够顶住压力而叱咤风云？为什么海伦·凯勒在双目失明的情况下，心中依然有光明之梦？这都是健康阳光心态所起的作用！

如果我们想改变自己的世界，改变自己的命运，那么首先应该改变自己的心态。只要心态是正确的，我们的世界也会是光明的。做人需学会在感激中成长，在舍弃中获得。所有的成功秘诀上都写着六个字——健康阳光心态。

在我们周围有多少人能一伸手就获得成功的"馅饼"呢？绝大多数人都要靠自己的拼搏、计划、策略打开人生成功的一面。更为重要的是，要像个心理大师一样不断地安慰自己、调整自己、找到自己之所以失败的关键点，然后才能一步一步纠正自己，向成功之路靠近。有一个 23 岁的小伙子和同伴们赤手空拳一起来到东京闯天下。到了东京后他们惊讶地发现：人们在水龙头上接凉水喝都必须付钱。同伴们失望地感叹道："天哪！这个鬼地方连喝冷水都要钱，简直没办法待下去了。"言罢都纷纷返回故乡了。这个小伙子也看到了这幕情景，他却想：这地方连冷水都能够卖钱，一定是挣钱的好地方嘛！于是他留在东京，开始了创业生涯。后来，他成为日本著名的水泥大王，他的名字叫浅田一郎。

浅田一郎的成功给我们的启发是深刻的：面对同样的情况，他与常人的看法和做法却大相径庭，他用积极的心态看到了隐藏的商机并因此而逐渐走向成功。所以，积极地面对生活，勇敢地迎接生活的挑战，才是明智之举，才具王者风范。相反，那些思想消极、意志薄弱的懦夫，注定会一生平庸。

著名工程师亨利·凯撒曾沿着河堤做护岸工程，由于暴风雨带来洪水，运土机遭受泥土掩埋，而过去所完成的工程也完全被破坏掉。水退时，为检视所受的损害，他亲自到工地现场。此时，工人们均以忧郁的表情看着泥土及被掩埋的机器。

他微笑着走到工人群中问道："你们的表情为何如此忧郁？"

"你难道不知道情况有多糟？"工人们反问，"所有的机器都被洪水埋在泥中了。"

"泥土？"他以开朗的口气问。

"是泥土呀！"他们惊讶地重复着，"你看看四周吧，全是一望无际的泥海！"

他笑着说："不，我没有看到泥土。""你怎么这样说？"他们惊异地问。

"你们问我为什么，"凯撒先生接着回答，"我是抬头仰望连一朵云都没有的蓝天，那里连一块泥土都没有，只有太阳在发光，我从未见过能对抗太阳的泥土。不久之后，泥土会干燥，你们就能轻松地发动机器，重新开始工作了。"

说到这里我想到我们六年级学的一篇课文《鲁滨孙漂流记》节选，鲁滨孙让人们深刻地认识到了一个人的意志力和勇气是多么的重要。鲁滨孙在小岛上待了 28 年，但他没有放弃希望，而是通过自己的努力建立了自己的城堡、船、种植园等，最终成功回到英国并成为商人。他的坚毅和勇敢不仅让他在荒岛上生存下来，也让他在回归文明社会后取得了成功。同时，《鲁滨孙漂流记》也告诉我们，生活中会遇到很多困难和挑战，但只要我们有足够的意志力和勇气，就能克服困难，实现自己的梦想。鲁滨孙的阳光心态更是让人佩服，一个人在荒岛上没有抱怨，而是想到只有自己活着，多么幸运，我有什么理由不好好活着呢！这些都让人深受启发，让我们更加珍惜生命，勇敢地面对生活中的挑战，追求自己的梦想。

俗话说，胜败乃兵家常事。挫折对任何人来说都难以避免，功成名就就是一个经历困难、战胜挫折和不幸的过程。所以，我们要有这样的思想准备，只要自己没有被挫折打倒,任何挫折都是局部的、暂时的。我们要从挫折中不失斗志,寻求转机。西伯拘而演《周易》;仲尼厄而作《春秋》;屈原放逐,乃赋《离骚》;左丘失明,厥有《国语》;孙子膑脚,《兵法》修列;不韦迁蜀,世传《吕览》;韩非囚秦,《说难》《孤愤》……他们用挫折激励了自己的斗志,挫折给他们带来了动力。

说到这里又想到了一个故事,台湾观光团到日本伊豆半岛旅游,路况很差,到处都是坑洞。其中一位导游连声道歉,说路面简直像麻子一样。而另一个导游却诗意盎然地对游客说:"诸位先生,我们现在走的这条道路,正是赫赫有名的伊豆迷人酒窝大道。"同样的道路可在不同人的眼中是迥然不同的。真是别只看泥土,更要仰望蓝天。

克服自卑心理

新的学期开始,重新排桌位时,我让张丽和张翠翠同位,这是自有考虑的。张丽的性格内向,而张翠翠的性格外向,让张翠翠带动张丽性格有一点改变是最初的目的。谁承想,一个月过后,效果没有达到,原来是自卑心理惹的祸。

张丽说:"张翠翠的性格有些外向,经常和我说话,还和其他同学说话,有时打闹,我心里有点烦乱。而我天生就是这种性格,喜欢独处。张翠翠的外向性格和我相比更是强烈,我自惭形秽,抬不起头。"

张丽还说:"我反思自己,我的性格内向,我的智商不高,我的记忆力差,我的思维品质不好。"这些抱怨是一种消极的心理暗示,长期的妄自菲薄就容易形成"我不行"的心理定式。这种心理定式是制约张丽进步的主要因素,这样让她的心理变得更加脆弱,更不愿意和别人交流。

人的性格、智商和天赋是有一定差异的,但绝不像有些学生想象得那么大,其影响也没有某些学生想象得那么严重。德国一牧师卡尔威特提出这样一个理论：儿童变化成一个天才还是庸才，主要取决于后天的教育和努力。为了证实该结论，他对自己的孩子进行实验。他的儿子是一个公认的性格内向、天赋较差的孩子。牧师从孩子 3 岁半时，就教他识字，给他买了许多书籍，对孩子的教育严格而不专制，通过引起兴趣的方法启迪孩子的记忆和思维。在良好的教育环境中，孩子克服了性格内向、记忆品质的缺陷，8 岁时就能用德、意、英、拉丁、希腊多种文字阅读，9 岁进大学，13 岁成了哲学博士，15 岁出版著作《三角术》，16 岁获法学博士学位。

由此可见，什么性格内向，什么天赋不天赋，一切都可以去弥补。马克思说："搬运工和哲学家之间的原始差别要比家犬和猎犬之间的差别小得多，他们之间的鸿沟是分工造成的。"也就是说，成绩不好是你没有认真从事它或者说力度不够，与天赋没有关系。性格内向是你对很多的事不感兴趣，不愿意发表自己的意见。所以完全没有必要因怀疑自己的天赋、智商而自卑。

克服自卑心理就要客观评价自己的优点。每个人都有过人之处，这是"寸有所长"的道理。许多自卑的学生对自己的评价较低，因为他们总喜欢拿自己的劣势和别人的优势相比，结果是比得垂头丧气，信心全无。我们可以试着把自己的优势列个一二三来，如我替张丽分析了一下她的优势：一是语文、英语较好，二是做题细心、认真，三是书写干净、整洁，四是承受挫折能力强等。

在克服自卑心理的同时也要正确对待自己的缺点。金无足赤，人无完人，白璧也难免有微瑕。我们不可妄自菲薄，也不能妄自尊大；不承认自己的缺点是最大的缺点，不承认永远不能改正，但也不能因某方面的缺点而对自己全盘否定，将自己批得一无是处。冷静地分析，诚恳地接受，积极地改进，才是对待缺点的正确态度。

消除自卑心理，相信"天道酬勤"。所谓的聪明是靠不住的，所谓的愚笨也是不可惧的，成功与否关键在于勤与不勤。秦观说："虽有强记之力，而常废于不勤。"被医生诊断为大脑炎、因笨拙而被老师赶出学校的爱迪生不也成为举世瞩目的大发明家了吗？

要有忧患意识

小雷是从省外转入我班的一名学生。他的家庭条件比较优越，和农村家庭相比好了许多。在校期间小雷不穿校服，经常带零食到校，其他的学生也想效仿。为了杜绝这种现象的发生，为了增强他的吃苦意识，为了能让他更专心地投入学习，我必须给他做一番思想工作。

对很大一部分学生来说学习是枯燥的，所以我们必须锻炼他们的忍受能力。只有这样他们才能坚持不懈，将全部精力用于学习，直至走向最后的胜利。

范仲淹小时候家里很穷，有一个条件较优越的同学可怜他，有一次吃饭时送给他几片肉，结果范仲淹婉言拒绝了，他说："你的好意我心领了，但我怕吃肉惯坏了我的胃口，粗粮就会吃不下。"就是在这样艰苦的条件下，范仲淹励志苦读，终学业有成。

据说熊猫和北极熊本是同一种族，生活在同一片原始森林里，后来因自然灾难而迁徙。一伙流落到北极，一伙来到了中国的四川。按常理，流落到北极的应该因恶劣的环境而体质下降，趋于衰亡，而流落到四川的应该因优越的环境而繁衍生息。

结果怎样呢？北极熊在恶劣的环境中提高了自己的适应能力。它们能耐得住严寒，学会了水陆两栖，还能够在海中捕杀凶猛的海豹进食，体重也增至大熊猫的三倍。

四川的大熊猫却因优越的环境而变得好吃懒做。它们只能吃植物，行动变得缓慢，乃至于现在已到了濒临灭绝的境地。这就是古人良训"生于忧患，死于安乐"的道理。

生活中，死于安乐的例子还有很多。有很多的企业，也有很多人，由强变弱，最终惨遭淘汰。尽管这些企业和人败走麦城的原因各不相同，有一点却是共同的，即缺少一种忧患意识和危机意识；安而忘危，缺少远虑，对面临的危险认识不足、准备不足，才最终导致失败。

老子有言："五色令人目盲，五音令人耳聋，五味令人口爽，驰骋畋猎令人心发狂。"对物质的过于在乎和享受会使一个人的意志力弱化，精神弱化，进取心钝化。所以柏拉图也曾说过："我不相信真正的哲学家会喜欢锦衣玉食的生活。"不要抱怨条件的艰苦，不要对糟糕的饭食唉声叹气，天将降大任于我，必先劳我筋骨，苦我心志。

过分地享受会让自己不思进取，过分地追求享受会让自己忘记目标和理想。所以，我说："安乐可惧，要有忧患意识。"

遇到挫折从不同方面看问题

记得学过这样一篇英语课文。

有几个盲人，从来不知道大象是什么样子的。一次，有人牵着大象经过，他们要求赶象人停下来，让自己摸一摸大象。

一个盲人摸到了大象的腿，他恍然大悟地说："哦，原来大象是个大柱子。"

另一个盲人摸到了大象的尾巴，他反驳道："不对，大象是条很粗的绳子。"

第三个人摸到了大象的鼻子，他说："你们都错了，大象就像一条蟒蛇。"

第四个盲人说大象像一堵墙，因为他摸到了大象的肚子。而摸到象牙的人说大象像长矛，摸到耳朵的人说大象像把扇子。

几个人都认为自己说得对，为此争得面红耳赤，谁也说服不了谁。

我们谁也不是盲人，谁都会笑话这些盲人的愚笨。其实盲人的错误情有可原，因为他们从来没见过大象。倒是像我们这样正常的人的某些"盲人摸象"的错误不可原谅。

有些学生数学不如同桌好，就说自己天生笨。

有些学生被老师批评一顿就感觉暗无天日。

有些学生被老师表扬一次就一派歌舞升平。

确实，有些时候我们不能客观地看待事物的全部，因为一点的不足而视为一无是处，因为一点失误而小题大做，因一叶遮目而没有了泰山。

成功之路有诸多的暂时失败和临时痛苦，如果满眼是挫折和不快，扩大的痛苦必将把快乐挤得无影无踪。困难、缺点、失利、痛苦等字眼一旦占据了自己的心灵，自然就看不到希望，给前途蒙上了一层阴影。这是“盲人摸象”的错误，是以偏概全的思维方式。

一次小赵问我：“老师，我笨不笨？”其实，她很聪明，她会讲很多动听的故事，会用纸折出漂亮的小鸟，会画画。但她妈妈老是因为她不会弹扬琴而说她笨，所以她也就受其妈妈以偏概全的偏颇观点的影响，对自己的聪明开始怀疑。

当我们遭遇挫折时，不要感觉前途无望；当我们遇到失败时，不要灰心沮丧而至前功尽弃；当我们的付出没有得到明显回报时，不要怨天尤人。挫折、失败和不如意是前进中的必然，它们不应给自己增添过多的忧伤和烦恼，因为这只是成功路上的插曲而不是主流抑或说不是最终的结果。眼前的黑暗不能阻挡前进的步伐，它不能说明前途不是一片光明；双手应该披荆斩棘而不是捂住自己的眼睛。你自己应该左右自己的心情，而不是让“盲人摸象”的错误影响自己义无反顾地前行。

过多忧虑不如心静如水

经历过许多，许多正在经历着，这许许多多的事情有些要刻骨铭心，有些却是对自己所应专心的事毫无意义，我们不要让那些于事无益的考虑成为羁绊，要专心就必须从纷扰繁杂的琐事多虑中解脱。地球由其自转，太阳随其燃烧，至于太阳燃尽了，一年四季是否会变成黑夜，则不在自己的考虑之列；三百六十五天的轮换，月亮有缺有圆，至于行星是否偏离航道，你也不必去管。不可否认，我们在学习的过程中背负着太重的任务，承担太大的压力，如果我们发挥自己的脑力，将任务和压力复制，那怎能让自己轻装上阵？如何能有较高的学习效率？

有这样一则故事：

“睡吧，别再乱想了！”一个商人的妻子不停地劝慰着失眠的丈夫。

“嗨，老婆啊，”丈夫说，“你是没遇上我现在的罪啊！几个月前，我借了笔钱，明天就到了还钱的日子。可你知道，咱家哪有钱啊！那借给我钱的邻居比蝎子还毒，要是还不了钱，他们能饶了我吗？为了这个，我能睡得着吗？”妻子试图让他宽心：“睡吧，等到明天，总会有办法的。”“不行了，一点办法都没有了。”丈夫喊叫着。最后，妻子忍耐不住，爬上房顶对着邻居家高声喊道：“你们知道，我丈夫欠你们的债明天就要到期了，告诉你们，没钱还。”她跑回卧室，对丈夫说：“这回睡不着觉的应该是他们了。”

全世界的压力好像都压在你的肩上吗？哪儿呢？那是你自己无节制地将压力复制了又复制。你会睡得很香甜，只是你不能允许脑子里的思绪东飘西荡。你可以深呼吸，再说上几句：“放松，任由其去。”“放松，任由其去”是有神奇魔力的字句，它可以让你摆脱烦恼、彷徨和恐惧。

一名考上复旦大学的女生就是因神奇魔力的文字杀进了复旦，她床头上的一张“杀进复旦”的特大标语起了莫大的作用。每天早晨和入睡前她都大喊几遍，以增加自己那少得有点可怜的信心。她说在那一年里，她一听到“复旦大学”的字眼就热血沸腾，激动不已，所有的东西都在“复旦”这个熠熠生辉的字眼的映照下黯然失色。最后的成功说明人生不必考虑过多，让自己心静如水不是更好吗？

过多的考虑既然是如此消极而无益，如果你是在为毫无积极效果的行为浪费自己的宝贵时间，耗费自己金子般的精力，那你就必须走出这一误区。

精神胜利让自己快乐

阿Q挨了打，虽然疼痛，他却说这是“儿子打老子”，于是他“胜利”了；看见赵太爷或者假洋鬼子，虽然感到自己寒酸，但又自我安慰道：“老子先前比你们阔多了！”于是，他又“胜利”了。阿Q在精神胜利法的支撑下，永远是一个“胜利者”。

读过《伊索寓言》的人都知道狐狸吃葡萄的故事。狐狸想吃葡萄，但够不着，为减轻自己达不到目的而产生的焦虑感，自我安慰说“葡萄是酸的”，既然是酸的，那没有什么好吃的，然后平静地走了。借用这个故事，心理学把个体所追求的目标受到阻碍而无法实现时，以贬低原有目标来冲淡内心欲望，减轻焦虑情绪的行为称为“酸葡萄心理”。生活中常常可以见到这类行为。

在生活节奏加快，社会竞争日趋激烈，压力越来越大的今天，对“精神胜利法”贬斥程度有所降低。现代社会飞速发展，生活节奏更快，竞争更为激烈，各方面的压力也可想而知，这时来学点“精神胜利法”也并非没有好处。

俄国著名小说家契诃夫就推崇“精神胜利法”，而且还乐于向读者推荐：“要是火柴在你的衣袋里燃起来了，那你应该高兴，而且感谢上苍；多亏你的衣袋不是火药库。要是有穷亲戚来别墅找你，那你不要脸色发白，而要喜洋洋地叫道，‘挺好，幸亏来的不是警察！’要是你的手指扎了一根刺，那你应该高兴，‘挺好，多亏这根刺不是扎在眼睛里’。”

美国连任4届的总统罗斯福也推崇“精神胜利法”。有一次，他家中失盗，被偷去很多东西。朋友写信安慰他，罗斯福回信说：“亲爱的朋友，谢谢你的安慰，我现在很平安。感谢上帝，因为：第一，贼偷去的是我的东西，而没有伤害我的生命；第二，贼只偷去我的部分东西，而不是全部；第三，最值得庆幸的是，做贼的是他，而不是我。”

某个小题因审题而被扣了分，暗自庆幸吧！因为此题幸亏不是作文。做作业时有道题不会做，不要急躁，自己不会的，别的同学也可能不会。当然，我们的“精神胜利法”不同于阿Q的“精神胜利法”。我们的是正常的心理安慰，并且在“精神胜利”后还要努力争取最后真正的胜利。在庆幸“考差了，幸亏不是高考”的同时，还要努力争取下次考试考好；庆幸审错的不是作文题时，还要努力争取下次避免失误。阿Q的“精神胜利法”却是逆来顺受，奴性十足，不知反抗，而只会麻醉自己。

生活、学习中，我们真的难免会遇到不如意，会遇到这样或那样的失败。面对逆境，如果一味地沉陷在其中而不能自拔，非但于事无益，反而会使事情变得更糟。所以，我们要学会如何来缓解自己的不良情绪。

生活、学习中也有些事情没必要过分计较，过分在意，所以我们也要用“精神胜利法”将之剔去。正如一朋友所说：“我天生丑陋，我承认，但不必以之为耻，更不必用儿子才会长得漂亮来安慰自己。我会说我要在成绩上超过你。”

正常的精神安慰对人的心理健康是十分有益的，每个人都必须学会从失落中走出来，学会调节自己的心理。

当成绩下降时，你要说：“不以成败论英雄”，并且下次努力赶上去；当考试失利时，你要说：“笑到最后才笑得最灿烂”，并且努力保证笑到最后。

这些安慰是我们所需要的，只有以良好的心态去面对现实，才能赢得最后的成功。想到契诃夫对“精神胜利法”的推销词：“朋友，照我说的去做吧，你的生活就会快乐无穷。”

拒绝自卑

我班小张同学似乎又陷入了因贫穷而自卑的境地。小张同学因为家中孩子多，母亲无劳动能力，生活落魄。天气渐渐转冷，他御寒的厚衣服却还没有备好。我看着他穿的还是夏天的单衣，鞋比他的脚大了二寸，注意到他掩饰不住的自卑表情，心里甚是难受。贫穷者有时是最坚强的，有时却又是很脆弱的。

我想找他谈一谈,但又怕会对他敏感的心理是个打击。最终我选择了书面交流,借一次批改作业,我在他的作业本上写了一些东西。

贫困绝非坏事,对谁都如此,只对憎恨它的人是个例外;富有未见得是好事,就像美国邓肯所言:“富贵和豪华不会使人满足,对于有钱人来说,在生活中要做出更有意义的事情,的确更为困难。”

晋朝的石崇、王恺斗富,王恺的稀世珊瑚树用铁如意敲碎也不屑一顾;北魏元雍、元琛比富,用银槽喂马;清代和珅的家产达 10 亿两白银。然而,他们最终或因财而流放,或因财而死。是富有带给了他们精神的贫穷,是精神的贫穷让他们最终一无所有。

匡衡于贫穷之中凿壁偷光,最终成为大学者;百里奚为人所隶,贫困至极,后为秦王发现,以五张羊皮易之,最终成为一代贤臣;NBA 中的巨星们有那么多都是从贫民窟中出来的。

李白恃“才”而不恃“财”,视金钱如粪土。“五花马,千金裘,呼儿将出换美酒,与尔同销万古愁。”说明富有并不一定带来精神上的快乐。杜甫语曰:“老妻画纸为棋局,稚子敲针作钓钩。”清净淡泊的贫穷中却蕴含了生活的温馨和生命的乐趣,这表明贫穷也能带来精神的享受。

我们要推崇儒家思想的贫富观,注重“气”和“理”,注重“思想”与“精神”。贫穷并无过错,一辈子贫穷却是不可原谅的罪过,所以贫穷者要从贫穷的现实中寻找改变处境的精神力量,这也是我们的责任。我们班的学生都是农民子弟,谁也比谁富不了多少。“农民的孩子早当家”,意思也就是我们在贫穷的现实中锻炼了自己,提高了自己承受挫折的能力,我们改变贫穷现实的信念就不应该不堪一击。

改变贫穷现实是一种欲望,欲望能产生不可阻挡的力量。《平凡的世界》里的主人公孙少平,就是抱着一颗不安分的心去打拼,他要改变祖辈遗传的“面朝黄土背朝天”的生活方式;贵州某年高考状元说:“像我们这些来自贫穷而偏远山区的孩子,要改变命运只有考上大学,我们忍受了常人难以忍受的痛苦。”

贫穷者的可贵可敬之处在于他们有勇气、有能力去追求和创造更多的财富。富者可以去做金钱的傀儡,我们贫者却不能沦为贫困的奴仆。所以,拒绝自卑,因为我们有改变境遇的精神力量,也因为总有一天我们在物质上会富有。

善待每一个学生

“捧着一颗心来,不带半根草去”,陶行知先生的言行就表明了教师职业的内涵。作为一名教师,要善待每一个学生。

有人说:“人乃有贵贱,同宜资教,不可以其种类庶鄙而不教之。教之善,则本无类也。”这句话体现了教师“博施于民而能济众”的高尚品德。教师的主要任务就是尽最大的努力让更多的学生成“良材”,并具有高尚的情操。教师不仅爱白天鹅,也要爱丑小鸭。有教无类,爱生如一,不仅是实现教育目的的必然要求,也集中反映了师爱的广泛性和高尚性,反映了教师向善的品德。

我的班上曾经有这样一个学生,人称“打架大王”。他上课时从来不听讲,考试从来没有及格过,经常出入网吧。家里管不了,他的母亲经常给老师打电话,对于这样的学生,我没有嫌弃,也没有放弃。我课下主动与他接近,跟他聊天;还有意安排他为老师做一些事情,如到办公室取书,给老师拿教材,或者给老师打扫卫生等。我发现他干活时特别卖力气,就有意让他担任劳动委员。

我支持他的工作,在全班同学面前帮助他树立威信,同时对他提出要求。为了便于对他监督指导,班级排座位时,我特意安排他坐在前排。上课提问时,估计他能回答的问题,就让他回答,对他每一点进步都给予及时的表扬和鼓励。

精诚所至,金石为开。渐渐地,他对学习产生了兴趣,不逃学也不打架了,后来升入了初中,又顺利地升入了重点高中。

后来,他在网上给我发信息说:“老师,谢谢您!爸爸、妈妈和我都很感激您,您是我遇到的最好的老师,我真舍不得离开您。”

由此可见,爱学生是教师职业道德的核心,它有强大的教育力量。师爱是打开学生心灵大门的钥匙,是使学生将教师的要求转化为自身自觉行为的催化剂,也是教师建立威信不可或缺的前提。

其实,师爱既造福学生,也造福教师自己。一个人在“爱着”的时候,是身心状况最健康的时候。常言道,送人玫瑰,手有余香;你努力使别人快乐,也能使你自己快乐。

因为当你帮助别人时,就很少想到自己,能使自己的心灵净化,使自己得到更大的满足,而且帮助别人,不仅给别人解决困难、减少烦恼,还可以结交更多的知心朋友,得到更大的快乐。所以,你对别人好的时候,也就是对自己最好的时候。爱学生的教师最轻松、最快乐,而师爱与生爱相互作用及由此产生的“共振”,让教师生活在无比幸福的境地。

作为一名教师,只有真正用心去爱学生,才能打动学生。冰心在为《应当尊敬的人》一书作序时写道:“从我的人生经验中,除了父母之外,一生自幼至老,在学识的成长上,人格的修养上,都是受益于老师的教诲,时至今日,每逢在生活中有情绪上的波动或工作上的挫折时,我总能从回忆中的某一位教师的充满慈爱的教诲中得到安慰。我深深感到爱是教育的基础。”

我国古代伟大的教育家孔子就把“学而不厌,诲人不倦”列为当教师的首要条件。他还说:“爱之,能勿劳乎?忠焉,能勿诲乎?”他把“仁者爱人”的精神倾注在学生身上,对学生充满了深厚的感情。

教师对学生的爱能激起学生积极的情感,从而转化为主动接受教育的内在动力。所以,教师应充分发挥自己的主导作用,多对学生进行正面教育,多采取表扬、鼓励的方法,对学生的正确行为和进步表现都及时肯定,待之以诚,晓之以理,示之以行。

因此,对调皮的学生更要给予满腔热情的爱,决不能一味地指责、训斥,而是要多用爱去沟通师生之间的情感,用爱去打开学生心灵的窗户,滋润他们的心灵。

让学生乐意接受老师的批评

小林是班中比较顽劣的学生,行为习惯不好,学习不踏实,总是无所事事,惹是生非。上课时,他自己不听课,左顾右盼,甚至给别的学生扔纸条,干扰其他学生学习。老师提醒他一次，三分钟后依然我行我素，完全不把老师放在眼里。为了维持班级正常秩序，我整节课都死死盯着他，只要发现不好的苗头就迎头给他一棒，想借此让他认识到自己的行为错误并加以改正。但他开始与我玩起"猫捉老鼠"的游戏。一段时间下来，他的劣迹不但没有丝毫的转变，有时还故意发出奇怪的声音引起班上的同学哄笑。我感到身心俱疲，有时差点控制不住自己的情绪在班上发火。

后来，我对他进行了深入了解，知道了他是在批评中长大的孩子，他的种种行为充满了叛逆，对老师的批评产生了"抗体"，甚至产生了敌对与不信任。于是，我改变了策略，从融洽师生关系开始，对他软硬兼施，表扬加批评，双管齐下。

首先，我先在他作业本中加了一封短信，对自己这段时间对他的态度粗暴而道歉，表明那是由于希望他变好的心情过于急切，借此缓解我与他之间紧张的关系。最后，希望他把我当成最信任的老师和朋友，以拉近师生之间的距离。整个信中尽量做到言语诚恳，因为这是一个久经"磨砺"的学生，对于批评极其敏感与逆反。

第二天，我走进教室看到小林竟然拿起课本在背书，我心里甚是高兴，当然这次交流见效了。于是课堂上我提问了一个较为基础的问题，他竟答出来了。学生们都很惊讶，他很是得意。从那以后，他在课堂上的表现越来越好，虽然有时还是控制不住自己，但一看到我望着他，立刻就收敛了。只要他有进步我就及时给予表扬和鼓励。就这样我感觉他与我的距离慢慢拉近了。后来，他逐渐接受老师与同学的批评了，也不怎么逆反了。尽管现在他还没有完全变为大家认为的好学生，我却清楚地感受到他的努力，看到他的变化。他需要的是时间，这个转变是一个长期的过程，需要我们持之以恒地关爱他、感化他。

以上案例，我不是否定批评在教育中的积极意义，而是要找到一种行之有效的学生易于接受的批评方式。

（1）良好的师生关系是让学生乐于接受批评的先决条件。"亲其师，信其道。"如果你的学生在心理上对你抵触与不信任，那么对你说的任何批评的话都不能接受；如果师生关系融洽，那么学生对教师的期望往往表现为接受。

（2）巧妙的批评方式是学生乐于接受批评的保障。批评因人而异，小林是个行为易受情绪左右的学生，对批评极度逆反，所以应采用旁敲侧击、曲折委婉的方式，比如："这段时间进步很大。如果课上能再克制自己一些，相信你会进步更快。"小林身上的问题很多，不能每次都一一指出，批评要适度、含蓄，以免出现"过度效应"。所以一段时间内，我循序渐进地帮他改正，批评后给以安慰，以消除批评带来的情绪，从而让他乐于接受。

(3)适当的鼓励表扬是让学生乐于接受批评的润滑剂。好学生始终还是被夸出来的，特别是像小林这种在批评中长大的学生，更渴望被表扬，如果一味地批评，哪怕再讲艺术，也无异于在伤口上撒盐，所以需要适当的鼓励和表扬来调节。心理学中有一种"皮格马利翁效应"，教师的鼓励中多包括对学生的期望，学生接受了这种期望，找到自信，觉得自己可以成为那样的人，那么他就能成为那样的人。所以，和谐的师生关系对于教育学生至关重要，它能拉近师生之间的距离，让学生信任老师，从而乐意接受老师的批评，产生良好的教育效果。

微笑驻课堂，幸福满心间

记得希腊哲学家苏格拉底说："在世界上，除了阳光、空气、水和微笑，还需要什么呢？"换句话说，微笑和生活中的阳光、空气、水一样重要。微笑是一种亲切的语言，架起一座心灵沟通的桥梁；微笑是一缕柔和的阳光，温暖别人，明朗自己；微笑是一曲无声流淌的音乐，能调节紧张的气氛；微笑是心灵相通的七彩阳光，可融化心中的冰雪，使生命更加灿烂。

教育最重视微笑，学生也需要微笑的老师。因为教师的情绪、脸色最能直接作用在学生身上。教师与学生交谈中亲切的微笑会给学生无限的理解与信任，会让学生感到巨大的热情和喜悦。上课时，教师走进课堂，甜美的微笑将会给这堂课添加浪漫的感情色彩；教师给学生答疑时的微笑，将点燃学生智慧的火花；教师在化解学生矛盾时和蔼友善的微笑，将把学生纠结的愁容化解。

多一份微笑，就会多一份理解和关怀。一个平时不爱说话的学生来问问题，我耐心细致地给他讲了一遍，可是他不懂，于是我又讲了一遍，微笑着讲，终于，他明白了，他露出甜甜的微笑。该同学成绩不太好，内心压抑，很难过，又不敢向老师请教，怕老师严厉的目光，怕老师训斥的语言。

一天下午，我进班准备上课，发现教室的讲台上乱七八糟，心想，真是胆大包天，快上课了，讲台竟会如此面目，当时火蹭一下就上来了。我严厉地扫视着全班学生，希望一下子揪出那位肇事者。学生们个个睁着惊恐的眼睛望着我，感觉暴风雨要来了。教师的职业感告诉我必须冷静，否则会造成无法想象的后果。

我笑着问："呀！这是谁的杰作啊，生活如此奢侈？"教室里紧张的氛围一下子缓和了很多，学生们长舒了一口气。这时一个男生站了起来，低着头说："我弄的，老师。"另外两个学生也立即站了起来说："老师，还有我。没来得及收拾，您就来了。对不起，我们错了。"

我告诉他们，不要浪费，更要保护好公共卫生，因为我们的父母在我们这个阶段都解决不了温饱问题；虽然现在我们生活条件好了，但也是刚刚起步，我们主张节约、反对浪费，也是减轻父母的经济压力；我们做个俭朴而又讲卫生的好孩子，给他人给自己都能带来愉悦的心情。

事后，学生说："我们都以为您肯定会大发雷霆。"细细想来，也许我们部分教师被功利尘封了心灵，情感早已淡漠，心灵也早已硬化。一味地用粗暴冷酷的面孔对着新鲜的生命与活泼的学生，我觉得这是教育的不幸！

教育不是万能的，微笑也不是唯一高明的教学手段。但是微笑像首歌，似首诗，它能唱出和谐的旋律。

作为教师，我们一定要把美丽的微笑留给可爱的学生们！

用爱心滋润学生的心田

"送人玫瑰，手有余香"，人生的美德没有比爱心更为珍贵的。

园丁奉献出爱心，使枯苗复生，小树成材；医生奉献出爱心，使病魔退去，生命归来；教师奉献出爱心，则是教有所成，学有所长，学子成材，广为材用。教师的爱心价值，恰似阳光雨露，神奇无比！

对于教育工作者来说，爱心是教育力量的源泉，是教育成功的基础。大教育家陶行知先生曾经说过："没有爱，就没有教育！"

当一个好教师最基本的条件是"拥有一颗爱学生的心"！离开了情感，一切教育都无从谈起。

爱学生，就必须善于走进学生的情感世界，就必须把学生当成自己的朋友，去感受他们的喜怒哀乐。

我们对学生的爱，不应是居高临下的"平易近人"，而应是发自肺腑的对朋友的爱。从事教育工作二十几年，我都按自己的想法去爱我的学生。在平时的教育教学工作中，我努力和学生做朋友，学生也把我当朋友。记得去年，有一个女生，因为是外县来的学生，所以对我校的学习生活特别不适应。再加上女生特有的敏感细腻，每天都哭。这个女生还算聪明，知道应该找一个倾诉对象宣泄一下自己的情绪。所以，她就给我写了一封信来向我倾诉。我看了之后，很感动。她令我想起了我的儿童时代，唤起了我的许多同感。于是，我特意找了一个操场上僻静的地方，约了那个女生到操场上谈心。我们边走边聊，聊学习，聊生活，聊同学，聊朋友，聊人生……最后，聊到了作业漂亮这个最现实的话题上，聊到了女生如何适应陌生的环境，女孩最后破涕为笑。

从此，那个女生摆脱了阴影，每天都积极努力地学习，脸上荡漾着笑容。到现在那个女生也是有什么烦恼的时候就找我聊聊，把我当成了她生活的朋友。我看到女生每天都很专心、努力学习的时候，我的来自职业的特有的幸福感都会油然而生。谁说做教师不幸福？教师除了辛苦之外更多的是幸福。这样的幸福感是其他职业的人所体会不到的。

前两天下雨时我带着雨伞去上课，顺手把雨伞放在了一边。下课时我忘了拿，直接就走出了教室。我还未完全出门，坐在最前排的一个男生追了出来，把雨伞递给我，对我说："老师，你的伞。"那一刻，我感动了。其实，那个男生我并不很喜欢，甚至有些讨厌。因为他学习成绩不好，尤其是语文成绩，字体很乱，背诵不会。所以，我平时很少关心他、提问他。那一刻，我为我过去的所作所为后悔。

爱心的力量是不可估量的，它是一个人走向成功的内在动力。它不仅可以说是心灵得到满足，更重要的是你献出爱心的同时，他人会记住你的爱心，需要帮助时，他们会真心实意地支持你。爱心是互补的，只要你充满了爱心就会被别人的爱心包围着，这样的人能不快乐吗？

大自然中，阳光普照，雨露滋润，万物生长。作为教师，爱心教育，师可情与育之乐，生可悟与学之快。如果还是那种传统教育中师道尊严之法，收效甚微，还会阻碍许多人的学习和发展。

这就要求我们教师实施“爱心教育”之法，即把冷脸换成笑脸，把冷心肠换成热心肠，把呵斥变成询问，把罚站换成谈心。这样将会营造出新时期的和谐教育，更好地适应素质教育的要求。

具有爱心者一定具有“最真、最善、最美”的人生境界，更具有无私奉献的精神。我会在以后的教育教学工作中，无私地奉献出爱心，做一个有爱心的教师。

走出心理的阴霾

风祥终于肯主动到办公室找我谈话了。这是一个很内向的男生，由于家庭生活压力大，很封闭自己。我多次告诉他，有什么烦心事可以敞开心扉与老师谈一谈，或许老师可以帮忙卸掉心理的包袱。尽管他的内心还有点儿纠结，但还是迈出这可贵、可喜的一步。

与他谈心近两个小时，看着他由最初的阴郁、失声痛哭到面带微笑，我感到很欣慰。通过交流得知，他不善与人交流。他找我时，看得出他很压抑，几次控制情绪不流泪，但当我问及他最大的动力是什么时，他再也控制不了，掩面失声哭了起来。他哽咽着告诉我，内心最大的压力来自父亲。每次回家只要一提成绩不理想，父亲就大发雷霆。他给我讲，他最反感父亲说这样的话：“你成绩这样，还有什么希望呢？这不完了吗？”“这不完了吗？”深深刺痛了一颗渴望抚慰的心。对学生而言，成绩的起伏是很正常的事。当学生考试失利回家，本想父母安慰一下自己，谁想父亲不但没有给予理解和及时的鼓励、安慰，反而是更多的责怪和责骂。这个学生说每次这样都很难受，郁闷的情绪得不到释放，学习一点劲头也没有，听课效率极低。

孩子的成绩不是责骂逼出来的，孩子的潜力也不是压出来的，而是期待、鼓励出来的。孩子考出好成绩要热情祝贺，同时也得允许孩子偶尔的失败，在孩子最困难、最郁闷时，家长一定得给他一句温暖的鼓励。

一个人过多地考虑超越他人，而忘记了超越自己这个最大的劲敌，从而会陷入屡遭挫折，心情不佳，学习效率不高，进而成绩低落的恶性循环中。我告诉他，要想走出心灵的误区，需要调整两点：一是把争第一看作长期目标，同时树立一个短期目标，不要想一口吃个胖子，注重错题的反思与总结，单位时间内重点突破；二是平时的水平测试以超越自我为目标，每天进步一点点，只要每天都比前一天进步一点，那么总体就是进步的，超越其他同学也就成了必然。当一个人把心放在能做最好的自己上，那么他的眼光就不会老是盯着成绩。

别把同学当对手，应以开放的心态接纳同学，以减轻紧张和压迫感。要学会与自己比，而这种比，不只是简单地比分数，更要比经验或教训，无论考得好与坏，只要能从中总结经验或汲取教训；只要每天比昨天进步一点点，这就是最好的进步！放平心态，从我做起，不断超越自我，做最好的自己。

巧借学生“病归”，渲染“互助”情怀

我班学生征征因为腿部手术，已有两个月没有来上学了。因为她平日表现很好，我和学生们都期待着她能尽早返校。几次调动桌位，她的桌位也一直保留着。她在北京住院时，我给她打过很多次电话，她很乐观，并且还坚持学习。回家休养时，仍然坚持自学，课程几乎没有落下。

5 月 5 日，她的爸爸给我打来电话，说征征想返校了。我想，应该借这样一个坚强、乐观、爱学习的榜样，渲染一下班内气氛，调动一下同学之间互助、团结友爱的荣誉感。经过思考，我和班委会讨论，制定了一个迎接征征同学康复归来的方案：调桌、欢迎、互助。

5月6日一早，趁课前的空隙，我说："同学们，征征同学今天要返校了。这样大的手术，按照医生的建议，应该在家继续休息的。但是征征太想念同学们了，想早一天回到学校和我们一起学习。但是她现在仍需拄拐，走路很不方便。因此，我想把靠近门口的位置给她让出来，以便让她少走路，减轻困难和病痛。"此时，有的学生似乎明白了老师想说什么，表现出跃跃欲试的样子。但是由于刚刚调动了桌位，我担心有的学生不愿意再动，因此我必须再渲染一下气氛。

我接着说："这就需要有的同学再动一下位子，哪个同学愿意把自己的位子让给征征同学？"我这样说是为了检验一下同学们在这件事情上的表现。

我的话音刚落，学生们纷纷举起手来，有的竟站了起来，都要求把自己的位子让出来。中间的赵翠同学说："老师，把我的位子让给她吧，这个地方离门口最近。"要知道赵翠同学因为调位，曾跟我激烈争论过，今天的表现令我感动。我见时机成熟，就按照预先的设想，很快地将位子调好，给征征留了门口的位子。一切出奇的顺利，看得出学生们对征征的关怀，也看得出学生们内心潜藏的炽热的互动情怀。

班委会的学生在教室后面的黑板上写上了欢迎词：欢迎征征同学康复归来。上午第一节课后，征征在其爸爸、奶奶的护送下来到了学校。我简单问候和嘱咐了一番后，跟着他们进了教室。教室里响起了热烈的掌声，学生们的热情让征征和她奶奶都很感动。

我在学生们情绪稳定下来后，压抑住自己被感染的激动和喜悦的心情，顺势发表了"欢迎演说"："首先让我们再次用热烈的掌声欢迎征征回到我们中间。征征战胜病痛，这种乐观、坚定是我们每个人都应学习的。征征在住院、休养期间，一直坚持学习，给我们树立了很好的榜样。征征生活不便，希望同学们在生活和学习等方面尽最大努力给她帮助。"

征征很快融入集体当中，同学们也给了她无微不至的关心。也许学生们受到了感动和启发，接下来的一段时间，班内的气氛比以前好多了。

病痛本来是一件不愉快的事，战胜病痛却是一件令人振奋的事。而从战胜病痛人的身上，受到鼓舞，治愈自己精神上的病痛，则是更加值得高兴的事。

春天，让学生感到温暖

春天，复苏万物的使者，乘东风走来。

亲爱的同学们，你与父母之间那种如寒冰的关系能够在春天的暖意中有所缓解吗？这是发生在一个“标准好学生”身上的小事，在老师眼中小李同学是一个懂事、好学、聪明可爱的女生，看上去像是没有什么烦恼的样子，同时还有点娇滴滴不知人间疾苦的感觉。

但在某天从她给我的“私信”中我才知道，看似“没心没肺”的学生，也是这么“忍辱负重”地生活。现在我将回信原文录在下面：

“看到你的信老师才明白，原来你的生活也充满了艰辛，因为你从来就不能按照自己的意愿去安排自己的生活，不能随心所欲地计划自己的生活；你没有时间睡到自然醒，没有时间去感春悲秋。不是不想，而是你太忙、太累、太不自由了。有时就连表情都来不及去展示你的真实心情。”

你在信中说“我们像木偶，没有隐私”。是啊，你们就算是木偶，也是父母捧在手心，疼在心头的“木偶娃娃”，没有的何止是隐私，你们的父母长辈还替你们遮挡了许多外界的狂风，总是担心你们会受伤害。也许你们忘记了，不经历外界的风雨很难见到美丽的彩虹。父母总是担心没有了长辈的指导，你们的生活就会暗无天日、一团糟，所以难免会把你们偶尔的“不满”和“反抗”视为大不敬，从而大动肝火。但也请可爱的你们理解父母这种由于爱而太在乎的举动，而不要持非暴力不合作的态度过着别人安排的日子，因为你们消磨的是自己的青春岁月。

所以我想对你们这些可爱的“木偶”们说，大胆地说出自己的想法吧，无论是对父母还是对师长，请你们一定要敢于沟通和交流。也许你们的想法会遭到反对，但你们可以用执着的行动去验证自己的想法，更何况出错的青春年少（当然并非违法反社会的出错，我想这一点你们比我更明白）也会比没有任何色彩的生活有味得多。正如你所说的“有时候差异不代表不认真，更不代表不努力”，所以我认为“出错”正代表了你们的思考和努力。谁又能保证自己的一生不出错呢？而且也没有人能说不出错的人生就是完美的人生啊！

另外，不想过别人安排的生活，那就试着从父母手中接过自己的木偶连线吧，试着让自己更理智、更强大，拥有掌握自己生活的能力。你可以从“顺从安排”转变到“自我掌控”，但你要明白，真正的生活并非随心所欲地生活，大人们的世界里也有许多无奈和烦恼。正如歌德说的“人生是由无数小烦恼组成的念珠，达观者是微笑着数完这串念珠的”。

愿你们都能像水，即使遇到挡路的岩石，也要用美丽的浪花回报它，而不要让怨怒和不满污染了自己；不管你流淌成小溪还是大江，都要欢唱着自己的歌，活出自己的九曲十八弯的风采！

要坚信付出总有回报，什么样的付出换来什么样的回报。努力了肯定会得到点什么，不成功只是暂时的，流泪的人生并非意味着失败！

小李的烦恼，父母不理解，老师易误解，压力大，难成功，也许说出了许多学生的心声。希望教师在关注学生的心理烦恼时能关注一下学生与家长之间的问题。

给情绪找个“撒气筒”

在当前教育形势下，有的学生心中郁积了太多的压力，尤其是其中的三类学生：边缘生、性格内向的学生、感情细腻的女生。他们的心理压力更大。他们若不能以恰当的方式宣泄，不仅会影响学习的效率，还会影响身心健康发展，更甚者会出现严重的后果，

一次小测验过后不久，白文娜哭着来到我的办公室，说她想揍她的同位，没有闹矛盾，也没有什么理由。

我掌握的情况：这是一位娇小的女生，性格温顺，不善言谈，遵守纪律，学

习很刻苦，成绩中上，平时不太爱问问题。而她的同位是一位性格开朗的女生，对同学很热心，成绩也很优秀。

我进一步了解白文娜的家庭情况：可能是单亲家庭（她一直闭口不提她的父亲，家庭成员一栏中也空着父亲这一栏），有一位姐姐在上高中，一个弟弟在上三年级，家庭关系比较和睦，但家庭条件很不好，她在家中也很听话，很知道孝敬母亲。

分析各方面的情况可以得出结论：她产生了过大的心理压力，而又不善言谈和交往，没有倾诉的对象，找不到情绪宣泄的出口，于是就产生了这种想法。

我想解决问题的根本应该是疏导——让她发泄出来。首先引导她“哭诉自己的委屈”：从同学到同位，从学习到生活，从学校到家庭，最后又说到她的母亲。她一边说一边哭，泪流满面。根据情况我又把话题引回到了她今天的怪想法，说好不再这样想了，其实她的同位对她一直挺好的。为了让她的情绪得到更好的发泄，我又给了她两点建议：一是运动。到操场上跑几圈，出一身汗，让她在专注运动或剧烈运动时忘掉压力。二是写封信。姐妹关系很好，可以给姐姐写封信，介绍一下自己最近的学习情况或想法。

这件事后，白文娜的学习状态一直很好。

不良的情绪人人都有，性格内向的人不善于发泄，从而越积越重，若不加以疏导，就会出现抑郁症或暴力倾向。而在情绪出现的初期，只需几个简单的措施就能解决问题，如说出来、哭出来、写出来或来一次剧烈运动等。

老师就是明灯

一节自习课，有位学生站起来问问题。我接过书，仅把问题读过一遍，尚未进行解答，该生便恍然大悟，着急地说：“老师，我明白了。”

当时，我便思考：我还未解答，他便明白了，其原因是什么？如今，细细想来，理由只有一个，那就是：该生面对老师，目不转睛地看着问题，全神贯注地听着老师读题，此时他思想集中、头脑活跃、思维灵活敏捷，脑子在飞速转动，常常能超常发挥，时有顿悟，一些问题就能自然而然地解出来。于是，我进一步思索：这中间，起着莫大作用的因素是什么？那就是教师。教师此时就是一盏明灯，照亮了他的眼睛，使之眼前一亮，心有灵犀，恍然顿悟。

教师既然拥有这么大的魅力，该如何利用呢？关键是要关注学生，注重沟通。沟通是一门学问，作为人师，应该洞之悉之；沟通是一门艺术，为人师表，应该潜心探究；沟通是教学的灵魂，教师应该尽力抓住。

第一，心理沟通。心理沟通是维系师生关系的命脉，是两者关系的根本，是最为长久、长远的交流。教师首先要抛弃师者高高在上、盛气凌人的架子，接近学生，给他们一种易于接近的感觉，做学生的知心人。

第二，知识沟通。知识是师生沟通的主要内容，是解决教与学这对主要矛盾的主要渠道。学问渊博，旁征博引，永远使我们自身充满自信，极具魅力；永远以神秘的光辉吸引着学生，感染着学生。

第三，人格沟通。人格沟通的目的在于育人。司马光说的“经师易遇，人师难遇”，便是此意。学生的品质修养很大程度上取决于老师的修养及涵养。不可大意，切莫轻心。

学生求知的道路上，我们为其挂起一路明灯，照亮一路。同学们，拼搏前行吧！为这一路的灯，为你心中的灯！

以身作则

我从教书以来，常常感慨的就是，说了一百遍，学生还是不听，还是不改！常常头疼的是：学生都皮了，怎么教？

比如学生上课走神，提醒后，三分钟又恢复原样；审题不认真，下次还是马马虎虎：学生们似乎总在原地踏步，教了一年又一年，回头看看，信心都殆尽了。

曾经有一阵子，我一门心思去思考如何改变学生。有时想出一个办法来，试验了几次，效果如昙花一现，转瞬即逝，过几天，接着头痛。怎么办？

近来我听北京市企业家胡小林的演讲，说到传统文化的好处。令我震撼的是，他说的一个意思：其他人都是一面镜子，反映的是自己的状况；改变自己，其他人自然而然地就会跟着改变了。

于是我再次反思学生的情况：

学生上课走神，我自己上班时专心备课了吗？学生心思不专，我自己心思专一吗？学生不能坚持，我自己坚持了吗？学生总犯错，我自己做到不二过了吗？如此一问，突然觉得自己都还没有做到。

然后，我忽然明白：为什么学生们总不能改进，原来根儿都在自己这里，自己才是解决问题的关键。我明白了。

筑建自信堤坝

据报道，每年高考因过分不自信和焦虑而落榜的考生有 4% ~ 5%，这是一个非常惊人的数字。你是否也有点不自信和焦虑呢？下面是我国教育心理工作者吕勇老师根据自己多年来的研究而总结出的自我检测方法。

请仔细阅读下面 10 道题，然后回答“是”或“不是”。

①我希望不用参加考试便能取得成功。

②在某一次考试中取得好名次，似乎不能增加我在其他考试中的自信心。

③人们（家里人、朋友等）都期待我在考试中取得成功。

④考试期间，有时我会产生多种对答题毫无帮助的莫名其妙的想法。

⑤重大考试前后，我不想吃东西。

⑥对喜欢搞突然袭击的老师，我总感到害怕。

⑦在我看来，考试过程似乎不应搞得太正规，因为那样容易使人紧张。

⑧一般来说，考试成绩好的人将来必定能够在社会上获得好的地位。

⑨重大考试之前和考试期间，我常会想到其他人比自己强得多。

⑩如果我考砸了，即便自己不会老是记挂它，也会担心别人对自己的评价。

如果你对①⑧回答“是”，说明你害怕考试影响自己未来的命运。

如果你对②⑨回答“是”，说明你害怕考试会损害自己原来的形象。

如果你对③⑩回答“是”，说明你害怕考试会影响别人对你的评价。

以上三种情况说明你是轻微不自信和焦虑，完全不必在意。

如果你对⑥⑦回答“是”，说明你有中度不自信和焦虑，基本不影响发挥。

如果你对④⑤回答“是”，说明你有影响水平正常发挥的不自信和焦虑。

通过这几个小题，可以对自己的不自信和焦虑有个定性和定量的认识。如果不自信和焦虑的程度严重，就要采取措施，调适自己。

下面是某考试研究专家提供的调适训练方法。

这种方法主要是运用交互抑制原理，通过使考试焦虑患者自我表达正常的情感和自信心，使得那些消极的自我意识得以扭转，借以削弱和消除焦虑的一种自我训练方法。在应试前，考试焦虑患者有数不尽的担忧，研究表明，当一位应试者充满担忧的情感时，便会在大脑皮层产生保护性抑制，妨碍正常的认知活动。担忧也是多种心因性疾病的温床之一。我们可以通过自信训练克服考试焦虑的担忧成分。下面是“自信训练”的两个步骤。

（1）学会察觉个人消极的自我意识。某些考试焦虑患者在考试前对自己的消极的暗示往往察觉不到。这是由于这种消极的自我暗示已经成为习惯化的东西，应试者早已对此熟视无睹，不以为奇了。要改变这种情况，需要应试者仔细留心个人临考前细微的生理变化，以便通过身体反应来促进自己对个人消极的自我暗示的察觉。一般来说，当个体面临一场重大考试时，假如具有神经性倒胃和面部肌肉紧张感等生理变化，通常便意味着大脑已经出现了消极的潜意识，对即将来临的考试已经朦胧地浮现出某些担忧的念头，如“我的能力是否胜任这次考试呢？”“要是考砸了，我的前途就完了”“我担心其他同学在考试中比自己强”……这些消极的自我暗示会妨碍正常的认知。针对这些潜意识和朦胧的念头，要把它清晰地用书面语言表达出来，也就是在一张纸上把这些担忧的想法逐条记下来。这种做法可以把个体朦胧的潜意识提高到意识水平，从而使个体清楚地意识到自己当前消极的自我意识究竟有哪些。这是自信训练的第一步，也是非常重要的一步。

（2）养成向消极自我意识挑战的习惯。当个人逐条记述消极的自我意识后，下一步就是训练自己向消极的自我意识挑战，这是自信训练的决定性步骤。所谓的挑战，就是指向消极的自我意识中的不合理成分进行自我质辩，其中包括指出这些消极的自我意识的不现实性和不必要性，阐明这些对个人所造成的危害，并明确今后应该采取什么样的态度。

第八章
教学故事的启迪

在教学过程中，教师不但在教学资源、语言风格、肢体语言、思维方式上影响学生，而且也应以教师整个人格的力量对学生产生深刻的影响。学生亲其师，才能信其道、乐其道，才能进取地理解教师所传授的知识。

小学语文课堂教学之鸡蛋实验风波

课堂管理是影响教学效果的重要因素。小学阶段，由于儿童发展的心理生理特点，如注意时间短、自制力差等使得小学教师在课堂教学过程中更容易出现课堂管理问题。良好的课堂管理可以有效推动教学环节的发展，保证课堂教学的顺利进行；不良的课堂管理会对教学产生负面影响，甚至造成教学过程的中断。教师为主导、学生为主体的现代教学理念越来越深入人心。课堂教学重视以学生为本，但是由于学生身心发展的年龄特点，扰乱课堂纪律的行为时有发生，教师平铺直叙的讲授容易引起学生注意力分散，进而使课堂秩序混乱。我们过于强调学生的主体地位，学生过于活跃有可能产生不可控制的局面，这尤其使许多入职不久的青年教师产生困扰。杨老师作为新入职的教师，她所面临的问题代表了许多新入职教师的问题。尤其是大学刚毕业性格比较温和的年轻教师，在课堂管理上更容易"事故频发"。作为师范生，具备一定的教育教学技能，但因为课堂管理的问题而成绩平平确实让教师们心有不甘。通过鸡蛋实验事件我们可以看出，新任教师由于课堂管理经验以及理论方面的不足，应该加强这方面的学习。以我所在的小学的一个班级真实发生的鸡蛋实验课堂风波为例进行描述，对于杨老师的做法仁者见仁，智者见智，既有不当之处，也有好的做法，以期为教师们提供借鉴。

一、鸡蛋实验起因

2020 年 6 月底，学校已经临近期末考试。我校三年级三班此时正在上一节作文课《我做了一项小实验》。因为作文的分值占到了考试成绩的 30%，因此习作也是考试复习的重点。杨老师是所在班级的语文任课老师，也是入职不满一年的新老师，平时上课比较温柔，与学生没有太多距离感。由于习作对于刚接触作文的三年级小学生来说是一大难点，考虑到学生大多没做过实验，写不出实验过程，或者写出来也是瞎编的语言，杨老师决定在期末复习周这样宝贵的时间段里拿出一节课专门让学生做小实验，再写一篇作文。杨老师在这节课前就布置了任务让学生准备一项实验，带好实验材料，下午第一节课进行汇报展示。

二、鸡蛋实验过程

伴随着候课铃响起，杨老师进入了教室，学生们早已按捺不住，迅速从桌洞里抽出实验材料，有的早已经在桌面上摆好了，就等老师一声令下，迫不及待地做实验了。“我看同学们都准备好实验材料了，那么请准备好实验的同学上讲台给大家展示。先介绍实验材料，边做边说实验步骤，最后解释一下原理。”杨老师说。邢同学作为班里的“百科全书”率先举起了手，毫无疑问老师同意了他第一个来做实验。他准备了一个装黄豆酱的大空玻璃瓶、一个生鸡蛋、一袋盐粉，把大空玻璃瓶灌满水倒入盐粉，最后放入鸡蛋，同学们都目不转睛地看着，可是鸡蛋并没有浮起来，于是议论纷纷。杨老师见状，考虑到可能是瓶太大、水太多以及没有用筷子将盐和水充分搅拌至溶解的原因，于是找学生借来了一个小玻璃杯，指导邢同学再次进行同样的操作步骤。结果鸡蛋浮起来了。杨老师顺势解释其中的原因。学生们一片掌声，激动得纷纷举起了手想要分享自己的实验。

三、鸡蛋实验高潮

张同学由于也是用相同的实验材料盐粉和鸡蛋，却做出了不同的实验，于是杨老师选择张同学来分享。张同学准备了一个鸡蛋就自信满满地走上讲台，借用邢同学的玻璃瓶盖演示，将鸡蛋放在玻璃瓶盖上，鸡蛋怎么也立不起来。但是撒上盐粉之后，张同学奇迹般地将鸡蛋立起来了。这时，后排的学生有的已经站起来了，大家兴奋不已。就在这时，张同学说：“我还有一个实验，用一个鸡蛋就可以做。”说着张同学就手握鸡蛋跟大家说：“手握鸡蛋是握不碎的，不信你们试试看。”学生们议论纷纷，还没等老师同意，都举手站了起来，蜂拥到讲台前。杨老师这时已经有些控制不住课堂，她指导学生排好队上台用手握鸡蛋来验证张同学的实验结论。两个女生握了握都没握碎。到第三个女生那，她偏偏说她能握碎，于是鸡蛋在受力不均的情况下被捏碎了，鸡蛋液洒在了讲台上、地板上，也弄到了旁边同学的衣服上甚至头发上，场面已经不可控制，教室里一片喧闹。这时杨老师很生气，心里有些责怪那个捏碎鸡蛋的女生，斥责她："你不应该用手去捏，要想它碎很容易，实验规则是用手握。"可是已于事无补。有的学生还想做实验，有的学生在清理讲桌，还有的学生出去冲洗头发和衣服上的鸡蛋液。实验已经无法进行下去。杨老师终于按捺不住自己的情绪，在教室里就课堂秩序混乱进行批评教育。教室里弥漫着一股炸弹的味道。

四、鸡蛋实验结局

我经过教室时发现了异常，帮助杨老师化解了尴尬的场面。我拿来了酒精在教室里喷了一圈，然后给学生们开了一个小班会进行教育。我说："这是你们成长过程中的一种难得的经历，我相信今天的事情会让你们印象深刻。每个同学的感受肯定是不一样的，包括做实验、看实验、实验失败或者成功你们的心情也不一样。你们现在就可以把今天发生的事情写成日记或作文，因为是你们亲身经历的，相信你们有话可写。"这让杨老师恍然大悟：不能一时被情绪冲昏了头脑，教师应该是课堂秩序的掌控者、管理者。我跟学生们说完之后又跟杨老师进行了交流。杨老师平复了心情走进教室，发现有一个女生哭了，原来是这位女生也想做实验，可是因为刚刚教室一团乱，不敢举手。于是杨老师和女生都鼓起勇气继续进行实验。由于杨老师只是语文老师，"非牛顿流体实验"这个新名词已经超出了杨老师目前知识的范围，而且女生的实验没有成功，这让杨老师有些困窘。在这个过程中，还有两个女生一直在冲洗衣服和头发上的鸡蛋液而没回教室，杨老师选择出去看看，把这个实验失败的原因抛给学生们再次交流。因为夏天炎热，学生身穿短袖，这两位女生因为衣服都冲洗湿了，不敢回教室。对于这种多重问题叠加的课堂突发事件杨老师是第一次遇到。但是这两位女生也不能一直待在教室外，于是杨老师把这两个女生调到第一排靠墙的位置，暂时用书挡住，然后给这两个女生借来校服外套让她们穿上了。整节课终于伴随下课铃声而落下帷幕。

五、鸡蛋实验后续

这节课之后，杨老师以日记的形式反思了鸡蛋实验课堂突发事件，经过冷静思考并查阅专业理论书籍等资料，找到了问题的原因和相关理论依据。原来课堂管理里面有很多智慧，包括规则管理、学生管理、教师管理，而学生管理又可划分为学生个体行为管理和学生群体行为管理，教师管理也可分为教学内容、方法等方面的管理以及情绪管理等。

（一）课堂规则管理

课堂规则是为了使教学规范有序而制定的，是规范学生课堂行为的具体行为准则，它不仅是对学生课上违规行为的约束，还是教师进行课堂管理的重要依据，体现了规则管理对课堂教学的重要性。根据坎特理论，教师负有管理课堂的责任，并且学生的正当行为实际上是一个选择问题，只要想做好，所有学生都能表现出正当行为。因此，要用课堂规则规范学生的行为。教师一开始就要建立并让学生了解行为规则以及遵守规则的积极后果和不遵守规则的消极后果，向学生明确而果断地提出期望和要求，准确地告诉学生，什么行为是可以接受的，什么行为是不能接受的。

由于教师在学生做实验之前没有说明并建立课堂规则，导致学生在上台做实验过程中，有学生随意说话和讨论、把手举得很高、站立甚至下位走动。在张同学跟大家说"手握鸡蛋是握不碎的，不信你们试试看"时，学生们议论纷纷，还没等老师同意，都举手站了起来，蜂拥到讲台前。杨老师这时已经有些控制不住课堂。坎特提出运用于课堂行为管理的三种反应方式：主动的反应方式、被动的反应方式和敌对的反应方式。教师尽量主动反应，不要等问题行为已经出现了才亡羊补牢。主动的反应方式是教师清楚、自信和不断的陈述，要让学生明确什么行为是可以接受的，什么行为是不能被接受的，学生达到或违反了教师的期望行为将受到怎样的对待和处理，并准备用行动给予支持。

再者，在学生演示实验前，教师也没有说明实验规则，也是同样道理。如在上述事件中提到两个女生握了鸡蛋都没握碎，到第三个女生那，她偏偏说她能握碎，于是鸡蛋在受力不均的情况下被捏碎了，鸡蛋液洒在了讲台上、地板上，也弄到了旁边同学的衣服上甚至头发上，场面已经不可控制，教室里一片喧闹。这就需要事前说明必须用手"握"，而不是一心想着怎样把鸡蛋"捏"碎。

（二）学生群体行为管理

库林理论强调一种涟漪效应，认为当教师纠正一名学生的不正当行为时，这种纠正常常会对周围学生甚至整个群体产生影响。当课堂出现不良行为时，教师可以通过实践涟漪效应以避免今后发生同样或类似的行为问题。教师应对有行为问题的学生做出明确的辨认,而且清楚他们哪些地方错了,应该怎么做,而不是对问题行为进行简单的惩罚。对于课堂中一开始出现的问题行为,教师没有及时制止或者不够严厉,导致出现随意说话或讨论甚至站立、下位走动的行为,这些行为已经严重扰乱了课堂秩序,影响了实验的继续进行,挑战了教师的权威。对于违反课堂纪律的第一个学生就应该提出警告或者惩戒。库林提出并强调三种重要行为:第一目击者行为,第二复合行为,第三群体焦点行为。其中,群体焦点行为是指教师用以维持自己的焦点在学生群体中,而非某一个学生个体身上的行为。因为在课堂中不止一两个学生在说话,是成片区此起彼伏。当实验进行到后续高潮部分时,两个女生握了鸡蛋都没握碎,到第三个女生那,她偏偏说她能握碎,于是鸡蛋在受力不均的情况下被“捏”碎了,鸡蛋液洒在了讲台上、地板上,也弄到了旁边同学的衣服上甚至头发上,场面已经不可控制,教室里一片喧闹。但是杨老师没有及时关注到课堂中心,只关注那几位捏碎鸡蛋、弄身上鸡蛋液的学生,这是不全面的,应该先安抚群体,让课堂安静下来。

(三)教师行为管理

教师是课堂的主导者,是教学的设计者、组织者和管理者,是学生行为规范的示范者,教师自身的管理对整个课堂走向有着示范引领作用。教师管理分为情绪管理、内容管理和方法管理。

库林理论同时强调移动管理的重要性,也就是说,教师必须关心课业流程,具备课业顺利过渡的能力,避免准备不足而匆匆进入一种活动,也要避免在一种活动或一个主题中耗费太多时间的行为,保持学生的最佳进度和转移,使学生专注于课业。学生也因忙于课业就不大可能出现行为问题。由于杨老师低估了这节实验课的难度,没有进行充分备课,在教学内容上完全放手安排学生主导课堂做实验,忽略了这是一节语文课而非科学课,做实验重要的还是落实到写作文上;直接让学生举手便可上来做实验,使得课堂过渡得不太顺利,完全没有想到第二个学生会准备两个实验,而且没有预先告知学生实验注意事项,甚至出现了课堂中断、课堂混乱等一系列问题,导致课堂突发事件。根据移动管理理论,教师课前一定要做好充分的准备,充分备课。教师要预设学生在课堂上可能会出现的各种情况，需要精心做好教学设计以保证各个教学环节之间顺利过渡。

在事情发生之后，教师最先需要的就是保持冷静。在面对捏碎鸡蛋的女生时，杨老师这个时候很生气，心里有些责怪那个捏碎鸡蛋的女生，斥责她："你不应该用手去捏，要想它碎很容易，实验规则是用手握。"可是已于事无补。所以，教师需要有良好的情绪管理能力。学生年龄小，但教师不能失态，先冷静下来，才能理性地处理。高尔顿理论认为，教师可以通过明确而友善的交流，减少或控制不良行为，因而教师必须放弃其作为权威人物的角色，应以友善自由的方式同学生讨论分歧，不宜以任何方式强迫学生，对于学生出现的不正当行为，教师应在不迷失的环境中同学生一起讨论。

高尔顿认为，教师出现问题时，常常通过"你信息"攻击学生，如"你很笨""你很懒"等，而采用这种方式来攻击学生，学生反而很难改变其行为。相反，改变学生行为的最好办法是通过"我信息"，如"作为教师，我对你的行为感到生气""我对你的行为感到失望"等。面对捏碎鸡蛋的学生，杨老师斥责她："你不应该用手去捏，要想它碎很容易，实验规则是用手握。"这就是一种"你信息"，使得师生之间产生一种对抗关系，并不能解决问题。所以，杨老师认识到于事无补，就采取另外的措施。教师要通过传达一种"我信息"告诉学生其对问题情景的感受及其对学生正当行为的要求。对学生的行为管理"我信息"比"你信息"更有效果。而"我信息"可以分为三个不同的部分：一是描述违反规则的行为，二是描述此种行为对老师的影响，三是描述这种行为是如何使教师感受到的。

（四）班会教育管理

格拉塞理论，也被称为现实疗法理论。该理论认为，人有两种基本需要即爱和被爱的需要、期望自己的价值得到自己和他人认可的需要。他认为认同的需要是学生行为的动力。这一理论也非常强调学生的责任。该理论还认为，课堂规则和学生行为的处理，应该通过一种特殊的过程——班会来建立。在班会过程中，教师是讨论的民主促进者，而不是权威的所有者，所有的决定都通过多数原则来确立，当规则需要调整或遇到特殊情况时，需要通过新的班会讨论来修订。幸好我及时赶来救场，化解了课堂尴尬混乱的局面。我拿来了酒精在教室里喷了一圈，然后给学生们开了一个小班会进行教育。我说："这是你们成长过程中的一种难得的经历,我相信今天的事情会让你们印象深刻。每个同学的感受肯定是不一样的,包括做实验、看实验、实验失败或者成功你们的心情也不一样。你们现在就可以把今天发生的事情写成日记或作文,因为是你们亲身经历的,相信你们有话可写。”然后我又对学生们说,做实验就是会存在一些事故,吃一堑长一智,以安抚他们的情绪。这让杨老师恍然大悟:不能一时被情绪冲昏头脑,教师应该是课堂秩序的掌控者、管理者。我跟学生们说完之后又跟杨老师进行了交流,告诉她协调班主任来解决问题未尝不是一种有效的方法。格拉塞理论还提出了现实疗法的基本程序:一是联系学生,二是对待学生面临的行为问题,三是形成判断,四是制订计划,五是做出承诺,六是不接受借口,七是承担自然后果。在这一过程中,要表明教师只是处理学生的行为,而不是学生本人,还要表明行为改变的责任应该由学生自己负责,而不是由教师负责。

小学新任教师教学适应与成长历程

岳老师是一名新入职的在编教师,她从小就树立了当教师的梦想,在高考填志愿时,毅然决然地选择了师范大学。上大学期间,岳老师非常努力,经常和同学结伴去教室练习黑板字,在教室或者宿舍练习片段试讲,分享有趣的专业书目或电影。毕业后,岳老师以全县第五名的优异成绩考上了在编教师,这也算是对过去的努力最好的回馈。入职后的岳老师也是充满了干劲,但是作为新任教师入职后会面临哪些困境、哪些困难,最终又该如何去解决困难,是岳老师所要面对的问题。

开学前,岳老师收到通知,即将带领的班级是五(5)班。想着这是自己教学生涯中带领的第一个班级,岳老师难掩兴奋之情。但随后在与同事的交流中,她发现自己的班级并不简单。原来学校在考虑师资足够的情况下,从 4 个班级中抽取 31 个转班生和 9 个转校生组成了新的班级——五(5)班。然后按新任教师的综合考试成绩，让排名第一的岳老师扛起五（5）班这面特殊的旗帜。得知这个消息，岳老师对第二天的开学感到一丝紧张。本次新任教师的建班工作由校长负责，但是校长已经忙得不可开交，便没有特别交代岳老师该准备些什么。当晚岳老师在群里收到有关开学的各项任务通知，便开始了忙碌，关于分配班级的事情也就无暇与校长再商量了。即使是面对普通的班级，新任老师都难免焦虑，何况是这样一个特殊的班级！岳老师心中盘旋着对未知的焦虑。

第二周，这个班级的问题很快就显现了，不仅班级卫生做不好，学生在课间操的小动作也被学校在群里多次点名批评。岳老师也常因工作未达标而被批评。在开学后前两周，岳老师深刻地体会到了特殊的班级、特殊的学生、班主任角色、烦冗的工作共同施加在她这个新人身上的压力，这也是多数刚踏上岗位的新任班主任艰难的生存状态。

开学后的两周，岳老师对自己执教的课不满意，她想是时候改变一下现状了。下一节课要上《桂花雨》，文章文质兼美、情感真挚，她决心好好上一次，上出自己的水平来。岳老师参考了一份网上的教案，第二天进入了这个部分的教学：

师：这里的桂花再香，也比不上家乡院子里的桂花，母亲说这句话的心情和状态是怎样的呢？

生（全体）：怀念、激动、眼含热泪……

师：谁来读读看？

……

师：老师没有体会到母亲思乡的心情，谁再来试试看？（两位学生主动起身朗读……）

师：你们读得还是太平淡了。现在我们全班同学一起试试，将母亲对家乡的思念送进句子中再读读看。

……

师：好了，读完了这个句子，我们能不能联系生活展开想象的翅膀，用“这里的……再好，也比不上……”这个句式说说看？

生 A：这里的食物再好，也比不上妈妈随手煮的家常菜。

生 B：酒店的床再舒服，也比不上家里的小床。

师：可以，说得不错！

生 C：这里的 Wi-Fi 再强也比不上我家里的好！（学生 C 得意的回答引来哄堂大笑）

师：你这样回答是错误的！怎么能这么回答呢？你是在捣蛋吗？这样不行！还有别的同学想说吗？（学生纷纷安静，无人回应）

师：从刚刚的朗读中你们是否感受到伤感呢？

生 D：没有……

师：谁说没有？请站起来！你有自己的想法很好，但是不要影响别人。现在谁还有和她不同的想法呢？（学生 D 缓缓起立后又坐下，一声不吭）

生 E：感动……

师：我不要这么简单的回答，我们刚才不是都学过了吗？怎么又忘了！

（全班再次陷入沉默之中）

后续的课堂，岳老师再也无法和学生进行深入的互动，课堂已被沉默裹挟难以再活跃起来，每一个问题都需要岳老师反复提问才有学生发言。开学的一段时间里，岳老师表示对与学生的沟通正在失去信心。此时的岳老师通过查阅资料学习了《全日制义务教育语文课程标准》，课程标准倡导自主、合作、探究的学习方式，要求努力建设开放而有活力的语文课堂。近年来学习共同体在小学教学中被广泛使用，学校也紧追改革的浪潮，以此为核心展开课堂教学改革，使学生课堂学习模式发生变化。学校对五年段的小组协同学习的要求是：每堂课上，小组之间必须做到尊重同伴，耐心倾听，不打断，小组轮流发言。将同伴发言中认可的信息提取出来，记录关键词。在小组交流的基础上完善自己的看法，教师引导学生清晰、完整、有条理地表达。

对岳老师而言，这种学习方式让课堂热闹了起来，调动了一些内向学生的积极性，但是也出现了一些问题。优秀或表达欲强的学生往往把持着小组讨论的方向；内敛或成绩稍靠后的学生在讨论中则非常被动，他们没能得到足够的尊重是最大的问题。这样的“不平等”让学习共同体变了味道。想到这里，岳老师觉得自己平时最经常说的那句话“请会的同学教一下不会的同学”充满了无力感。在之后的教学中，班上小刘同学在组里仍然是沉默中的一分子。在岳老师去听其他老师的课时，组员间“打架”或“互不搭理”的现象也时有发生。

关于学习共同体应该怎么做呢？虽然不断安慰自己慢慢来，但是这个悬而未决的问题总会不经意地爬上岳老师的心头。

开学一个月后，新任教师也迎来了第一次公开课考核的日子，考核团为五六年级所有教师，主要目的是检查新任教师的授课质量，入职以来取得哪些进步或存在哪些不足。然而在岳老师职业生涯的第一堂公开课上，岳老师平时的教学问题也都展露无遗。来听课的一共有七位老师，岳老师讲的是五年级的《冀中的地道战》。课后，岳老师回到办公室参加关于自己这堂课的“围炉评课”，这是岳老师第一次将自己完全暴露在老师们面前，但今天的课堂似乎比以往的任何一堂课更失控，岳老师感到十分羞愧。

有老师发问：“你之前的生字教学也像今天花这么长时间吗？你有了解过五年级的学情吗？”岳老师一时语塞。“你的学生已经是高段了，你识字教学花的时间太长了，我计时你在这个环节一共讲了 14 分钟，其中有一个生字‘陷’，学生念错了，你没有及时纠正，既然教，你就要把它教好。生字教学用时三到四分钟即可，或者随文识字。其次，本单元是策略单元，我觉得你班上的学生对于阅读方法的掌握还是不错的，也看得出你有意识将策略融进课文里。你对学生提出‘梳理主要内容’的问题后，让他们以小组进行讨论，你在发言环节却对学生说‘谁来分享一下概括’，于是教学重点就突然变成了概括段意而不是梳理内容。而且，关于段落的概括，学生们在四年级的时候已经学过了，你这样浪费了很多时间……最后，你的教学常规没有抓好，因此上课的效果大打折扣。今天课堂上学生们有些亢奋，可能是他们以前的班主任都在下面看着他们的原因，学生们急于表现。如果是我的课堂，我会要求学生听从我的指示，学生如果不服从就是不尊重我，一开学就要确立好这样的一些基本原则。”

殷老师：“学生没有回答出老师想要的答案，老师显得很着急，宁愿花很长时间也要把答案从学生嘴里挖出来。”

张老师：“这样课堂会被学生拖着走，陷入混乱。老师的引导很重要，你要明确说明自己想要什么。”

王老师：“你的教学目标定位不准确，本单元是阅读策略单元，重点是让学生在没预习的前提下带着问题进行阅读，但这篇文章你已经提前让学生预习过了，你如何测试他们的阅读速度呢？这说明你对语文要素落实不到位。”

评课结束后，岳老师有了入职以来最大的收获，但也受到了最大的打击。公开课后的一整天，岳老师都陷于颓靡之中。她认为自己尽管考上了教师，这次讲课的经历让她觉得自己一无是处。

讲课已经过去了一周，但岳老师始终无法开心起来，失败的羞耻感在她心口徘徊，如梦魇一般挥之不去。极度的焦虑让岳老师夜不能寐，也让她闪过多次退却的念头，除了当教师还能从事什么职业？这段时期是岳老师最迷茫的时期，也是身心最疲惫的时期。我注意到了岳老师的颓靡。在一个周末的晚上，我给岳老师发去这样一条消息，"我们都需要接受这样一个事实：我们不是总会做出正确的决定，有时候也会搞砸，要明白失败并不是成功的对立面，它是成功的一部分。你是个很有悟性的姑娘，有问题可以来问我，相信你的未来可期，会一天比一天多进步一点的，加油哟！"

在看到信息的那一刻，岳老师泪眼婆娑，边抹眼泪边自我叩问："到底哪里出问题了？别的新任教师也是这样的吗？可我就不信这个邪，怎么说我也是本县第五名考进来的，今年学校入职的新任教师当中我是第一名，所以不可能是我差劲，我一定能够找到正确的语文教学方向！"岳老师拼命地让自己相信这个事实。想到这里，她从床上蹿到桌前，翻开《冀中的地道战》的导学案和课件以及老师们的评语，拿出红笔开始逐条进行分析，思路随着逐渐回归的理性明朗开来，她打开电脑写下对这堂课的反思：

我从阅读策略单元的第一课就跑偏了，这个单元的课文和以往的精读课文不同，学生不需要预习，正如老师们所说，学生都提前预习了还怎么去检测他们的阅读速度是否有提升呢？《冀中的地道战》作为本单元的最后一篇文章，应该让学生运用之前的学习方法，带着问题阅读，记录阅读时间，检测阅读效果。而且，每篇课文的每一堂课都有自己的使命，而好的教师是使命必达。扪心自问，我从未思考过这个问题，这段时间我一直想着如何不输得太难看，没想过怎么做才能把课上成功而去扫清自己所遇到的教学困惑。

关于这节公开课，岳老师还考虑到课堂效率的问题，她说："记得前两周听了一节李老师的课，在生字环节，她是通过做测试题让学生掌握生字的，针对测试的情况有的放矢地进行教学，这样省时且更有针对性。我当时还觉得这个方法非常好，后来不知为什么听完课就忘记了。"对于学生的问题，岳老师也进行了一次自我对话:“我发现我们班的学生也是可以很积极、踊跃的,这节课虽然很糟糕,但看到他们一个个站起来回答问题并努力争辩的样子让我很吃惊。当然,我没有这么大的魅力,这得归功于台下曾带过他们的班主任。我一直以为他们是雷打不动的墙,我可能很难走进他们的心里。通过这节课,我心里倒是很想挑战一下这群小魔王,今天发现他们很投入……”

自从上次写下教学反思后,岳老师一直将“从学生入手”这五个字牢牢记在心里,而师生关系是师与生的相互关系,情感和需求都是双向的。那么如何与学生破冰呢?岳老师酝酿了一个周末,于是她决定改变今后课堂的开场方式,以调动学生学习热情为主而不是以抽查作业和批评开场。课下也是个增进感情的好时机,她看见有画漫画的学生便凑上去夸赞几句,看见男生在玩游戏便抱着书从旁边绕过去,调侃着说自己在孩提时代很多男生也玩这种类似的游戏。岳老师放低姿态来与学生交流,采用师生之间平等对话的方式。这样有助于学生大胆地说出自己的想法,帮助教师了解学生的思想动态。由此,教师也能比较有针对性地帮助有困难的学生。

学校倡导的学习共同体,即“学共课堂”,对于两个月前的岳老师来说还是一个深奥且排斥的概念。张老师的一堂课让她有所改观,原来学习共同体对于学生来说,不仅是学习上的互利共赢,还是情感上的互相支持,这正是“教师导学案”要传递的核心。基于此,岳老师利用奖励的方式根据班级的实际情况制订了一份“小组协同学习”方案。四人一个小组,有一个小组长和一个记录员,两周轮换一次,组长的任务是监督和鼓励所有人在交流中都要进行发言,不能重复别人的观点。记录员则简单记录和总结小组的观点并提醒大家对观点进行整合。在汇报时大家轮流进行分享与补充,不放过任何一个回答不出来的学生,实在回答不了就给他们第二次机会或者让他们回答简单一点的问题,让他们胆子都大起来。这样做可以减少一些滥竽充数或一言堂的做法,学习共同体的效果相对好一些。

经历了两个月的磨合,五(5)班已经是一个初具凝聚力的班集体,但是和其他班的学生相比,岳老师感觉自己班上的大部分学生缺少学习的那一股冲劲,总是不紧不慢、不慌不忙的。如她所言,课堂的氛围偏向于“佛系”。怎么办呢?岳老师找来了一些关于教育的书籍以寻求帮助。《教师成长妙招》给了岳老师很大的灵感，书中的一句话给她留下了非常深刻的印象，“如果你要使学生改掉不好的习惯，表扬他远比你批评他来得有用”。经过几天的构思，她终于想出了一个办法：制作了一个积分榜，在班级实行学生“表扬加星制度”，凡是得到表扬、作业工整以及上课积极发言的学生均有机会得到老师积分。

“表扬加星制度”一亮相，其兑奖方式让学生们觉得新鲜刺激，前 15 名的学生给予奖励，其余的学生则进行“抽盲盒”活动，这些学生可能获得免作业或加作业、免做卫生或加做一次卫生，以及赠送或上交一本练习题的奖励或惩罚。谁也不想落得“抽盲盒”如此“刺激”的命运。于是两周下来，学生们保持得很不错，因违反纪律被扣分的学生比较少，课堂学习加分增多，更可贵的是，学生们身上有了一种向上的动力。在“表扬加星制度”实行了一段时间后，课堂上有了更多良性的“火药味儿”，组与组之间常常为一个问题讨论得热火朝天，谁也不甘人后，每天也都能听到岳老师表扬学生的声音“我要表扬小李同学，他已经做好了课前准备！”“我要表扬小张同学，这节课他表现得非常好，这么久以来，这次回答问题最自信、最大胆！”“我要表扬……”特别是对于潜能生，岳老师表扬的力度更大了，只要他们做得好，会当着全班的面给他们加分。更让她惊喜的是，之前最令她头疼的、平时在班上既不打扰人也不听课、作业敷衍了事的小贾同学，在短短的一周内居然挣了 10 颗星，而且提交上来的作业字迹工整了很多。奖惩机制的有效运用，也使得这个班集体变得更加有活力、有朝气，这也是学生通往进步的“金钥匙”之一。

时间进入 12 月，岳老师迎来了最喜欢的一个单元——舐犊之情，流淌在血液里的爱和温暖。其中课文《慈母情深》选自著名作家梁晓声先生的亲情小说《母亲》，描述了作者怀着一颗感恩的心摄取了少年时期生活的一个镜头，母亲不顾同事劝阻，毫不犹豫地给钱让“我”买《青年近卫军》的事。每次读完，岳老师都被这种母爱的温暖深深感动，她期待着带着这篇好文章与学生在课上的见面。可是课堂效果却令她感到意外。上课的那天，学生的表现和岳老师所预期的背道而驰。虽然大部分学生都被这篇文章深深感动，但有趣的现象是不少学生认为这是别人的母亲，自己的母亲可不是这样的。

课后岳老师给学生安排了一个小作文，让学生写出“从小到大父母做过的让你最感动的一件事”。大部分学生都能写出自己关于父母爱自己的具体事例，但也有不少学生写不出来,甚至有些抱怨自己的爸爸妈妈。这样的情况让岳老师感到很意外,这些养尊处优的学生们心里是这么想的!

于是,岳老师决定将两天后的社团活动定为"感恩"主题,得让学生们真正心怀感恩才行。于是,她产生了一个特别的想法,那就是当一回"爱的邮差"。岳老师提前在家长群里动员家长们写下对孩子的心里话并私发给她,家长们的响应很快,没有一位家长在应付了事,他们的一字一句都充满了对孩子的赞扬、期望和愧疚之情。岳老师认真读完每一位家长的私信不禁泪眼蒙眬,更加意识到了亲子沟通的重要性,身为班主任她有义务成为他们沟通的桥梁。岳老师推迟了课程的进度,打算利用这节课当一回学生与父母之间的情感调解员。

岳老师:"老师这回当了一次邮差,要送给你们一份惊喜,你们想知道吗?"

生(全体):"想!老师快给我们看看是啥!"底下的学生们有些按捺不住了,岳老师随机打开40多页的PPT,上面贴着家长在群里的聊天截图,为了让学生们看得更清楚,又在每张截图下方重新打了一遍父母对孩子的寄语。随着岳老师不断下滑PPT,底下的学生们纷纷发出骄傲的惊叹,这儿喊道:"我看到我妈的名字了!"那儿又发出更大声的自豪:"这一定是我爸写的!"紧接着岳老师逐个念出父母的寄语:"小轩,你是个聪明、有思想、性格倔强、有责任心,身材干瘦的孩子,这让妈妈对你感到既欣慰又心疼。你会在爸爸妈妈出差时照顾好弟弟妹妹。因为你的乖巧和担当,有时让爸爸妈妈忘记了你也只是一个小朋友。宝贝,对不起!妈妈今天鼓起勇气向你道歉,如果我们以后还会忘记对你来说重要的事情,你若察觉到了,一定要提醒爸爸妈妈。因为有时候要照顾弟弟妹妹,实在无暇顾及你。我们也很自责,自责错过你的很多细节。但是妈妈知道善良如你。还记得有次上学时,你在小区门口遇到一个走路困难的老大爷,你顶着上学快迟到了的担心,耐心地扶着他进小区的长椅上休息。贴心如你。在爸爸生病的时候,你回到家第一件事就是问爸爸有没有按时吃药。这一切妈妈都看在眼里记在心里,真谢谢你这么懂事!此外,我们希望你能管理好自己的时间,做事不磨蹭,提高学习效率。也不要惧怕困难,做坚强的自己!也不要挑食,把自己养得胖胖的。爸爸妈妈很爱你,还有弟弟妹妹也是。我们没有偏心,请不要怀疑哟!"岳老师念完,全班寂静了,大半学生都湿了眼眶,所有人都感动不已,有的甚至抽噎了,大家一语不发,只是冲着小轩同学用力鼓掌。

岳老师念完了所有父母的留言，这是开学以来第一次下课铃声响起却没有一个学生如往常一样冲出教室，所有人都在座位上沉默着，若有所思的样子……过了许久才见有人离开座位，有的则聚在一起讨论父母……这堂课的效果和岳老师期望的效果一样。隔天，终于迎来了期待已久的社团课，不同于以往，学生们的小脸上满是专注。岳老师一次又一次地用手机镜头捕捉那因专注、放慢呼吸而微微涨红的小脸，连那轻微颤动的睫毛她都觉得格外美丽！她为学生如此有心给父母准备礼物而感到欣喜，更让她意外的是，第二天有一位家长和岳老师私聊，说孩子回家后做的第一件事情便是拥抱她，并送给她礼物。还有的学生在妈妈的鼓励下给爸爸拨打电话，一句“爸爸，我想您了，我有礼物要送给您”使得在外地工作的爸爸第二天就飞奔回家，一家人开心地度过了周末……这样的美好并不是故事的结尾，岳老师相信，有一粒爱的种子已经在学生的心中慢慢发芽，它不仅更深切地汲取到父母的爱，而且也感受到如何茁壮成长。

岳老师作为新任教师通过自己的努力最终度过了教学适应期，实现了自我成长和发展。教师专业发展是教育法律法规赋予教师的一种基本权利，同时也是一种应当自觉履行的义务。教师专业发展是一种连续、自主、丰富的发展，是教师个人价值的一种自我追求。此外，在教师专业化发展过程中，新任教师作为这么一个特殊群体，在初出茅庐度过教学适应期的过程中，如何借鉴岳老师的发展经验，也是每个新任教师值得思考的问题。

潜能生的成功之路

——根据电影《地球上的星星》改编

在中国，我们都知道，所有人都有一个共同的敌人，那就是“别人家的孩子”。别人家的孩子，永远是学习好、运动好、长得好，花见花开，人见人爱……

自己站在他的身边,永远是个自惭形秽的丑小鸭。而对于 8 岁的小周来说,更悲催的是,这个“别人家的孩子”还不在别人家,而就是自己的亲姐姐。姐弟放学回家,姐姐每次汇报的都是所有功课一百分,羽毛球打入了决赛,需要好好准备……而自己永远是悄悄藏起分数可怜的卷子,然后躲到房间里乱涂乱画,唯恐爸爸妈妈问起今天作业是否完成以及在学校里有没有被老师批评。

8 岁的小周出生在一个普通的家庭,家里有个成绩非常优异的姐姐、疼爱自己的妈妈、强势并好面子的爸爸。因为姐姐成绩名列前茅,所以小周的爸爸妈妈对他的要求很简单,在学校认真学习,不调皮捣蛋。这样简单的要求对于小周来说却并不是一件容易完成的事情,因为他和正常的学生并不一样,他喜欢观察,头脑中充满了许多奇异的想法。然而他上课时总是走神,考试永远不及格,为此,他每天都承受着同学们的嘲笑、老师的批评以及被惩罚的恐惧,甚至包括他的父母都认为他无可救药。在家长及师生的眼中,他就是差生的代名词。可小周并不是一无是处,除了不堪的学习成绩,小周的世界是丰富多彩的,世界在他眼中像一个万花筒,充满无穷的惊喜和绚丽的色彩,他有异于常人的画画天赋。小周就读于我校小学三年级,由于存在阅读障碍,学习成绩并不好。放学回家,看到一群比他大一些的小伙伴在玩球,他则是在一旁逗狗。忽地,球掉落到了小周的身边,他好心地想将球还回去,但是,一不小心将球扔得更远了。一旁的大朋友们呵斥着他,让他把球捡回来。小周不愿意,于是便遭受了一顿打。更可气的是,他被恶人先告状了,回家还被爸爸大骂了一顿。

在一次英语课上,老师让小周朗读一段课本内容。由于他有阅读障碍,并不能把句子读出来,于是便乱说一通,惹得全班哄堂大笑。老师气得面红耳赤,大声训斥小周,并让他到教室门口罚站。罚站这样的处罚对于小周来说已经是家常便饭了,路过的学生看到小周都不停地嘲笑他:“怎么又是你?”“天天都能看到你!”面对周围人的嘲笑,他开始对上学失去兴趣。小小少年总是很憧憬外面的世界,所以小周借着罚站的时机,偷偷逃课了。在一次上学的路上,小周又逃课了,他想远离这个充满嘲笑的学校,到更丰富多彩的街道上去。他看着形形色色的路人,心中充满了新奇。在外面,他看到了各种各样的新奇事物。到放学的时候,他心满意足地回了家。虽然只有 8 岁,但他丝毫不畏惧外面这陌生的环境,似乎陌生的环境让他感觉更舒服,更适合他。那里的世界充满了色彩,他想把这一切都刻画到自己的脑子里。有了第一次、第二次,就会有第三次。由于逃课让他尝到了甜头,他又求着姐姐帮他写了一张病假条。在提交了病假条之后,他这次跑到了更远的地方,看街头小吃店老板卖五彩缤纷的棉花糖,看雨后的彩虹。在度过这样美好的一天后,小周的爸爸发现了他偷偷写的病假条。爸爸一怒之下把他送到了另外一所小学,想让别的老师好好管教管教他。小周眼看着爸爸开着车离开了自己,泪流不止。从此以后,他一言不发。对于新的学校没有一点兴趣,因为这里一样是一所"唯分数论"的学校。小周很快就被这里的老师和学生嘲笑,除了罚站还有罚跪。似乎所有人都在鄙视他,每天醒来和睡着也都是嘲笑声。他在这里没有朋友没有家人,心如死灰,每天除了在课堂上发呆就是找一处安静的地方沉思,一待就是很久。父母和姐姐虽然每周都来看望他,也买了很多礼物,但小周对这一切都没有任何感情起伏,甚至对他最爱的画画也失去了兴趣,再也没有拿起过画笔。他眼中的世界是五彩斑斓的,是如此的绚丽多彩。他可以充满好奇地盯着小鸟哺乳、鱼儿游泳,甚至在他眼中做数学题都是拯救太空的游戏。然而他又有天生的读写障碍,他不能像其他同龄的小伙伴一样正常地理解句子的意思和判别方向,甚至连扣纽扣都是一种困难。在别人眼中,包括他的父母,他都是一个只会惹麻烦的小孩,笨拙、奇怪。直到他的父母忍受不了他,将他送到另一所学校。这里的一切似乎更加糟糕,没有认识的伙伴,老师照样嫌弃他,严酷的规则将这个原本充满生气的孩子一点点地拖入地狱。永远鲜红的作业本、永远的罚站,一切的一切都使这个孤独的小孩走向崩溃。他觉得自己被家人给抛弃了,他开始厌学了——毁坏文具,将书本扔进垃圾箱,扔掉书包。他认为书本永远是他的敌人,并逐渐地封闭自己。无数的呐喊在这个孩子心中咆哮,却没有发泄的出口,甚至连一直关心他的母亲都从未了解过他,而他的父亲也只为有这么个孩子而感到耻辱。

幸运的是,上天并没有放弃这个孩子。学校新转来一位姓杨的美术教师,这位教师是一个不循规蹈矩的优秀美术教师,出场非常惊艳!戴着帽子,穿着斗篷,吹着笛子,活像一个小丑,跟学生们一起唱歌跳舞,一下子拉近了跟学生们的距离。他的出现,让这个如一潭死水、严厉管制的学校荡起了层层涟漪。只有小周对其的出现无动于衷。

杨老师发现了小周的特别,发现了他的孤单、他的自闭。美术课上,当杨老师看到小周面前一直是一张白纸的时候，他没有批评他，只是轻声地告诉他："没关系，慢慢画。"当他看到小周一直低头发呆时，他也只是关心地问："怎么了，孩子？不喜欢画画？"老师的眼里没有责备，只有一种深深的关爱和担心。在后来的教学过程中，杨老师经常看到小周被罚站甚至罚跪，看到这一幕幕场景，杨老师内心被深深触动。他敏锐地觉察到了他的绝望，那空洞麻木的眼神狠狠地刺痛了他的心，让他仿佛看到了从前的自己。他开始关注这位学生。杨老师开始调查小周的情况，先是询问老师们的意见，再去翻看他的作业与试卷。虽然作业与试卷都无一例外地是"×"与零分，但杨老师仔细研究，发现他并不是不会写或者偷懒不想背诵，他只是对字母与数字的认识与常人不同。小周对方向的认知也是相反的，就好比会把两个相近的字母混淆。比如说"b"和"p"以及"6"和"9"等类似的字母与数字。小周能记下所有的字母，但是很难区别这些相似的字母，经常把它们弄反。这样的问题，从一年级到三年级没有一个老师耐心地去发现，以及帮助小周纠正。所有的老师甚至家长也只是发火与处罚，从来没有深思熟虑过小周为什么会出现这样的情况，要怎么去改掉这样的错误。

当杨老师发现小周有这样的阅读障碍后，就立马赶到了小周的家中。他翻阅着小周的画稿和使他受到责罚的作业本、考试卷，渐渐地，心里有盏灯开始变得明亮，那颗落在凡世的小星星的光芒刺痛了他的眼睛。终于弄清了小周的问题：这是一个患有阅读障碍的孩子。杨老师看着小周的动画册，小周在画一家人的时候，开始是一家四口紧紧地靠在一起，但是，画中的一个小孩子离那三口人越来越远，直到淡出他的画册。大家看到这儿，是一种什么样的感受？为什么小周的父母在孩子身边时一直都只是把这看作一幅幅画，而没有想到这里边有孩子内心的独白？杨老师被小周的作品感动了，这是个绘画天才啊！杨老师问小周的父母："为什么要把孩子送走？"小周的爸爸是这样说的："我们别无选择，一点好转的迹象都没有。我大女儿门门功课第一，可是他呢？是他的态度问题，他对待学习和所有事情的态度。他经常调皮捣蛋，不能与别人相处，不听话。"杨老师打断了他的话："我想知道原因，可你说的这些都是表现。""你有没有注意到他犯错的模式？他把字母写成反向，同一个词在一夜之中有不同的拼写，相似的字就会混淆……所以，这些并不是普通的错误，他是一个有阅读障碍的孩子。”杨老师认为，小周的成绩不好绝不是学习态度的问题，而是思维的问题。因为他把字母看成是跳舞的，却对色彩有着很强的敏感性和丰富的想象力，他是一个有着严重阅读障碍的孩子，但也是个天赋很高的孩子。杨老师是一位具有敏锐洞察力的老师，他真正读懂了孩子，发现了小周的独特性和特长。

在跟家长进行沟通中，杨老师发现孩子的家长只是把自己的期望与抱负捆绑在孩子身上，不管孩子能不能承受得住。小周的爸爸一味地认为孩子就应该好好学习，否则以后就会没有出路，对于孩子为什么会成绩倒数，从来没有深究过原因，对于孩子的管教也只是打骂，更不知孩子有绘画方面的天赋。小周父亲在跟杨老师的一番谈话之后，甚至觉得老师威胁到了他的权威，不想跟杨老师继续交流下去。小周父亲的第一反应是：儿子有天生缺陷，不可能在升学这个残酷的竞争中胜出，如果成绩上很难有所提高，纵使在绘画方面有丰富的想象力，也很难在社会上生存，更不会成功。因为“唯分数论”的社会让这样一个有天赋的孩子的光芒消亡殆尽。杨老师想把这个孩子拯救回来。于是杨老师先让学生家长朗读一段很深奥的文字，家长读不出来，大声道：“我不认识这些字，怎么读？”杨老师便训斥道：“你这个笨蛋！这么简单的文字你都不认识！你已经无可救药了！”当家长被气得语无伦次时，杨老师说道：“这就是小周每天所经历的。”杨老师向小周父亲描述了一个寓言故事：“在所罗门群岛，原住民要砍伐树木的时候，他们不会直接把树砍倒，他们只会聚集在树木周围，大声咒骂，咒骂那棵树。过了几天，那棵树就会枯死了，它自己会孤独地死掉。”家长幡然醒悟，眼中闪着泪光。

杨老师家访之后，与校长进行了一番长谈。当杨老师将小周有阅读障碍这个信息告诉校长时，校长想到的竟然是：终于有了一个正当理由告知孩子父亲，以便赶走这个学生，送他去特殊教育学校。当杨老师恳求校长留下这个学生，让我们所有人给这个特殊学生应有的关怀与耐心时，校长抱怨道：“一个教室有 40 多个学生，老师怎么可能有时间细致照顾到每一个人？”当杨老师主动提出，自己愿意每周花一定时间帮助这个学生提高他的读写能力时，校长若有所思地说：“但愿不会因听了你这个老师的建议，而毁了学校与我的声誉。”杨老师告诉校长：“我们中间一直都有那样的人，他们可以用不同的思维看世界，因为他们眼中的世界是另外一个样子，他们的想法与常人的不一样，而且并不是所有的人都能理解他们,他们被反对,但是他们中间出现了最后的赢家,于是惊艳了世界。并不是每个孩子都是一样的,他们的身心发展阶段有着很大的差异,我们不能一视同仁。对于学习上有障碍的孩子,更多的不应该是谩骂和惩罚,而是耐心与关爱。”对于杨老师的一番讲话,校长并没有为之感动或者给予支持。

于是杨老师便根据自己的教学经验对小周进行教化。在一节美术课上,他给学生们讲了这样一个故事:“从前有个小男孩,他不会读,不会写,尽管他已经很努力了,他还是记不住 x 是在 y 之前。字母是他的敌人,在他眼前跳舞,使他痛苦又烦恼,学习使他厌倦,可是没有人来分担他的忧愁。他的小脑袋瓜里充满了幻想,连字母表都在跳迪斯科,大家都取笑他,但是他仍然很坚强。突然有一天,他一举成名,当他的理论被广为传播时,全世界都震惊了。你们知道他是谁吗?”故事讲到这儿,小周瞪大了眼睛不敢抬头,觉得杨老师是在说他。但随后杨老师拿出了一个人的照片,学生们大声喊道:“阿尔伯特•爱因斯坦。”杨老师接着说:“对了,爱因斯坦,一个伟大的科学家,因‘相对论’震惊世界,他因此获得了 1921 年的诺贝尔奖。”这时的小周以从来没有过的惊奇的眼神紧紧地盯着杨老师的一言一行。杨老师拿出一个飞行器的草图继续说道:“这是著名艺术家达·芬奇在 1483 年写的札记中的一张飞行器草图,在草图旁边,非常明确地阐述了直升机的升空原理,因此他被许多人看作第一位设计直升机的人。其实,达·芬奇在读和写方面也有很大的困难,他有时候这样写字。”杨老师在黑板上写了一句英文,学生们都看不懂,但当杨老师拿来一面镜子放在那句英文旁边时,学生们发现原来这句话的字母全都是反的,通过镜子可以读懂。接下来,杨老师让小周去开一下电灯,他怯怯地低着头去把电灯打开了。这时,杨老师问:“是谁发明了电灯?”小周马上回答:“托马斯·阿尔瓦·爱迪生。”杨老师大声地赞扬他:“完全正确。可是他也背不出字母表。”他让小周回到座位上,继续说:“为什么我要给你们讲这些?因为我想告诉大家,在我们周围有很多用独特的眼光看待世界的人,他们是少数派,但他们为这个社会的改变做出了巨大的贡献。他们的思维很独特,常常让人难以理解,他们的成绩却也常常令大家震惊不已。”接着,杨老师又举了很多名人的例子。在杨老师的叙述过程中,小周露出了久违的笑容,整个课堂呈现出愉快的氛围。这是一堂充满智慧的美术课,它让小周明白了很多东西,给他带来了前所未有的勇气和信心。

从此以后,杨老师对小周展开了特殊的教育方式,根据小周喜欢画画的特点,在美术中进行教学。紧接着杨老师用沙土、绘画、橡皮泥、电脑游戏等新奇方式与教育结合,让小周的读写能力有了十足的进步。一段时间后,小周的成绩突飞猛进,家长和学校都震惊了。

杨老师并没有在此停住步伐,而是添了一把火。杨老师想让小周展现自己的画画天赋,于是组织了一场美术比赛,让全校的大人与小孩都参与进来。小周如约地赶到了赛场,临时画了一幅画,画的内容是他站在这个大自然的怀抱中,身边的一切都是那么美好,仿佛一切又回到了从前的模样。而杨老师也画了一幅画,画中是小周的笑脸。杨老师与小周看着彼此的画,默默地流下了眼泪。不出意外,小周获得了这次比赛的第一名,从此声名大噪,一改之前所有人的嘲笑。小周也逐渐开朗起来,各门功课都名列前茅,与同学相处得也十分融洽。杨老师用豁达、阳光的心胸和睿智、热情的眼睛发现了他,使一颗孤寂无依的心找到了依靠,重新找回了自我。

我国学校教育应该从关注学生健康成长、因材施教和提高教师专业素质上进行一系列调整和变革,改变现在过于强调成功和竞争、对学生教育方式简单粗暴、把成绩作为评价学生的唯一标准的状况,让学生们从令人窒息的、压抑的考试模式中解脱出来,能够自由享受阳光,在太阳下快乐地奔跑,成为独特的闪耀的星星。

班主任德育之“直面”沟通

受疫情的影响,学校不得不推迟开学,采用了线上教学的方式。近些年线上教学已经取得了一定的发展,但目前对于大多数师生而言,仍然是一种全新的教育教学方式,不管是学生还是教师,都对此缺乏经验。作为一名班主任教师,除了完成与自己学科相关的教学任务外,还要完成相应的线上管理工作。线上学习中,大部分学生都能够按时参与课堂学习,也能够按时完成作业并提交。但也有少数学生总是会出现在统计的作业未交名单中,线上课堂学习也常常迟到甚至不参加。有个女生的情况尤为严重,平时在学校表现良好的她,在线上学习一段时间后,出现经常未能按时提交作业的情况。虽然在发现这种情况后,我第一时间与她进行了沟通,但随着时间的推移,她的情况并没有好转,甚至每门课的作业她都未能按时完成,也常常不按时上课。在进一步与她沟通中,发现她的态度非常消极,对于学习缺乏动力甚至存在自我放弃的想法。

该生一开始就有一两门课没有按时上课,部分作业也不能按时完成。在了解到这样的状况后,我第一时间联系她以了解情况。在通过即时聊天工具跟她联系后,她给的回复是她不小心睡过了,之后会把作业补上。我觉得她这样的回答也可以理解,于是督促她抓紧时间及时补齐作业,她也爽快地答应了。接下来的几天里,她的表现也可以说基本达到要求。但没过多久,她又出现了类似的问题,当我再次联系她时,她已经不回复消息了。我决定通过电话联系她以询问情况,她表示"自己的自制力差,居家学习没有老师在身边监督,也没有同学一起学习,自己一个人学不进去。在看到我的消息后,因为没有完成和老师之前的承诺而不知如何回答,选择不回复。"听完了她的解释,我觉得她已经意识到了自己的问题,便告诉她相信她能克服学习困难。她承诺自己会将之前遗漏的学习内容补齐。但是实际的结果并不尽如人意,她仍然出现跟之前一样的情况,并且在电话交流的时候选择转移话题,表示自己已经对线上学习失去信心,同时也表现出了逃避交流的状态。

我通过电话联系了她的家长,得知这个女生平时和自己的弟弟待在家里。白天父母都在外工作,晚上八九点钟才能到家,无法对孩子进行有效监督,只能全凭孩子自觉。父母对于孩子的学习基本没有管控,同时该生在家还需要照顾弟弟。在线上教育的环境下,该生由于缺乏老师和家长的直接监督,其自制力差的缺点被无限放大,并且居家学习让她难以感受到学习氛围,也丧失了与同学共同学习、互相激励和竞争的动力,便逐渐放松了对自己的要求,贪图玩乐。她能意识到自己的问题,试图做出改变,但是仍然因为自身的自制力差以及害怕班主任的批评而逃避问题。

我决定再次给该生打电话,电话里的她仍然试图逃避问题。我提议开视频聊一聊,两个人面对面进行直接交流。在视频聊天的过程中,双方都能直接看到对方的表情。她看到我其实并没有指责她的意思，而是想真心帮助她的时候，该生从一开始的不信任转变成开始袒露自己的心声，她表示对自己非常失望，但又因无法约束自己而感到无奈，并且怀念学校的学习生活以及与同学一起学习的环境。通过感受她的情绪变化，我对其进行了长时间的心理疏导，并与她一起分析了问题。为了帮助她克服困难，我组建了一个在线自习室，让好几个有相似问题的学生晚上通过视频的方式一起学习，营造良好的学习氛围，并且在班级实行了每天上午早读打卡的活动，鼓励她积极参加。此后，我也不定期地与她进行视频聊天，对其心理进行持续疏导。她的状态有了明显的好转，能够按时参加线上自习室，早读每周也会参加几次，也更愿意和老师沟通线上学习中遇到的问题。

学生年龄小，自制力差。在没有老师的直接监督后，该生面对线上的娱乐活动，没有足够的自制力平衡好学习和娱乐，本人对于自己的目标也十分模糊，由于客观原因，家长也没有办法陪伴其学习。学生居家学习缺乏良好的氛围。与课堂学习有所不同的是，线上课堂没有办法让学生学习时能看到自己同伴的状态。这个在学校表现良好的女生在家学习时不仅没有家人的陪伴，也没有老师和同学的陪伴，长此以往，导致难以坚持学习。线上教育教学中，教师很难了解学生真实的学习状况和心理状态并做出及时有效的应对。虽然老师在看到该生的作业和课堂情况后尽可能及时地联系了她，但只能从她的主观陈述中判断她的学习状态，而不能进行及时客观的了解，从而容易造成误判，并让问题逐渐严重化。

解决这个问题我认为一对一的视频聊天更有利于和学生进行有效的沟通。和传统的语音聊天不同的是，视频聊天能够看到一个人的表情和状态，也更能展现一个人真实的想法，从而让沟通更为高效。当该生通过屏幕看见老师的表情时，她能明白老师其实不是责备她而是关心她，想要帮助她解决当下的问题，她也就不会通过说谎或者其他方式来进行搪塞，彼此都能更好地进行表达并且理解对方。一对一的方式也能让彼此的关注更好地集中在对方身上，类似于心理咨询中的模式，从而也尽可能让沟通的效果最大化。

线上自习室可以督促部分自制力差的学生学习，同时也可以创造一个大家一起努力的环境。线上自习室一共有 8 位学生，有几位是之前总是无法完成学习任务的学生，有几位是主动加入的学生。每天2个小时，大家打开摄像头，互相监督，也互相陪伴，可以帮助自制力差以及缺乏监督的学生融入一个良好的学习氛围中，增添学习动力。

早读打卡的活动全员参与，以增强班级凝聚力。早读打卡活动是鼓励全班学生参与的活动，所有参与的学生都能看到他人的打卡记录。坚持一周的学生也会收到个性定制的奖状，这样的活动也可以激励学生们养成早读的好习惯，从而能够进一步规范自己的作息。该生坚持了一周，也收获了奖状。这虽然只是小小的鼓励，但也让该生有了一定的坚持的动力。

在线上教学环境中，如何进行及时有效的沟通值得我们不断探索。与线下教育不同的是，我们没有办法观察到学生的一言一行，更没有办法直接与学生进行面对面沟通。作为教师，如何让学生愿意敞开心扉与自己沟通，如何通过沟通准确判断学生的状态，方法与策略的选用会直接影响到沟通的质量和效果。我会选择与学生进行视频通话从而模拟面对面的情景的方式，这样的方法在后面的结果中证明是有一定效果的。除此之外，我们也需要不断地探索和尝试更多的方法以达到有效沟通的目的。

同伴效应的作用不可忽略。线上教育所缺乏的不仅仅是老师的监督，同学之间联系的缺乏也会影响到学生个体的行为表现。该生在没有同伴在旁的情况下，逐渐放纵自己，并最终沉迷玩乐。同时，她在意识到自己的行为问题时，不知道其实还有其他同学也有与自己类似的自制力方面和时间管理方面的问题，对自己的行为感到愧疚，但仅凭一己之力又不能及时找到解决方法。在开展线上教育时，我们也应该创造机会让学生们之间可以进行多方面的交流。早读打卡和线上自习室都是为了给学生们提供一个联系的桥梁，从而让同伴效应在线上学习中也能起到积极的作用。

保持同理心，先理解学生，再解决问题。线上教育的开放性难以让学生绝对不接触电子设备。在缺乏家长管控的情况下，部分学生学习和娱乐之间不能做到合理安排，引发了诸多问题。这些问题自然需要解决。作为教师，要转变思路，认识到线上教育与学校教育的区别，理解学生在线上教育开放的环境下面临着更多的诱惑和选择，先理解，后解决，积极引导学生在学习和娱乐活动中保持良好的平衡。

在独特的线上教育环境中，教育工作者、学生和家长都面临着巨大的挑战。同样，线上教育也给我们教育教学带来了新的灵感，教育基于理解和交流，大家都在不断的探索中为了学生们的未来而共同努力。

班级主题活动设计

——我是小小探险家

课间休息时，我发现一年级二班的很多学生都蹲在地面上，有的在堆雪人，有的在用自己的小手套和树枝去刮挖积雪，好像想看看这银装素裹下究竟有什么东西。我便问学生们这个动作还在哪里见到过，他们说："在电视上看到考古学家用工具挖各种东西""盗墓的在地面上挖宝藏"。我紧接着问："那大家想不想去探险？"一年级二班的学生异口同声地回答："想！"于是生成了本次主题活动。懦弱的人惧怕冬爷爷的来临，可一年级二班的学生都是勇敢的学生，这些"小豆包"要在冰天雪地里做一回"小小探险家"，寻找属于自己的成长宝藏。在确定"我是小小探险家"为本次班级主题活动的主题后，我与其他老师展开了关于活动内容的讨论。郭老师是一名绘画高手，以往的每次班级主题活动都会有阅读绘本的相关活动，这次也不例外。我初次选定《大卫不可以》《没头脑和不高兴》《我有友情要出租》《木偶奇遇记》《火山历险记》《第一次冒险》六本绘本，在三位老师讨论后，最终选择《没头脑和不高兴》与《木偶奇遇记》两本绘本作为本次班级主题活动的阅读材料。

一年级二班的学生阅读了《没头脑和不高兴》《木偶奇遇记》两本绘本。隔天我利用下午自习课如期举办读书分享交流会，并简单地对黑板进行了布置。学生们都坐好了等待着分享交流会的开始。有的学生拿出了自己准备好的纸，上面写着自己想和大家分享的内容；有的学生已经按捺不住和同桌小声地嘟囔自己的想法。

师：同学们都已经读完了《没头脑和不高兴》《木偶奇遇记》这两本绘本，

大家一定有好多的想法和体会想和老师同学分享，是不是？

生：是！

师：好，那接下来我们首先一起来交流一下《没头脑和不高兴》这本绘本。你们可以说一说明白了什么道理，觉得书中哪个地方最有意思，最喜欢的句子，读后感等，都可以。

生1：这本绘本很好看、很幽默，看完以后我反省了自己的不良习惯，例如：上课有时候会溜号，做事拖拉、磨蹭……我要努力改掉这些坏习惯，努力做一个身体好、做事快、学习能力强的学生！

生2：没头脑不是没有头脑，而是不动头脑，我们在生活中要多动脑筋，不要和没头脑一样丢三落四；不高兴干什么都不高兴，这样的小朋友是没有人想和他做朋友的。

生3：以后我要认真起来，自己做完作业之后再检查一遍，不用爸爸妈妈给我检查了。我也会从生活中的小事做起，还要团结同学，尊敬长辈，做一个文明快乐的好学生！

生4：我觉得《小妖精的咒语》这个故事很有意思，小妖精的“咒语”其实就是乘法口诀表！

生5：一个人从小就要养成良好的习惯，不能像没头脑那样做事马马虎虎，也不能像不高兴那样只顾自己不管别人。要不断地努力，而不是偷懒。骄傲使人落后，勤学苦练才能取得成功。

师：看来同学们都认真读了《没头脑和不高兴》，那老师希望一年级二班的同学们在探险的过程中既不要像没头脑一样马马虎虎、丢三落四，也不要像不高兴一样遇到一点点自己不满意的事情就不配合，好不好？

生（齐答）：好！

师：除了没头脑和不高兴两位朋友外，我们还结识了一位新朋友——匹诺曹。匹诺曹也发生了许多有趣的故事，你们谁来说一说自己对哪个故事情节印象最深刻呢？

生6：匹诺曹一开始是一个单纯、简单、没有毅力的小孩，后来得到了朋友的关心，变成了诚实、勤劳、懂事的好学生。

生7：我特别喜欢这两句话，“记住，任性的学生早晚会后悔的”和“但是，我虽然是个满身缺点的木偶,我绝不会和坏蛋同流合污的”。

生8:匹诺曹一说谎鼻子就会变长,他的冒险经历让我很羡慕!我要像他一样变得爱学习!

生9:这几件事匹诺曹做得很棒!他勇敢地救出了鲨鱼肚子中的爸爸,他给仙女治病,他牺牲自己也要救出同伴。匹诺曹知错就改,为做一个真正的学生他去上学了。

生10:我喜欢第十六章,因为鹦鹉说,你竟相信金币也可以播种收获。要挣钱,必须用你自己的手劳动,或者用你自己的头脑思索。

生11:我觉得我很幸运,爸爸、妈妈、老师、同学都对我很好,就算我犯错误了,他们也会原谅我。以后我要做一个听话懂事的好孩子。

师:同学们说得都很棒,看到同学们都发表了自己的读书心得,老师今天很高兴。有的同学学习到了像匹诺曹那样改正错误的勇气,有的同学知道了不能像不高兴那样乱发脾气,希望同学们在下次探险中不做“没头脑和不高兴”,带着匹诺曹的勇气勇往直前,相信大家一定会有所收获!我宣布,本次读书分享会圆满结束!通过读书分享会,可以看出同学们都较好地完成了阅读,读懂了故事中蕴含的道理,大家各抒己见,积极表达了自己的观点和感悟。

每次主题活动的设计我都反复思考。我基于一年级学生学情以及核心素养发展,设计活动目标。学生通过阅读绘本活动丰富和发展核心素养中的人文底蕴,了解故事中的道理,保障活动顺利进行,为“探险之旅”做好准备。人文底蕴是核心素养中文化基础的一部分内容,同时也为此次班级主题活动“探险之旅”做好准备。学生的人文底蕴是学生在进行主题活动时获取信息以及理解信息的重要根基,阅读绘本有助于学生的认知得到发展,进而发展学生核心素养,丰富他们的人文底蕴。绘本将故事与直观的图像资源联合在一起,每一页看似简单的图画对于一年级学生来说意味着丰富的信息。一年级学生的思维具有直观性、形象性的特点,绘本中丰富的颜色、生动的人物形象和有趣的故事情节都通过直观的图片来展示。小学低年级班级主题活动的设计、绘本中简短的故事情节实际上蕴含着丰富的人文元素,也凸显着形象独特的人物特点。通过阅读绘本,学生积累了人文领域的基本知识,理解了人文思想,促进了学生的人文积淀。人文积淀是中国学生发展核心素养中人文底蕴的部分内容。绘本中的色彩、图画和人物形象能够促进学生审美能力的发展。同时，生动的语言和故事情节丰富了学生的情感体验，增强了学生的审美意识和审美能力，促进了学生人文底蕴中审美情趣的培养。

我在预设此次班级主题活动时，首先考虑到的就是学生的科学探究精神，这符合学生的实际情况。小学低年级学生的大脑处于飞速发展的阶段，很想了解他所不知道的一切，容易被新颖的刺激吸引，有着浓浓的好奇心，以科学探究精神为活动目标更贴近一年级学生的身心特征，学生在活动过程中不断发现，不断探索，不断寻觅，将探险主题得以贯穿。这也与学生发展核心素养中的科学精神不谋而合。勇于探究的科学精神是中国学生发展核心素养的基本要点之一。

低年级学生的表达欲望十分强烈，当老师提问时，大多数学生能够积极举手回答，不管自己的答案是否准确，都非常愿意将自己的想法表达出来。在探险过程中，学生会有很多问题，教师应该积极给学生创造语言表达的机会，无论学生是否可以表达清楚，学生语言发展的过程都是重要的，要积极鼓励学生表达自己的想法。

我把《没头脑和不高兴》与《木偶奇遇记》两本绘本作为本次班级主题活动的阅读材料。《没头脑和不高兴》的作者是任溶溶先生，这本绘本的故事是："没头脑"总是迷迷糊糊，丢三落四，他建造了 999 层的少年宫大楼，却忘记了建电梯，导致小朋友们只能爬一个月的楼梯到少年宫大楼上看戏；"不高兴"总是十分任性，你要往东，他偏往西，"不高兴"扮演《武松打虎》里的老虎，他突然不高兴了，武松不但"打不死"老虎，老虎还反过来追着武松打。我选择这本绘本是因为它趣味性强且可读性强，画面也很精美，有注音，学生们能自己读，适合认字不太多的一年级小朋友。虽然是一个个搞笑的趣事，实则是在教育学生，好的故事学生自然能从中读懂其中的学问。我希望一年级二班的学生在阅读后明白，想成为"小小探险家"就要改掉坏毛病，做事情不能像"没头脑"一样丢三落四，也不能像"不高兴"一样，碰到什么事情都不高兴，遇到事情不要心急。在探险的过程中，要认真仔细，也要善于听取别人的意见。《木偶奇遇记》是少年儿童出版社出版发行的一部少儿童话绘本图书，讲述了小木偶匹诺曹被木匠雕刻后有了生命，开始探险，他想要成为真正的男孩，就必须通过勇气、忠心以及诚实的考验。但是匹诺曹比较贪玩，慢慢地开始不去学校，在一次又一次地撒谎后鼻子变得越来越长，甚至被骗了之后变成了驴子……在一系列的探险中，匹诺曹逐渐成长，仁慈的木匠和仙女妈妈原谅了他的错误，匹诺曹最终战胜了自己的弱点，成了一个真正的小男孩。这本书的故事生动丰富，很容易吸引学生的兴趣。我希望一年级二班的学生在阅读后能够感受到匹诺曹的成长变化，了解“小小探险家”应该具备的品质，也能战胜自己的缺点，在探险中做一个诚实、勇敢、善良的“小探险家”。在学生完成阅读后，我组织召开了读书分享交流会，目的在于让学生通过表达交流，能够让两本绘本中的道理深化至学生的情感体验。

对于小学低年级学生来说，责任和强制性的压力与激发其兴趣的作用效果相比相差甚远。在本次班级主题活动中，我是通过观察课间一年级二班的学生蹲在地上玩雪、挖雪从而联想到挖宝藏的动作，最后生成了本次“我是小小探险家”班级主题活动。可以说，从主题的确定到活动内容的设计都是我来完成的，学生只是拿到活动计划后去照做，这样一来就减少了学生独立探索和发现问题的重要过程，没有让学生真正做活动的主人。这将导致学生活动兴趣的持久性不强，难以达到教学的目标和活动的效果。也许学生们对冬天和雪更感兴趣，如果以冬天和雪为主题，那将是一个完全不同的主题活动。有鉴于此，班级主题活动可以让学生们自己发现和提出问题，激发他们的好奇心和兴趣，学生在观察和思考的基础上发现问题，并结合自身的生活经验和解决问题的能力确定主题。对于班级活动主题的确定，教师可以让学生在一个大范围内以展开讨论、民主投票等形式来确定主题；再让学生以分组合作的形式设计主题活动的具体内容、制作道具、布置教室等，师生在班级主题活动设计的过程中积极交流，推动问题解决，更有利于激发学生的活动兴趣。

我开展班级主题活动的宗旨在于培养学生的核心素养，让学生走进自然探索发现、走进诗文涵养文化、走进生活完善自我。学生的发展核心素养包括“健康生活、责任担当、科学精神、学会学习、人文底蕴、实践创新”这六大板块，教师可以以这六大素养的内容为活动目标，设计出相应的班级主题活动，对传统主题进行创新。在本次班级主题活动中，由于一年级学生的年龄较小，接受程度较低，我在核心素养的发展上做了取舍。活动主题要针对核心素养的要点，要具有鲜明的特征，要将核心素养内化于活动内容的设计中，争取做到通过每一次班级主题活动的开展实施，问题都能得以解决。

本次“我是小小探险家”的活动目标重点是科学领域的目标，并且也相应设计了其他领域的目标，达到多领域之间目标的整合。如阅读《没头脑和不高兴》侧重语文阅读领域的活动，承担着提升学生阅读能力的任务；读书分享交流会是语言领域的集体活动，其目标在于促进学生语言发展。班级主题活动是一种低结构化的教育活动，在活动中注重学生的思维、个性、动作、态度和情感，所以实践活动要更加关注生成性目标和表现性目标的设计。强调技能掌握运用和认知记忆的活动，要注重预设行为目标；而强调学生亲身经历和体验探究的活动，要注重生成性目标和表现性目标。

在班级主题活动中，教师可以从学生的学习和生活两个方面的自主性进行设计。从学生学习方面来看，要让学生形成自主学习的意识，养成自主学习的良好习惯，自主学习对于一个人的长远发展至关重要。小学低年级是起始年级，对于学生行为习惯、学习习惯的培养都很重要。目前来看，关于学生学习方面的班级主题活动很少，但发挥学生的主动性，设计一些让学生能够亲身经历、自主探索的活动意义重大。

这是只天真的鸟吗？
——《精卫填海》教学设计与反思

《义务教育语文课程标准(2022年版)》中明确指出，语文课程应特别关注汉语言文字的特点对学生识字、写字、阅读、写作、口语交际和思维发展等方面的影响；重视语文课程对学生思想情感所起的熏陶作用，要继承和发扬中华优秀传统文化，体现社会主义核心价值体系的引领作用，弘扬民族精神，培养学生良好的思想道德风尚。这是对小学语文活动设计与组织的基本要求，也是对教师教学改革提出的挑战。在语文教学活动中，教师的主要任务不是教学生识字写字，而是要重视语言文字运用的实践，引导学生丰富语言积累，培养语感，发展思维，努力提高学生的语文素养，激发学生热爱祖国的思想情感。

本案例以部编版四年级《精卫填海》这篇课文作为主题。《精卫填海》作为小学阶段文言文领域中的代表篇目，是小学阶段文言文的核心内容之一，是培养学生文字运用、弘扬民族精神的重要载体。《精卫填海》这篇课文既承接了《司马光》《守株待兔》等三年级所学的文言知识，又奠定了后续学习《铁杵成针》《囊萤夜读》等内容的知识基础。文言文的学习方法是相通的，在学习《精卫填海》之前学生已经掌握了部分文言文学习的方法，如借助注释，结合实际，反复朗读，为进一步学习《精卫填海》这篇课文做了较为充足的知识储备。如何设计与组织教学才能突出《精卫填海》这篇课文的本质，让学生理解和掌握文言文的知识并弘扬中华优秀传统文化呢？关键就在于引导学生从已有的知识经验中“生长”出新的知识经验，引导学生对中华优秀传统文化产生共鸣，培养学生学习文言文的兴趣。

在对小学语文进行教学设计的过程中，不同的呈现方式和呈现顺序会影响学生的学习效果。因此，教师既要在教学前了解学生所处的不同水平及先备的知识基础，也要不断地在教学进程中关注学生是如何进行思考的，从而在整体上把握学生的学习情况，适时进行调整。同时，教师要能根据所教内容以及学生特点进行教学设计，根据需要选择合理的问题情境，激发学生学习的主动性，引导学生思考、交流与探究，从而使学生达到对所学内容的理解与掌握，提高学生的语文核心素养。

《精卫填海》是小学四年级的内容，对于文言文的教学，我有自己的理解：文言文在小学语文中占的比重虽然不高，但是老师们常说，文言文难教，文言文里有难读的句子、词语，学生们读也读不通，字也不认识，文章大意都不理解，更别说在此基础上做主题升华了。在我看来，老师们发愁的主要原因在于没有很好地抓住内容的本质。通过对教材内容的分析与摸索，我认为《精卫填海》这篇课文可以归纳为起因、经过、结果。

我认为《精卫填海》这篇课文主要是想让学生们知道什么是神话，去感受神话，感受中华民族神话所流传下来的精神。很多老师都有这样一个困惑，在学习文言文时，是先理解再背诵、先背诵再理解还是边背诵边理解。我认为，学生年龄小的时候特别善于背诵，很多古诗学生都是两三岁时就开始背诵的，慢慢地随着年龄的增长再理解。所以我采用各种方式让学生逐渐达成了背诵的目的，然后再去理解，最终达到既能背诵又能理解的教学目的。我倡导，在小学阶段文言文的学习，理解大意即可，不要一字一句去精析。在展开想象发展语言的时候，尽量把时间交给学生，教师不要评判学生的想象。我认为，最重要的是感悟人物形象，很多学生可能对精卫的形象产生误差，学生们会说这只鸟真是太天真了、太可笑了、有复仇心，这都是最真实的想法，但是流传了几千年的故事，要传达的肯定不是这个。既然学生们说这是只傻鸟，那就是只傻鸟好了，要在这只傻鸟身上感受我们民族所传承的精神。

我认为，作为小学语文教师，理解学生是非常重要的，只有了解学生的困惑与疑难才能更好地进行教育。基于这一认识，我首先分析了学生已具备的、有助于文言文学习的知识，让学生发现问题，引发思考。学生一般是从三年级开始接触文言文，到四年级时，学生已经可以无生字障碍、流利地朗读课文中的文言文，能够根据插图、注释并结合生活经验理解文言文大意。

当然学生对文言文的学习也存在着一定的困惑，对于教学而言，这个困惑是宝贵与难得的。因为在困惑中，学生会意识到原有知识的局限性，会真正产生学习新知识的需要和兴趣，而在这一过程中，语文学习也就自然而然地发生了。

附:《精卫填海》的教学设计与实施

一、直接导入

直接导入有利于学生迅速了解学习内容，提高学习效率，以便顺利完成教学任务。教师简洁、明快的讲述或设问是直接导入成功的关键。

片段一

师：今天我们来学习一篇神话故事，知道叫什么名字吗?

生:《精卫填海》。

师：伸出手来，一起跟老师书写课题。(教师在黑板上板书，学生书空)

师：来，一起读。

生：精卫填海。

师：同学们读过神话故事吗?

生：读过。

师：哪些同学读过？举手我看看。

（学生们纷纷举手）

师：这么多，那我要考考你们了，可以吗？

生：可以。

（教师播放 PPT）

师：请快速地说出图中所出现的是哪个神话故事，谁要发现了，就站起来抢答，预备……

生：《夸父追日》。

师：差了一点啊。

生：《盘古开天地》。

师：正确，《盘古开天地》。再来啊，预备……开始。

生：《女娲补天》《女娲造人》……

师：对，《女娲造人》。这个呢？

（学生们纷纷抢答）

师：特别快，《夸父追日》。这个？

生：《大禹治水》。

师：太厉害了，这些故事都出自一本书，知道吗？叫什么名字？

生（齐说）：《山海经》。

师：对，我听说你们都读过这本书。同学们，《山海经》（教师指向 PPT）给你们什么感觉？

生：全是古代的繁体字。

师：是的，这是一本非常古老的书，它来自先秦时代，一本古籍。刚才我们所说的那些神话故事都出自这本书，可以说这本书是神话故事的鼻祖。更有意思的是，这些神话故事不是一个人创作的，而是集体创作的。

二、初读课文

师：这是一篇文言文，那我们就得把它读好了。老师就一个要求，读准字音，读通句子，能做到吗？

（生开始齐读）

师：同学们，真抱歉打扰大家，老师认为读书是一种个性化发展的过程。

自己读自己的，听别人的干吗？

（生开始自由朗读）

师：同学们能把字音都读准吗？

生：可以。

师：注意啊，这里面可是有两个多音字的。

（师指第一个多音字）

生：少女。

师：大家同意吗？

生：同意。

师：第二个多音字，大家一起读。

生：故为精卫。

师：看来多音字已经难不倒大家了，那这两个字大家认识吗？

（师指“溺”，生读“溺”）

师：谁知道它的意思？你是怎么理解的？

生：结合字形，根据文章的意思。

师：老师也要教给大家一个方法，咱们先在文中找到这个字，圈出来，然后查注释。这也是理解字义的好方法，明白了吗？

师：接下来，我们再读课文，读出节奏。

（生自由朗读）

三、整体感悟

师：同学们有什么好方法可以用来理解课文的意思？

生：借助注释。

生：借助插图。

师：我现在改变主意了，不让你们站起来翻译了，我要给你们提个问题。

（集体讨论，师随机板书：游、溺、为、衔、堙）

师：炎帝有个小女儿叫女娃，女娃游于东海，这就是故事的起因了。但是她溺而不返，故为精卫，这就是故事的经过了。

师：知道了故事的起因、经过，谁能说说故事的意思？

（生读错了“堙”这个字，师纠正，接下来，师说意思，生说小古文）

师：炎帝有个女儿，叫作女娃。

生：炎帝之少女，名曰女娃。

师：女娃去东海游玩，溺水身亡，再也不能回来，因此化作精卫，决定填平大海。

生：女娃游于东海，溺而不返，故为精卫。

师：它经常叼着西山的石头和木头，用来填平大海。

生：常衔西山之木石，以堙于东海。

师：如果你这样给邻居家的孩子讲故事，他肯定不爱听，你觉得要怎么办？

生：加细节。

师：细节要加在哪里？

（生自由准备，师指生说）

师：精卫在第一天的时候，衔西山之木石；在第二天的时候，衔西山之木石；一个月过去了，它——

生：衔西山之木石。

师：在狂风卷起狂沙的日子里，精卫它——

生：衔西山之木石。

师：在暴雨如注的日子里，精卫它——

生：衔西山之木石。

师：日复一日，年复一年，精卫它——

生：衔西山之木石。

（引导学生质疑，感受人物形象）

师：你们对这只鸟有什么感觉？

生：很天真，很执着。

师：可不嘛，我和你们的感觉一样，它怎么这么天真？大海能填满吗？同学们都说不能。我就不明白了，这只鸟这么做有何意义？可是同学们，还记得刚开始老师跟大家说，这本《山海经》是谁创作的吗？对，是中国古代劳动人民。难道我们流传了几千年的文化古籍，用那么多劳动人民的智慧所创作的就是一只不知天高地厚的鸟吗？

（引入盘古、女娲、夸父）

师：盘古，他头顶着天，脚踩着地，一日、两日，一年、两年地就这样下去。我仿佛在盘古的身上看到了这只精卫鸟的影子，常衔——

生：西山之木石，以堙于东海。

师：女娲，一个小人，两个小人，三个小人，她知道世界上的人是造不完的，但是她就这样一直地造啊。我好像在女娲的身上看到了这只精卫鸟的影子，常衔——

生：西山之木石，以堙于东海。

师：夸父，那太阳追得上吗？追不上啊！可是他不停地追啊。为了心中的那个梦想，他就这样追下去。我仿佛看到了这只精卫鸟的影子，常衔——

生：西山之木石，以堙于东海。

四、升华中国精神

（播放音乐，出示图片）

师：如果你认为这只是虚构的，只是出自《山海经》的一个神话故事，那你就大错特错了。其实我认为这样的精神就在我们的生活中。

师：雷锋，“人的生命是有限的，但是为人民服务是无限的，我要把有限的生命投入无限的为人民服务中去”。我们在他身上仿佛也看到了精卫的影子，常衔西山之木石，以湮于东海。袁隆平，五十多年如一日，致力于杂交水稻科学研究，不仅解决了中国粮食自给难题，也为世界粮食安全做出了贡献。我们在他身上仿佛也看到了精卫的影子，常衔西山之木石，以湮于东海。认识吗，谁能像老师这样说一说？你来？

生：钟南山，2020 年一场突如其来的新冠感染席卷了全国，在抗疫战场上，他是同死神抢夺生命的英雄，虽然年龄已高，却亲赴武汉，鞠躬尽瘁，死而后已。我们在他身上仿佛也看到了精卫的影子，常衔西山之木石，以湮于东海。

师：精卫的身上有我们中华民族的精神，这种精神叫作坚持不懈，这种精神叫作永不屈服，这种精神叫作百折不挠。让我们一起把课文再读一遍：炎帝之少女……

生：炎帝之少女，名曰女娃。女娃游于东海，溺而不返，故为精卫，常衔西山之木石，以堙于东海。

师:这个故事,这种精神就叫作精卫填海。

【反思】《精卫填海》是小学《语文》教材四年级上册第四单元的一篇文言文,选自《山海经·北山经》。本单元以神话组织学习内容。第一个语文要素是“了解故事的起因、经过、结果,学习把握文章的主要内容”。第二个语文要素是“感受神话中神奇的想象和鲜明的人物形象”。我认为,语文的学习是和生活紧密联系在一起的。因此,我要求学生不能局限在课文中,而要透过课文领悟伟大的民族精神。

第九章

教育工作点滴随笔

一个好教师，不仅要倾听学生的心声，尊重学生的兴趣爱好，发现学生的优点，还要有渊博的知识，要有善于观察的眼睛，随时记录教育的美好。

幸福如清风，一生相随

——三尺讲台春意浓

幸福如茉莉，清新袭来，花香缭绕；幸福如清茶，腹香漫溢，雾气袅袅；幸福如清风，春风拂面，春意浓浓。世间对幸福的解读很多，我只说说我对教育的感悟。

事物都有两面性，当然教育更是如此，有其艰辛，也有其幸福。

教师工作的艰辛。“教师是人类灵魂的工程师”，这是对教师至高无上的评价。只要选择了教师这个行业，就要为人师表，身正是范，做学生的榜样，无论你的生活有多少暴风骤雨，你都要给学生一方灿烂的晴空。“要想学生有一碗水，教师必须要有一股源源不断的水。”为让不同层次的学生接受枯燥的知识，教师必须尽最大的努力，这样才无愧于心、无愧于生。

虽然教师工作辛苦，但我认为当一名教师又是幸福的。

首先，因为读书，所以幸福。

“腹有诗书气自华”，读书能使人博雅笃厚、温文尔雅、举止得体、谈吐不凡，有品位、有涵养，从内到外散发出一种独特的气质。《诗经》的风、雅、颂，唐诗的典雅、工整、气象玲珑，宋词的细腻、婉约、凝练……风格各异的文学作品，带给我无限的美的熏陶和情感的陶冶。

“赌书消得泼茶香”，读书能使人淡泊名利，让人在浮躁的社会，在庸常烦琐的生活中，拥有开阔的胸怀与淡定的气度，拥有一双慧眼以发现生活中无处不在的美好和乐趣，从而诗意地栖居在大地上。一本好书在握，闻着淡淡墨香，可以与古人一起欣赏“秦时明月汉时关”，可以与李白一起乘唐时雄风破万里浪，与苏轼一起领略“大江东去，浪淘尽”的豪迈，又仿佛走在江南小镇清幽宁静的小巷里，伴着空气里到处氤氲的杏花清香，思绪悠然飞扬……

书籍不仅充实了自己，丰富了人生阅历，更提升了自己的幸福感。与学生一同欣赏一篇优美的散文，让心做一次远行；给学生读一首诗歌，让灵魂得一丝休憩；与学生共做一道难题，体会完成之后的幸福。

其次，因为教学，所以幸福。

庄子说过："吾生也有涯，而知也无涯。"古代有许多形容教学的句子。而自己也在教学中品尝到教学的快乐。教授学生知识，我收获了学生渴求知识的眼神，我很幸福；关心每个学生的生活，我收获了学生感激的话语，我很幸福；某个学生犯了错，我用幽默的话语化解了他的尴尬，收获了他日后的更加努力，我很幸福；讲课讲到声音嘶哑，学生突然静了下来，他们在仔细聆听，我收获了学生的理解，我很幸福；偶感风寒，看到放在办公桌上的纸条和感冒冲剂，我收获了感恩，我很幸福……

我教过许多学生，也从学生身上学到了许多，这不仅是知识上的收获，更是情感上的收获。

再次，爱学生，是收获幸福的前提。

"春蚕到死丝方尽，蜡炬成灰泪始干。"教师要奉献自己的知识，更要奉献自己对学生的爱。"中国的青少年是早晨七八点钟的太阳"，是祖国的未来，我们要爱他们，让爱充满课堂。师生的对话是民主而平等的，交流是真诚而炽热的。当我满怀爱的时候，教育就变得那么顺理成章、水到渠成。生活中，处处有表示爱的契机，用一个眼神，用一个手势，用暖心的一句话，用一张鼓励的小纸条，用一句评语。爱，可以化解学生的压力；爱，可以使他们走出阴霾；爱，可以滋润学生的心灵。

我爱着那群可爱的学生，他们就如含苞待放的花骨朵，每朵都蓄着生机、希望。我要用我的激情去浇灌那些可爱的而又有灵性的学生，希望他们在我的精心培育下，开放出灿烂的花朵，结出丰硕的果实。终于，我的付出就有了收获。考试完毕，看到他们灿烂的脸庞，我的心安定了，他们的苦心付出终于有了收获，那沉甸甸的红色的高分就是他们汗水的见证。同学们，我祝你们像那"梅花一样，香自苦寒来"，像那"宝剑一样，锋从磨砺出"。世界是你们的，天空是你们的，自由翱翔吧！

以往的学生们已走向初中的大门，从他们不断的电话、短信中，我听到了、看到了他们的心声、他们激情的灵魂，他们正走向更广阔的地方自由地翱翔。

我收获的不仅是他们的真心、爱心，还有他们对生活的信心。

最后，与同事和睦是教育幸福的另一个方面。

正如毛主席所说的那样“我们都是来自五湖四海，为了一个共同的革命目标，走到一起来了。一切革命队伍的人都要互相关心，互相爱护，互相帮助”。而我们是一同为了教育事业而走到一起的。在办公室里，有青年教师的谦虚好学，也有老教师的谆谆教导；有成绩辉煌时的欢呼雀跃，也有考试失利时的唉声叹气；有对教育教学技巧的切磋，也有对社会生活的探讨。因为心中有爱，所以处处花开。我为和同事们在一起不断创造生活而感到无比快乐和幸福。

做一个幸福的教师，“路漫漫其修远兮，吾将上下而求索”，让那三尺讲台春意浓浓。

修阳光心态，享教育之乐

教育家陶行知说过，一个人如果遇到一个好老师，那么他是幸运的；如果遇到了一个好的班主任，那将是他一生的福气。一个好教师，对学生的影响是巨大的，不仅影响学生的现在，还影响着学生的未来，甚至是终身。毕业的学生经常会发来短信，说体会到了我说的某句话的深刻含义，很多都是出乎意料或者自己都不记得说过的话。这使我想到教育不仅仅是教给学生知识，更重要的是培养学生一种积极的生活状态，帮助他们以积极的生存心境、积极的人生态度去对待生活，而这要求我们教师先要有阳光的心态才行——当教师要有好心情，因为学生们的幸福在老师的“笑脸相对”里。

我认为，做现代社会的幸福教师必须明确三个问题：

第一个问题：现代幸福教师的人生目标和工作方向。

先说人生目标。现代社会的教师要走出心灵的困顿，活出自己的精彩，首先必须明白，教师到底最需要什么，是金钱？是名利？是学生的好成绩？还是家长的尊敬、社会的推崇？……我想，这些都不是，我们最需要的是一种源于工作的快乐，一种发自内心的快乐，是认识自我、发现自我、发展自我、创造自我、成就自我的快乐。只有那些不够自信的人，才会不断向旁人证明自己有多行。我们的出发点应该放在完善自我上。精神上的快乐，会超越物欲、私欲、权欲，这正是教师成为名师乃至教育家不可或缺的思想根基。所以，我们的人生目标是“快乐地做自己”。

那现代社会的教师的工作方向是什么呢？方向决定成败，细节只能决定好坏，方向要是错了，细节做得越好越麻烦。就像柏拉图说的“教育就是使灵魂转向的艺术”，教师的责任是使学生在成长中付出最小的代价而获得最快的成长，教师的根本任务是什么？是精神关怀！是让学生感到你关注的不是他的成绩，不是他做对或做错的事，而是他这个人。

第二个问题：做现代幸福教师要知道班级管理工作中需注意的“责任三定律”。

（1）责任稀释定律。教师安排工作必须把具体事情安排到具体的人，否则安排不到位就会出现这样的现象：教师讲，这件事很重要——教师的意思是要大家做，大家做的意思是人人都来做，而学生认为，教师安排大家做——大家做的意思就是会有人去做的，那么别人都会去做，别人做就是我不用再做了！

（2）责任跳跃定律。教师的见识与能力一定高出学生很多，看学生的错当然一清二白，学生在我们“强势”的目光下，思想上犹如赤身裸体，试想这样的情况他们做什么都得不到肯定，就不会再有创造性。所以教师不要过多地指导，不要什么事情都亲自过问甚至追究，否则，学生积极性没了，最后所有班级事情都变成教师自己的事情，由教师一个人做。

（3）责任扩大定律。学会承担责任，是一个人走向成熟的标志，也是美好人生的开始！但远远超出个人职责范围的事情，绝对不能不计后果地乱管。比如有这样一个报道，学生上网成瘾了，家长来学校找老师，老师跟着家长在网吧把这个学生找出来。后来这位学生又没来上课，老师没有通知学生家长，私自到网吧去强拉他，结果被网吧的人打得住院了——为什么会出现这样的事情？要我说，是这位老师把责任扩大了，必须公安局局长才能解决的事情你就不要强出头了。

再者，我们不要太固执自己的“正确”，无论你如何正确，也要为别人的错误留一条路，要避免你的正确与别人的错误产生冲突。何况有时教师的“正确”还真是“错误”的。比如生活中我们驾车行路，靠右没错，但你应该也必须给违规逆行的人留条小道，因为这样对我们才是最安全的，否则一直坚持靠右是绝对正确的，结果就只能与逆行的人相撞了。

第三个问题：要了解现代幸福教师的三种境界。

管理，管理，“管”和“理”要灵活变通，“管”是要求、规范、约束、督促，“理”是思考、研究、尝试、引导、完善，进而升华为感染、熏陶、激励、唤醒、鼓舞。同时，“理”还包括协调、理顺和理性的意思。协调，是指把不合适不健全的工作制度、措施、方法及时调整，而合适的、有效的则要继续推广、继续深化、发扬光大；理顺，指的是理顺思想，理顺情绪，理顺关系，理顺思路；理性，就是按照教育规律办事，教师无论对待工作中的什么事都要有科学的思维。“管”的侧重点在依靠权威推动别人，而“理”的侧重点在依靠思考改变自己。“管”体现着教师的态度和魄力，决定着工作的广度和宽度；而“理”体现着教师的智慧和能力，决定着工作的深度和高度。

我们不能包办一切，感到身心疲惫的原因正是只想“管”，只会去管，从不或很少去“理”，实实在在地做了一个整天忙忙碌碌的体力劳动者。忙得太过疲惫、迷茫，太没有章法，就需要学会去调整、谋划、经营，以轻松、宽容的心态去欣赏路边的风景！俗话说，管是为了不管。一个优秀教师，要追求“管”与“理”的有机融合，少管多理，理清、理顺、理活。缺少了“理”，教师的工作就失去了魅力和乐趣。

（1）第一种境界——以怨报怨。把工作错误地放在“以我为中心”上，治人（管制学生）。教师跟跑操、搞卫生、填表格、看纪律……天天埋怨事务多，埋怨学生不明“圣恩”，从早到晚跟着学生团团转，以至于教师这个本来以做思想工作、精神关怀为主要任务的职业，变成了应付没完没了的事务、靠体力打拼的职业。其特点是，有很多错误的习惯性思想。比如师道尊严情结，不允许学生挑战自己的尊严；自觉为学生分“层次”，戴有色眼镜看人；总想包揽学生的一切，总怕他们做不好；等等。记住一句话：干教育只有好心，不给学生好脸色，不得好报。

（2）第二种境界——以德报怨。把工作放在“以学生为中心”上，治事（对事不对人）。教师在付出和给予中获得内心满足，这种情况下的工作信条是：教师就意味着包容，正是因为学生有太多问题，所以才有教师工作，我们选择教师工作就是要有"宰相的肚量"，要甘心跟在学生后面处理好"善后事务"。记住一句话：只有一部分好学生是夸出来的，还有很大一部分学生是管出来的。

（3）第三种境界——以直报怨。把工作放在"教育策略、方法的完善"上，身正是范，走在学生前面引领。最好的教育就是能够引导学生们进行自我教育的教育。要改变别人，最好的方法是先改变自己，凡是不能自我发展、自我培养和自我教育的人，也就不能发展、培养和教育别人。我们不是为学生服务的，我们是为学生的学习服务的；有些学生没教好、没管理好，只是因为我们没找到教好、管理好他们的方法……告诉学生们记住一句话：我是有教养的人，不做下等人的事。

《水浒传》里的鲁智深我们都非常熟悉了，鲁智深不怕人，从头到尾就没怕过任何一个人，也没有服过一个人，但是他怕"制度"——他知道打死了镇关西，打死了人要吃官司、要坐牢，又没有人给他送饭，"我还是跑吧"，哎，他怕制度。很多学生与鲁智深一样，不怕教师管，怕制度。所以教师不要想着去"人管理人"，要让舆论和制度来指导他们。比如有些男生，教师管理、监督起来很难，但是全体女生的关注会让他收敛。一定要记得在学生犯错前告诉学生，老师是仁慈的，但是是遵守制度的，因为社会是有制度的，到什么时候"从心所欲"都是有前提的，前提就是"不逾矩"。教师要教会学生遵守社会的制度，这是老师的责任。

总之，从德育的角度讲，学生的幸福比成功更重要，现代社会的幸福教师只有明确了以上内容，才会把心放在学生上——"爱"学生，更要把精力放在"教育策略、方法的完善"上。只有我们阳光、幸福了，定出的制度才能体现关爱。

读《做最好的班主任》有感

最近我拜读了著名教育家李镇西老师的《做最好的班主任》一书，这是李老师近30年教育教学思想和智慧的精华集萃，全方位地阐述了李老师的教育观、学生观、班级管理、思想工作、心理教育以及语文教学的理念与实践。李老师把他的教育思想、教育机智、教育技巧与教育情感融为一体，发人深省，带给我的是一次次心灵的震撼与感动。读着书，我不仅为李老师作为一个班主任的细腻与认真所感动，还为李老师的质朴与智慧而感动，更为李老师的优美文笔与才华所折服。

我第一次翻开它，是带着一种随便翻翻的心态，但通过慢慢地阅读发现，自己走进了李老师的世界，如同学生一般融进了李老师的班级，一次次地被感动、被激励、被启发。

一、爱是永恒的教育理念

李老师说得好："教育是心灵的艺术，爱心是教育的灵魂。如果我们承认教育对象是活生生的人，那么教育过程便绝不是一种技巧的施展，而应该充满人情味……"没有读李老师的书之前，我曾那么地自信自己是"爱"学生的。读完这本书，李老师让我对热爱学生的"爱"有了全新而深刻的理解。爱学生，不仅要对自己所教的这一年负责，还要对学生的成长以至未来一生负责。爱学生，不单单是欣赏优秀的学生，而是"怀着一种责任把欣赏与期待投向每一个学生"。爱学生，不应是对学生的错误严加追究，而是以博大的胸襟"对学生宽容"。爱就是"一份纯真，一份庄严，一份责任感"，就是民主，就是平等，就是把"童年还给童年"，就是为学生的"美丽人生"奠定美好的开端。他对学生付出的是满腔的爱心，爱学生才能在十几年的时间里坚持不懈地写下那么多手记、札记，为进一步探索教育的规律积累那么多原始的宝贵资料。李老师对教育工作的热爱、对学生的热爱源于他的心，正是这种爱成就了他的辉煌。

二、民主是班级管理的核心

李老师作为一名班主任，在班级管理上是科学的、民主的。从第一次见到学生开始，他就注意每一次和学生相处的机会，不放过任何一次和学生培养感情的机会。而班主任工作更是一门艺术，需要用我们教师的智慧来做好它。那这智慧又从何而来呢？首先，学习有经验者的班级管理方法是一条快捷而有效的途径。李老师在书中也教给了我们许多。其次，如何具备这份智慧更重要的一条途径是勤于阅读与写作。只有不断地学习新知，不断地反思积累，才能使自己的内在更充实，处事时也便多了一份机智。

李老师以他的民主和尊重、出神入化的班级管理模式，给我迷惘的班主任工作点燃了一盏指引明灯，让我感受到班主任工作艺术之魔力。

三、幸福是班主任工作的永恒追求

班主任的幸福——享受职业，赢得尊重，学生爱戴，同行敬佩，家庭幸福，衣食无忧，超越自己。寻找班主任的幸福感，说起来很简单，做起来却复杂。那我们怎样才能做幸福的班主任呢？现在想想答案是多重的，而良好的心态则是第一位的。只有沉下心来读书，才能磨砺出良好的心态。于是，为了让自己也能成为幸福的班主任，我总在夜深人静时，独坐灯下，如饥似渴地研读教育书籍。自踏上三尺讲台那天起，“班主任”的称呼便丰富着我的教学生涯：一班之主，任重而道远。

虽说风雨一肩挑，甘苦皆品尝，没有八小时以外，但我还是从辛苦中享受到了幸福，因为学生前行的路上有我。

做一名教师，就要做李镇西那样的教师，做班主任就做李镇西那样的班主任。科学民主地管理班级，努力走进每一个学生的心灵。多从学生的角度考虑问题，用“学生的眼光”看待，用“学生的情感”体验，像李老师那样用真心、爱心、诚心、耐心，换取学生们纯真的笑容，只有爱心才能把我和学生的心拉得更近！只有充满智慧的爱才能走进学生的心灵，才能赢得学生的尊敬与爱戴。

希望有一天，我也可以说：当班主任，让我的生活如此精彩！

静安人生坐标，尽展人生作为

——读老子《道德经》有感

假期里，我拜读了老子的《道德经》，感悟到其中蕴含了丰富的人生哲理。千百年来，上至帝王将相，下至黎民百姓，都从这部人类智慧宝典中汲取治国安民、修身养性、立人处世的精髓。作为一名普通的人民教师，虽不能深解其意，但也体会到不少人生的真谛。

当今社会科学发达，社会经济高速发展，人们的物质财富越来越殷实，而精神财富却越来越贫乏，道德沦丧的现象日益严重。“堂堂正正做人，踏踏实实工作”的呼声日益强烈。物欲横流的现实生活中，如何去应对金钱、地位的诱惑呢？我们同样能够在《道德经》这部圣典中找到答案，那就是要求我们在日常生活、工作和家庭中注重守静处世，清静自省，尽心做好教书育人的工作！

既然我们个体十分渺小，力量十分微弱，人生十分短暂，我们何不端正心态呢？静心、净心、尽心就是人们的三个不一样的心态层面。静心：静安人生坐标。净心：净处人生方向。尽心：尽展人生作为。

一、静心，静安人生坐标

老子以“清静为天下正”“清静无为”为修道之本。《道德经》十六章云：“致虚极，守静笃。”强调了致虚守静的修养。“致虚”就是要消除心灵的蔽障和理清混乱的心智活动，而后才能“守静”，透过“静”的功夫，深蓄厚养洞察力，才会“知常”，逢凶化吉。

老子之后，庄子强调少私寡欲，以静养神，这是道教静中养生的思想理念。静心，才不受名利得失困扰，不因进退去留而影响心境；静心，才守得住清贫，耐得住寂寞。

总之，静心是安心工作之本。人们的心境到达虚静的状态，才会时刻持续谦虚谨慎、不骄不躁的作风，才会在社会中、生活中、工作中出实招、办实事、求实效。

二、尽心，尽展人生作为

人们常说："读史而明鉴，读典可明智，明智则生慧。"道祖老子在《道德经》十七章中说"道常无为而无不为"，老子的无为思想并不是说消极而无所作为，这是对老子《道德经》的误解，老子的本意是在教人遵道而行，不妄为，而有作为。只有"不妄为"才能更好地有所大作为，也就是说"不妄为"是有所作为的保证。什么是"有为"呢？尽心扮好社会角色，干好本职工作，担起家庭职责，就是有作为。

中华民族历来重视道德的教化作用，提倡"百行德为先"，崇尚"身正为师，德高为范"。各行各业、各村各户都在努力提高群体的道德水准。具体来说，就是将"静心、尽心"化为"六心"教育：忠心献给祖国，爱心献给社会，热心献给群众，关心献给同事，孝心献给父母，信心留给自我。在现代经济社会下，重读和阐释圣典《道德经》，让人们能致虚守静、净化心灵，从而尽心尽职，有利于社会稳定，有利于工作团结，有利于家庭和睦！

《给教师的建议》读后感

读完《给教师的建议》一书，我们在钦佩教育大家教育智慧的同时，更对目前教育中存在的诸多现象有一个更新的认识，对如何更好地提高我们的教育质量有一个更趋向于真知的认识。

面对当今教育改革的新形势，面对新时代的学生，尤其是面对山东省素质教育下的教育现实，要做一位好教师，需要我们不断地提升自身素质，需要我们能有较好的心理素质来应对多彩纷繁的教育现实。

作为一名教师，对于教学必须全身心地投入，必须学习学习再学习，读书读书再读书，提高提高再提高。在当今信息变化多、知识更新快、专业素养要求高的现实条件下，我们要有广博的知识、创新的思维、科学的方法，只有这样，才能培养出具有丰富知识、思维敏捷、方法高效的优秀学生，才能青出于蓝而胜于蓝。诺贝尔经济学奖获得者美国的西蒙教授曾提出过这样一个见解："对于一个有一定基础的人来说，只要真正肯下功夫，在六个月内就可以掌握任何一门学问，只要你真正花时间在学习上，而且是持之以恒，那你就会成为专家。"同样的道理，当我们花了足够多的时间在教学上，那我们也会成为专家。时间就像海绵里的水，只要愿挤，总还是有的。以后我们要把时间一点一点地挤出来，用到读书上，提高自己的文化素养，丰富自己的文化底蕴。

由是观之，学习苏霍姆林斯基等这些教育大家的精神与方法，不但没有过时，相反，还历久弥新。

语文启蒙做对了，教育成功了一半

——读《每个孩子都能学好语文》有感

我回顾自己的教育生涯，感觉现在的学生越来越懒。和原来的学生相比，无论从学生的做题数量上，还是从做题的速度上；无论从学生的阅读量上，还是从学生的写作水平上，都相差甚远。我反思自己的教学，现在对学生如何学好语文有了自己的一点粗浅的认识。

一、学生的阅读习惯基本上都是在小学时期培养起来的，学生所有的启蒙都是在快乐的亲子陪伴中完成的

现在的家长们忙于工作，根本不管孩子，但教育是不可逆的，这六年的时光荒废了就不会再回来了。在《每个孩子都能学好语文》这本书中，李怀源老师、常青藤爸爸从语文启蒙、零至五岁家庭语文启蒙、五至六岁幼小衔接的语文启蒙、六至十二岁小学阶段的语文学习以及语文改革的方向等几个方面给我们

做了详细的介绍。李老师指出，语文启蒙就是人生启蒙，以前的语文学习更注重听、说、读、写的能力，现在比较重视语文素养。语文素养是多方面的，素养的提升就是能力的提升，因为素养是整体存在的，是能力的综合，是将语文学习从学科过渡到学生的方式，体现的是人文主义的关怀，是一种以人为本的教育关键。

二、零至五岁是语文启蒙的关键时期

李老师指出，语文学习越早越好，现在很多家长存在一个误区，总是想让孩子提前识字，教学生记忆性比较强的知识，其实反映的是家长的内心焦虑。语文启蒙是思维能力和表达能力的培养，而非对单项技能的培养。所以零至五岁的孩子，家长可以拉着他们到花园里看看花，和他们一起观察茎、叶、花，看看小蜜蜂是怎么采花蜜的，给他们讲一讲植物的小知识，在这个过程中是高质量的语言输入，这才是真正的启蒙。你教给孩子拼音和字词，只是给孩子所谓的"鱼"，10 条、100 条都意义不大，因为记忆的东西会慢慢忘记，本应该学习的东西没有学，记住的东西又忘了，这是竹篮打水一场空。这个时期应好好地培养孩子的语言和思维能力，这才是能让孩子一生受用的东西。

三、语文启蒙家庭更重要

生活中，几乎每个孩子都会问来问去，家长不要忽视，不要不耐烦，这是给孩子启蒙的绝好时机，可我们许多家长做得不到位，其中也包括我。我由于工作繁忙、家务多，对孩子问题的回答总是应付了事。自从读了这本书后，我现在对二宝的教育有了改变，语文学习不能仅仅限于课本，实际上生活处处是语文，语文无处不在，文字无处不在，比如说坐公交车时看站牌，走在大街上时看到各式各样的商铺名、小区名，公园里玩时随处可见的各类提示语……实际上生活场景中的启蒙是最好的，也是孩子最容易获得识字思考的途径。

教育不可逆，时光不复返。我们要趁早做好孩子的语文启蒙，这样教育就成功了一半。

用爱心唤醒心灵，让阳光照进心田

对待学生要有爱心，辅导学生要有耐心，教育学生要有诚心。只有一心一意善待每一个学生，才能让爱的阳光照亮教室的每个角落，才会在教育教学上喜获丰收。

——题记

燕子去了，有再来的时候；杨柳枯了，有再青的时候；岁月却是如流水一般，一去不复返。多年来为人师表，在讲坛上不断地上演着自己的教育教学故事，许多都已随着时日的流逝而渐渐淡忘，可也有一些就如同树根一样深深地扎在了我的心上。虽不曾惊天动地，仍历历在目，感悟至深。

那是2020年的秋季，学校给我安排了六年级的语文教学及班主任工作。六年级的学生，面临升初中，在任何老师的课上都表现得认真、积极，唯恐自己考试时不能取得好成绩。尤其在刚刚开学的一两个月里，学生们可以说表现得相当认真、努力，都想给老师留下好印象。

有一个学生却与大家的表现截然不同，她叫小珂（因为出生时没有报户口，后来和弟弟一起报的，此时的年龄应该上初二），从开学第一天，这个“小太妹”模样的女孩就引起了我的注意，一头时尚的披肩发，一身吊带装就大摇大摆地走进了教室，她的到来也引起了学生们的侧目。

从那天起，我俩就杠上了。我把她叫到办公室，狠狠地批评了她一顿，“你妈妈知道你一身这样的打扮就来学校了吗？这是一个小学生应该有的样子吗？明天必须穿校服，否则不许进教室！回去！”一连串连珠炮似的斥责之后，我没给她任何说话的机会。我觉得我一定要树立一个威严的形象，否则以后如何镇住他们！

再来上学时，她换回了校服，但厚厚的齐刘海，耀眼的“唇彩”仍毫无改变，从此我俩就开始了拉锯战。不论我如何训斥，她除了穿校服之外，其他毫不改变，学习就更不用提了，一塌糊涂。

开学已经一个多月了，我一直对她束手无策。她在班里也开始张扬起来，和弟弟一起迟到，甚至还带动了一批女生跟在她身后，上学迟到，胳膊上纹字。那时我开始反思为什么她对我如此抵触，也许是我的方法不对，应该换一种方式对待她。

在她又一次严重地违反了班级纪律后，我又把她叫了出来，这次我没有训斥她，而是以拉家常的方式询问她父母的情况。一问才知道，她的妈妈经常不在家，爸爸为了生计在外打工，也经常不在家，平时和弟弟跟着生病的奶奶生活——这是一个多么不幸的女孩呀！她说她恨极了妈妈爸爸，却又不知如何表达这种恨，只能用嚣张、张扬、玩世不恭来掩饰她内心的空虚。我什么话也没有说，只是把她轻轻揽在怀里。她失声痛哭，仿佛要把多年来积压在心里的恨意全部都哭出来，她瘦小的身体在我怀中颤抖，哭够了，哭累了，我慢慢地松开她，先跟她真诚地道歉，为我以前的武断、为我以前所有可能伤害到她的语言道歉，也希望她从以前的伤痛中走出来，不管以前多么不幸，从今天开始她要为以后的日子负责，这样浑浑噩噩绝对不会让自己以后幸福的。我们约定从着装开始，一点点去抓学习，我会用宽容、关爱来看着她慢慢地改变。

第二天，她把厚厚的刘海梳了上去，露出了干净的额头，洗掉了“唇彩”。她的改变像教室里黑暗的角落照进了温暖的光。以后上课想要放肆的时候，看见我站在门外，她会不好意思地低下头。我也试着去原谅她的小错误，不再是一味地训斥。慢慢地我发现她不再抵触我，上课时头也能低下认真地学习了。我知道，这个女孩终于在这个时刻改变了，是耐心、宽容让她的心灵重新接纳阳光。

三尺黑板，写不完人生风景；三尺讲台，道不尽酸甜苦辣。俗话说“爱自己的孩子是人，爱别人的孩子才是神”。我深感一名人民教师的责任，教师的责任就是点亮学生心中的灯；也深感一名人民教师的光荣，作为一名人民教师，只有耐心、爱心才能真正走进学生的内心，从而塑造他们健康向上的灵魂，抚慰他们受伤的心灵。作为一名人民教师，要用温暖的阳光般的耐心、爱心，尽情欣赏学生的创造，才能感受人生的幸福。

用爱来浇灌自己的事业

我把教育事业看作自己的生命。自参加工作以来，我一直工作在教育教学的第一线，每天不知疲倦地把自己的精力都倾注在了教育事业上，享受平凡，扎根教育，无怨无悔。

刚毕业时的我，凭着初生牛犊不怕虎的勇气和韧劲把年轻人特有的激情都投在了学生们的身上。有人说："爱自己的孩子是人，爱别人的孩子是神。"我不是神，却实实在在地爱着我身边的每一个孩子。期末考评，我任教的班级获得了"优秀班集体"的称号。教学中我把爱的阳光洒向全体学生。十几年来，我凭借年轻、勤奋，所任教的班级形成了良好的班风，学习的竞争力、活动的凝聚力极强。所任教班级连续多年被评为优秀班集体，自己也被评为"优秀班主任""优秀教师"等。

去年，全校有名的调皮大王——杜世涛分到了我班。其他同事笑着说："机会难得呀！"感慨过后，我立即调整情绪，决定攻克"杜世涛"，这可是考验我的时候，我做好了转化潜能生的计划。我采用"一帮一""师带生"的方法从读开始教他。每天下午放学后，我在办公室里陪杜世涛读书半小时，我们一起预习课文，一起看作文。一个月后他能和同学同步读课文了。接下来专攻"写字"关。在我的指导，以及家长的监督、同学的帮助下，半学期下来他就能流利地朗读和顺利地听写了。最难的是写作这关，我在班级上讲解后，再单独给他讲解，先让他学写一段话，然后教会他开头和结尾的方法，最后再到整篇的文章。无论是段落或文章我专门给他批改，改了再抄，抄了再改，如今他已会简短的习作了。为了这点滴进步，我不知牺牲了多少个周末、费了多少心血，可看到他的进步，我的这点付出又算得了什么呢？

日常工作中，我善于发现学生的闪光点，及时给予他们鼓励。一次习作中，调皮大王杜世涛写了"爱拍马屁的孙老师"。这样写道："我们的孙老师，有一个最大的特点——拍马屁！孙老师拍马屁的宗旨是‘无所不拍，不放过任何一次机会’。当爱讲卫生的同学脸上身上收拾得干干净净时，她会说：你今天真精神；当你随意捡起地上的纸屑时，她会说：你真讲卫生；当你大老远向她问好时，她会说：真是讲礼貌的好学生……”

我喜欢拍学生们的马屁，因为好学生是夸出来的。用欣赏的眼光看学生，就会发现学生不一般的特点；用赞赏的口吻评价学生，就能在学生心中激起一股股暖流。我觉得我每天所做的只是一件件平凡的事，但这些小事将影响学生们的一生。作为一名教师，不仅具备“登东山而小鲁，登泰山而小天下”的博大豪迈，更要有“于拐弯处蓦然回首”的细心与关爱。

活到老学到老，懂得学习的教师才是合格的教师，才是跟得上时代步伐的教师。20几年来，我从没停止过学习的脚步，《小学语文教师》《山东教育》《给教师的100个建议》《教海漫记》《班主任工作漫谈》《杏坛小语》《仰望教育的星空》《生命的脉动》等杂志和专著是我的案头必备，书橱内的读书笔记已有厚厚一摞，教育网站成了我的朋友。

我曾多次参加县里、市里举行的公开课、优质课、教学能手评选活动。我认真学习，摒弃陈旧的教学方式，大胆进行改革，力求课程创新。在先进理论思想的指导下，我常参与到学生中去，用比赛的方法调动学生的求知欲望。我要求学生每天背一首古诗或一段宋词，并记录在笔记本上。开始，我把诗词写在小黑板上，让学生背，第二天去检查，结果只有三分之一的学生去做了。为了让更多的学生参与到积累背诵古诗词的行列之中，我便来了一招，自己亲自参与到学生中去，与学生进行比赛，看谁背得又多又快又好。我每天第一节语文课，首先做好示范背给学生们听，这样学生们见老师都在虚心学习，也跟着背。就这样，我天天如此，全班学生也天天如此，跟着我积累了很多著名的诗词，既陶冶了情操，又提高了写作水平。虽然这样花费了我的大量业余时间，但我觉得非常值得，因为在我的影响下，我教的班级学习气氛特别浓，学生们都比着学，赛着学，形成了良好的学习风气。

我愿用爱心去抚慰每个学生的心灵，用青春去滋润教育这片沃土。我也一直在用爱经营自己所爱的事业，用爱来营造师生之间的和谐，因为这是我永远的目标和追求。

换位思考，坚持悦纳和等待

站在从教生涯的20多个年头，已过不惑之年的我，回望一个个鲜活的与我擦肩而过的少年，越来越想随着汹涌的人群走进他们的内心，去看看那些曾经为年少轻狂挣扎过的灵魂。倏然之间，我好像理解了他们，这一朵朵要开的花，需要我们耐心地等待。

那是一次家长会，由于多年的带毕业班经历，这项工作对我来说早已轻车熟路，所以下意识地认为叫来家长，迅速安排完工作，速战速决就完事了。家长会开始后，我像机枪一样安排完各个环节，很快结束了流程，看向家长时却是家长们满脸的问号以及站在讲台上凌乱的我。思索片刻后，我只好又硬着头皮，细细地、手把手地、慢慢地又讲了一遍，并且让家长互相交流，最后总算完成了这项工作。

事后，我反思这件事，本来想省事，不承想反而费了更多的时间。作为教师，接受过专业知识教育，教授一个学科，并且一站讲台就是几年、十几年，讲授同样的知识，专业学科知识对我们来说是容易的，但是对于其他人就是完全不同的接受状态！

我眼前浮现出了我的课堂，我的不同层次的学生；浮现出了我生气苛责的面庞和鄙视、厌恶甚至咬牙切齿地怒其不争的表情；我的耳旁也回响着其他老师对学生的批评、责备、不满甚至责骂的话语；回响着老师们常说的话："我们的知识很简单""这些题目我们讲过，还都不会""这些试卷的题目都是我们模拟卷讲了的题目，就稍微变了下，就不会了""这些学生纪律太不好了，随意插话"……

想到这些，我后背都有点凉凉的！我真的犯了多大的错啊！

我们是专业的教师，总认为知识容易，学生接受容易，可是想过学生吗？想过学生个体的差异性吗？想过学生接受知识的快慢吗？想过我们高分贝的语调没有起伏变化、没有等待、没有让学生有时间消化吸收吗？想过满堂灌的课堂对学生是怎样的摧残吗？

我想我要感谢我的儿子，是他让我今天面对任何问题时都会站在学生的角度去思考。我的儿子今年八年级，之前我总是埋怨他不够努力，不够尽心，成绩也没有达到顶尖，可自从前段时间在家上网课时，我慢慢地理解了他。他从早到晚上网课，不用说听课，就是让我只坐在那儿一整天，都不一定能坚持下来，更不要说认真学习了，想想其实他挺累的。

学生一节课、一节课，一天8节课，一周5天，他们的生活会有怎样的痛苦？爱学习从何谈起？

我正在换位思考。去考虑不同孩子的性格、接受能力、学习态度。

我正在欣赏。每个孩子都有自己的优点，有自己的特长，有自己闪光的地方，我用发现美的眼光去寻找、去放大优点，去欣赏他们学习之后的每一点滴的进步，只要有进步就好。

我正在接纳。接纳孩子的缺点，接纳他的基础水平；接纳个体的差异（不是所有孩子都真的能把书读到极致，不是每个孩子都是发自内心地爱读书）；接纳他比别人慢，接纳他学习过程中的错误，接纳他反反复复地犯错。

我正在有效地等待。我不在意他最差的样子，我不担心过程多么艰难、多么烦，我都在慢慢地等待，哪怕犯错误，哪怕被批评，但我一直坚信地告诉孩子，只要你在进步就是最好的，不论哪个方面，你都会越来越好。也许你慢了一点，但我愿意等你，我愿意相信你！

如果我们都尝试着去换位思考，去悦纳和等待每一个孩子，我们不需要他是成绩最好的那个，但是我们能看到他脸上的笑容，能感受课堂上他的快乐，能总听到他的笑声。

这些于我，就是最美好的答卷！

对我校成绩的一点反思

翻开我们学校的成绩册，很明显地发现一个问题，低年级学生的成绩要高于高年级，年级越高与同层次的班级相比越落后。很惭愧，我是教高年级的，教五六年级，所以一直也在反思这个问题。

我根据在校学生的实际情况，打开小学低年级学生的试卷，95 分以上的学生比比皆是。学生们的成绩是如此的骄人，可为什么有些学生升入三、四、五、六年级后成绩就会下降？同样的教师、同样的学生为什么在同样的条件下会落后？我分析比较，请教了有经验的教师们，也在网上查阅资料，也发现对于小学低年级学生来说，分数显然不能代表一切。要正确看待小学低年级学生的学习成绩，就要透过分数看学生学习的全过程，看看学生的注意力、写作业速度、学习的兴趣和学习花费的时间。教育学家和心理学家们经过多年的研究证实：决定学生学习成绩的不是智力，而是学习能力！学习能力包括：注意力、记忆力、语言、视知觉、听知觉、大动作、精细动作和协调性等诸多方面。学习能力强的学生，学习的动力十足，后劲十足。

我常常告诫家长，小学尤其是小学低年级段不要盯着学生的成绩看。因为“小学学习成绩好，不一定中学学习成绩好”，尤其是“小学学习拔尖的学生到中学一般学习都不能拔尖，在中学学习拔尖的学生在小学一般学习都不是顶尖的学生”。小学的考试内容 90% 是基础知识，而考试的知识更多地在书本上。因此，在小学想要成绩好，只要“认真”“努力”就可以了。也就是说，一般情况下，小学的考试更多的靠的是智力水平中的注意力、观察力和记忆力这些因素，对学生的知识储备和个性品质要求并不高。因此，在小学学习成绩拔尖的学生，有一部分是“死学”的学生。再加上我校的实际情况，师资比较弱，几乎人人包班，低年级只有语文和数学，学习时间相对较多，多学习、多练习、多巩固，成绩就会比较高。但到了小学高年级甚至是中学以后，学习基础知识就想得到高分，根本不可能，要想学习好，一定需要学生学习能力的全面发展，尤其对个性品质、知识储备要求更高。只有学习能力都比较优秀的学生在以后才能拔尖。而对于我校来讲，一是家长重智力因素轻非智力因素是普遍现象，这种本末倒置的家庭教育方法广泛存在于中国家庭教育之中；二是经济的高速发展，物质需求极大丰富，家长对孩子无条件的物质满足造成学生们“非智力因素”水平较低；三是大量学生生活习惯不好，溺爱宠爱大行其道，要知道生活品质决定学生的个性品质，没有好的生活习惯就不会有好的个性品质；四是中国应试教育大环境下，家长见识稍少，只注重学生的课本知识，甚至有些家长教辅资料都不让孩子买，更别说买些课外书，带孩子出去看看开阔视野，拓展孩子的知识储备了。

那么，这就对教师提出了更高的要求，从一年级培养学生的注意力、学习的兴趣、写作业的速度，之外加强个性品质的锻炼和知识储备，比如自然知识、社会知识、文化知识等全面知识的积累。农村的教育和县城的教育的确存在差距，我们只能认清形势，努力缩小这些差距，走在家庭教育的前列，尽量给学生们提供一方有营养的土地。

由买课外书想到的

苏霍姆林斯基说：“让孩子变得聪明的方法，不是补课，不是增加作业量，而是阅读、阅读、再阅读。”学生知识的获取、能力的提高、思想的启迪、情感的熏陶、品质的铸就很大程度上来源于阅读。为了从小培养学生读书的习惯，我做了一个大胆的尝试，一开学就给一年级的学生布置了一个作业：回家买一本属于自己的书。

然后我每天布置一项作业：回家听一个故事。可是，发现这个作业难度太大，农村家长太忙，无暇顾及孩子作业，能讲的寥寥无几。这样的作业以失败告终，我心里凉飕飕的。

于是一周后，我就开始了使用课外书计划。一年级学生课本内容较少，而且大部分在学前班都学过，虽然学的质量参差不齐，但学生自己认为已经会了，所以有时学的兴趣不太高。我就特意控制了一下时间，布置一点作业，完成的学生，允许看自己的书。对于这样的奖励，我看得出很多学生乐于接受。有书的学生就高兴地拿出自己的书，无论看什么，都显出自豪的神态。同时，我也发现，有一部分学生作业完成后，桌上就什么都没有了，问后知道家长不给买课外书。对于这部分学生，我没有强迫他们买。但看到学生想看书的神情，我心里有了些温度。

这样过去几天，我看出学生们对于自己的书，大致翻完一遍了，再看又不知道怎么看了。我就适时地从学生们手中拿出他们的书，在班里读一读，学生们一起来听，读完提出几个小问题。我发现读谁的书，谁就高兴，学生们还向他借。这样读了一周左右，我们班学生都有了一本自己的故事书。我觉得很欣慰，自愿才是我的初衷。

课下，我常常看看他们的书，问问他们买了什么书。又发现这样的情况，有的学生说，妈妈给我买错了，买了《唐诗三百首》《三字经》等。有的家长也会问我买什么书啊，说孩子总挑选《动物世界》《恐龙》这样的书，我发现我们班有十几本这样的书。于是后来我就挑选了几本这样的书给学生们讲，他们那个兴致比上语文课还高。我告诉学生们，这些书都是好书，只要能让我们开阔眼界、有益于增长知识的书都是好书，不应局限于所谓的“有用”；只要你们觉得能从这本书上学到东西，那就是好书。无用方为大用，我鼓励他们看不同的书。慢慢地，我们班的书活动起来了，我又一次体会到了存在感。

加大阅读量，开拓阅读面，激发阅读激情，降低理解度，提高阅读质量，这是我本阶段的最终目的。从传统语文教学观到大语文教学观是一个从知识本位向人本位的转化过程。它不再以“传道、授业、解惑”为教学的根本目的，而是以学会学习、促进人格全面发展为重点。从这一理念出发，学生的主体地位必须得到保证，自主学习习惯必须得到培养。让学生自由选择自己爱读的书籍，本身就是尊重学生个性的表现。但通过这次买书，我也感受到老师对他们的重要性，老师的引导就是他们的方向。农村的家长们把书本看得太重了，把分数看得太重了。所以，现在学生或是家长再问我买什么书时，我就会向他们推荐一些。希望这群学生能享受到阅读的快乐。

我理解的语文

叶圣陶老先生说过，语文的“语”，就是指口头语，“文”就是指书面语。人们的交际，一般是通过口头语和书面语进行的，因此我把语文理解为日常生活。就像孙局长的那本书《做简单的教育》，语文就是简单有趣的生活。

新课程标准指出，现代社会要求公民具备良好的人文素养和科学素养，具备创新精神、合作意识和开放的视野，具备包括阅读理解与表达交流在内的多方面的基本能力，以及运用现代技术搜集和处理信息的能力。语文教育应该而且能够为造就现代社会所需的一代新人发挥重要作用。面对社会发展的需要，语文教育必须在课程目标和内容、教学观念和学习方式、评价目的和方法等方面进行系统的改革。作为一线的语文教师，我们的课堂也一直在进行改革，而改革的最终目的和最佳目标就是让语文更生活化。

语文是最重要的交际工具，是人类文化的重要组成部分。工具性与人文性的统一，是语文课程的基本特点。

首先说说人文性。“人文说”是相对“工具说”而言的，它强调语文对人自身完善的关注与追求，包括人的尊严、价值、个性、理想、观念、品德、情操等方面，看重的是语文学科的内在价值，强调它的思想涵养、情操陶冶、知识汲取、经验积累作用。以“人文说”为语文科学定性，揭示了语文学科对人的发展的重要作用。简言之，就是教会学生做人，做一个什么样的人，如要做个有孝心的人。学生从课本上了解了孝道，生活中就要做到孝。教师要观察学生在家长接送时的态度和习惯，了解学生在日记中对家长的看法、在节假日的表现等。我们的语文教学绝不是为教而教。我经常对学生说：“成绩只是暂时的，做人却是一辈子的。”语文不像其他学科，成绩可以立竿见影，或者说语文考试的成绩并不能代表全部的语文。我记得于永正先生说过一句话：“我可以骄傲地说，我这辈子教过的学生没有坐牢的。”我想，这不就是人文吗？在分数决定一切的今天，人文性不是靠成绩体现的，但它要比成绩更重要。先有做人，然后才有立身。蒙牛集团的用人标准的第一条：有德有才，破格重用；有德无才，培养使用；有才无德，限制录用；无德无才，坚决不用。这不是很好的见证吗？所以先让学生的生活注入语文。

再来说说工具性。工具性是指语文用于人际交流具有维持社会联系的实用功能和中介作用。语文是个人和社会都离不开的重要工具。丁培忠先生曾这样讲过："语文这种工具，不同于其他任何工具，它是交流思想感情的工具。这种工具，你不用它便罢，只要一用它，必然要赋予它自己的思想、观点、感情。"的确是这样，一篇文章，一段话，乃至一个词的选用，都会流露出使用者不同的思想、观点、倾向、感情。我认为对于低年级学生来说，语文的工具性就是能从生活中寻找字、词，会用语言表达清楚自己想说的话；高年级学生除了会说之外，还要会写，发现自己生活中的事，并用自己学过的语言表达出来。在我们教学的过程中，人文性是自然流露的，课堂上要重点强调的是这个工具性，是字、词、句的运用。这个也许是考试的用意所在吧，所以现在作文的分数在日益增加。

工具性是基础，人文性是核心，两者相辅相成，不可机械割裂。无论是工具性还是人文性，都应以学生为主体，以学生的全面和谐发展为根本。语文教学传授学生知识，培养学生语文能力，归根到底是为了学生的发展。当然，语文课不是政治课，也不是哲学课，离开语言文字的运用，人文教育就成了空洞的说教。同样，忽视人文精神的语文教学，便成为没有灵魂的文字游戏。注入了人文精神的语文才会成为最具生命活力的学科；在读、写、听、说训练中渗透人文教育，方能起到潜移默化的育人功能。语文的工具性和人文性不可偏废，而应有机结合，使之相得益彰。让生活中注入语文，让我们用语文更好地生活。

老师，请你看到我的努力！

新学期开学后，我又接到了一个新的班级。没过几天，班级中就有一个学生引起了我的注意，这是因为他的字体太特殊，他写出的每一个字都有很多的弯勾，看上去忒别扭。这个学生的名字叫李振。

发现这个问题以后，我多次对李振进行辅导，指导他应该怎样书写。表面看上去，他也挺刻苦。但是，一个多月过去了，李振的书写水平并没有明显提高。我渐渐有了一点泄气，对他的要求也有了一些松懈。他的作业本上一如既往地都是“乙”，直到有一天，我批阅完他写的一篇作文，事情才开始发生转变。

那天，我在李振的作文本上看到了这么一段话：“我一直都知道我写的字不好看，进入新的班级以后，孙老师经常对我进行指导，我也一直在努力。可是，现在我已经非常努力了，却还没有得过一次‘甲’，我真有点儿灰心……”看到这儿，我的脸上火辣辣的，内心十分愧疚，十分自责：“我怎么就这么吝啬，这么粗心，怎么就连一次‘甲’这么一点儿小小的鼓励都舍不得给学生……”

我开始留心观察李振书写的每一点每一滴的进步，总是给予他及时表扬，我也不再吝惜“甲”这一个符号。半个学期之后，李振同学的书写水平终于有了明显提高，写的字笔画舒展了，字体也规范了。他的书写水平终于赶上了班级中的其他同学。

从这件事情我想到：作为一名教师，一定要细心，要有耐心，要有一颗充满爱的心。每一个学生的改变都需要一个过程，我们既不能漠然视之，也不能急于求成。

用我们那颗平常而又充满爱的心看看吧，我们一定能发现：班级中每一个学生每天都在努力，每天都有进步，每天都在成长……

第一次家访

有一天，我在去学校的路上，突然接到一个学生打来的电话："老师，我是李强。我今天不能按时到校了！"

"怎么了？"对于这个熟悉的声音再次请假，我有点不耐烦。因为上个星期总共五天，他居然请了两天假，一次是因为身体不舒服，另一次是因为他的本家有结婚的。虽然他事后给我捎来了几块喜糖，但我仍然正色地告诫他以后尽可能不要再耽误功课了。

"老师，我被锁在家里了，我找不到钥匙了！""哦，谁还有钥匙？你给他打个电话。"我回过神来，提醒他。"对了，你怎么有手机？"

这时我突然想到一个问题：年前在一次语文课上，我发现有个学生居然在课堂上用手机聊 QQ！我严厉地告诫全体学生，任何人都不要随便玩家长的手机，更不允许再把手机带入课堂，一经发现立即没收，让家长亲自来取。

"哦，这是我爸爸留给我的，他说这样，如果我有什么事就方便给他打电话了。"说完，他把手机挂断了。

预备铃响了，李强还没有到校，我想他该不会翻墙而出吧！我刚走到楼梯口，只见李强背着沉甸甸的书包气喘吁吁地走上楼来。于是我问他怎么出来的，他告诉我他找到了钥匙。

因线路检修，学校停电。中午我去一同事家蹭饭。回来的路上，正好碰见我班的李军同学。闲聊中得知李强家就在附近，我突然有了去他家看看的念头。

在李军的带领下，我来到了李强的家。推开大门，我惊呆了！

两间低矮破旧的平房，一间屋门上挂着一块塑料布，窗户上没有玻璃，只有一块破旧的塑料布用来挡风。另一间房子居然连门都没有。院里停放着一辆破旧的三轮车，柴房里还有一辆破自行车。院里晒着几床破被褥。

这时，李强高兴地迎了出来："刚才，李军告诉我老师来了，我还不信，您真的来了！”

走进屋里，低矮的小方桌上放着一块馒头和一罐酱，旁边还有一碗方便面。李强不好意思地对我说：“屋里太乱了，因为从来没有外人来过。老师，我正想放学以后大扫除呢！”后来他告诉我，他爸爸正月十九就去黑龙江打工了，他爷爷前几年去世了，奶奶身体不太好，在另一个院里住着。

“这么大一个院子，你一个人住，不害怕吗？”我关切地问。

“这有什么好怕的，一个人住习惯了。再说，听说这个院子里原来吊死过人，谁也不肯和我做伴。”

听了他的话，我越来越难过。身为他的老师，我居然这么不了解他。他才多大的学生呀！虽然先前听说他上三年级的时候妈妈病逝了，但我没有想到，他居然一个人在一个院子里独自生活。更让我吃惊的是，他的各门功课都非常不错，而且普通话特别棒。那次外校的张老师给这个班上了一节指导课，连连夸他是个好苗子。我当时想掏出自己随身所带的50多元钱留给他，又怕伤了他的自尊心。他真是一个令人敬佩的坚强的学生！那天我虽然只和李军帮他打扫了一下房间，但他显得很激动。

“老师，您知道吗？您是第一个到我家的老师。”“哦，是吗？我又没有给你带来什么礼物。”我有点愧疚地说。

“老师，我觉得我不是最难的，我感觉我比有些学生还要幸福！”

“对，你不是最难的，你将来肯定会更幸福！”我意味深长地告诉他。

我暗暗下定决心，今后一定会尽自己最大的努力去关心他、照顾他、教导他！

人生如花，语文是根

——品读语文语言之美

从事语文教学20余载，我觉得做语文教师是幸福的。做好语文的教学对学生今生的影响是巨大的，世界上没有任何一种语言能和我们的母语相媲美。

对自身而言,教学之中我感到了语文教育的魅力。真的,执教语文如漫步于充满花香的田园中,对心灵是一种熏陶,也是一种净化,更是一种美的享受。而遇上一节好的语文课更是如同细润的春雨,悄无声息地滋润听者的身心,更能让学生心灵之花尽情绽放。有的语文课大气磅礴,激情澎湃;有的语文课如和风细雨,沁人心脾。这样的语文课我们看到的是心灵与心灵的沟通、智慧与智慧的碰撞。

一、品味语言美

语文教学中语言的品味与揣摩、意境的领悟与内涵、人物的分析与认识都应该细细地品读与感悟,正像于永正老师所说的,语文课应做到"读"占鳌头。

六年级下册第二篇课文是《三亚落日》,课文开门见山就写道"在三亚看落日真有诗意"。我让学生带着"三亚的落日如何有诗意?"展开阅读,先从第二自然段中理解三亚的迷人景象,由"蓝透了、洁白、碧玉般、玉屑银末般"等词语想象海水湛蓝、椰树婆娑的热带景观,体会意境之美。最后我又抓住作者对落日三个比喻(比作"一个快乐的孩童、红灯笼、跳水员入水")的理解,让学生整体感知落日的动态过程,从下沉 → 停住 → 蹦跳 → 入水这一过程来体味落日似孩童般的顽皮任性,从而体会作者对三亚落日景象的留恋和赞叹。这样具有诗情画意的文章,是否让你感到了作者对大自然的热爱、对祖国的热爱,这样的文章你怎能不被语言美深深地陶醉呢?

如我在教《詹天佑》这篇课文第4段"勘测线路"时,先引导学生品读课文,感受詹天佑严肃认真的工作态度、以身作则的工作作风以及那颗强烈的爱国心;然后就指导学生进行深入地读书,通过范读设境、想象移情激活学生的思维,积淀学生的语言。如引导学生想象"攀山越岭,勘测线路""深夜灯下,伏案绘图"等这些画面来身临其境地读,体会詹天佑身先士卒的工作作风。"詹天佑的内心活动"这部分则引导学生从不同的角度进行朗读:如果强调这是中国人修的第一条铁路,怎么读?如果强调詹天佑的坚定信念和克服困难的决心,该怎么读?如果强调修不好铁路的后果,那又该怎么读?让学生通过反复朗读、揣摩,明白理解的角度不一样,朗读的侧重点也就不一样,关键在于是否能表现出詹天佑的爱国情怀。学生的每一次朗读,无不体现着学生对文本的理解,无不渗透着学生强烈的情感。通过多方面的朗读,学生感悟语言的能力增强了,学生的语言思维更活跃、更深刻了。

二、品味人性美

语文之美，在于语言文字中包含的情感之美；人性之美，读后让你微笑，让你沉入其中，让你泪流不止。

六年级上册有一篇课文《最后的姿势》，文中有一段文字描写谭老师誓死护卫学生的情景："在同学们眼里，谭老师讲课绘声绘色，不但妙语连珠，而且很有幽默感。然而同学们再也听不到谭老师的声音了，讲台上再也见不到那个充满活力的身影了。张开双臂，护住学生成了他生命中最后的姿势！"每每读到这里，眼泪便夺眶而出。但正是这一姿势，挽救了四个学生的生命，体现了在危难之际把自己的生命置之度外，以学生的安危为重，恪尽职守，充满无私大爱的高尚品质；正是这一姿势，让人们深深感动，永生难忘，并对谭老师产生崇高的敬意。因此，谭老师"张开双臂，护住学生"的姿势，已经铭刻在人民的心中，成为人民对他永恒的记忆。这就是语文的魅力，这就是语文课堂的魅力。

爱语文吧，尽享语文之美，让我们从语文教学中真正体味到人生之美。正像于永正老师说的："人生如花，语文是根。"

提高小学生写作能力的几点做法

在小学阶段，学生对写作文普遍存在畏难情绪，学生习作还存在重数量轻质量的问题，甚至有的小学生几年下来写的作文篇数过百，却难以选出一篇让人满意的。从多年的作文教学实践来看，要想写出优秀的习作，还是有一定的方法技巧可言的。下面我就来谈谈有益于提高学生写作能力的几点做法：

一、激励学生多读书，从模仿中学会写作

一个人不是天生就会写作的，写作是一个长期的培养过程和学习过程。小学生一开始不会写作，可以让他们学习别人的作文写作方法，从模仿起步，参考优秀作文的框架，这样在别人范文的扶持下就知道构思谋篇了。我们要办好班级图书角，鼓励学生把自己的好书拿出来与同学共享。培养学生爱读书的习惯，特别是学生自己爱读的书，积极鼓励他们去读。等学生有了读书的兴趣，就可以让他们自己从书中汲取营养了。书读得多了，词汇丰富了，写作就不是一种为难的事，而是一件快乐的事。学生就会主动去写，写完之后老师要积极挖掘学生习作中的闪光点，并进行适当的鼓励和赞扬，以此推动学生在书海中汲取营养，形成自己的写作风格。

二、培养学生的观察力，指导学生写观察日记和心得

罗丹曾经说："生活中不是缺少美，而是缺少发现美的眼睛。"我们的职责就在于要使每一个学生拥有一双善于发现美的眼睛。多数学生在写作文时，总感觉没有什么可写的，写出来的作文寥寥数语，干瘪无味。其中一个重要原因就是我们对学生的观察力培养不够。学生们对于日常的四季变化，对日常身边发生的事情关注太少，或者说根本没有去细心观察。因此，我们必须培养学生对身边事物的观察力，让他们写观察日记，细心体会事物的状态和事物的变化过程，在观察变化的过程中能够有自己的亲身感受和心得，及时指导他们写出来，表达出来。养成记观察日记的习惯，这样时间久了，学生的写作能力自然而然就提高了。在培养观察力的过程中，教师要有耐心，不要操之过急，要明白欲速则不达的道理。我们要强化优点，淡化不足，要让学生体验到成功，感受到习作的乐趣。

三、巧妙利用课文，进行写作实践

课文是专家学者精心挑选后编排的，可谓篇篇精品，字字珠玑，这些课文是学生学习写作的最好范例。在每篇课文的第二课时，我结合课文内容安排好学生的练笔。如学习了《黄山奇松》《黄果树瀑布》之后，我们可以让学生好好地观察校园，看谁能用最美的语言把校园描摹出来，也可以引导他们回忆曾经见到过的美景，动笔写出来。这样学生既充分领略了自然美，也学会了怎样描绘自然美。

四、组织实践活动，积累鲜活材料，进行写作实践

教师要根据学生的特点把游戏、活动引入课堂，让欢乐的活动点燃学生学习的情趣，引导学生将无意学习和有意学习结合起来。学生乐在其中，津津有味地谈感受、练语言，尽其所能。这有利于他们达成理想目标。因此，教师可根据班级、学校的情况，适时地开展以下活动：

（1）语文知识竞赛。我国的语言文字丰富多彩，前人留给我们许多学习的材料，如谚语、格言、古诗文等。作为语文教师，就可抓住这些适时地开展活动，如成语接龙、古诗背诵比赛、讲故事比赛等。

（2）科学小实验。科学小实验既能培养学生仔细观察事物的能力，又能激发学生探索科学的兴趣，如“烧不坏的纸船”“蜡烛跷跷板”“杯子”“跳高”等。

（3）游戏、体育比赛活动。游戏、体育比赛最能激起学生的兴趣，如踢毽子比赛、跳绳比赛、呼啦圈比赛等体育活动，学生动在其中，乐在其中。

活动结束，学生意犹未尽，有感而发，写起作文来怎么会无话可说，又怎么会言之无物呢？

把课堂还给学生

学生是学习的主体，课堂时间是学生的。但作为教师，在很多情况下，我们都剥夺了学生的主体权利，滔滔不绝地从上课铃声响起的那一刻起，一直讲到下课铃打响，还恋恋不舍地拖延几分钟，连一分钟都不留给学生思考，每一秒都必须给他们压榨干净。有时候下课铃声响起时就下课，开门出去的那一刻，看到其他班的教师都在慷慨激昂地坚守阵地，自己都觉得亏得慌。“哦！原来我下课早了！还有一个知识点没给学生讲，好生遗憾！”

在这种教师独霸课堂的教学模式下，学生不得不做回机械的、被动的听众，奋笔疾书记笔记的记录员！试想，学生只顾忙碌地、应接不暇地招架老师的知

识点记录,怎么还会有多余的时间去思考,去张口说,去多多练习呢?

过去的一个学期里,我一直勤勤恳恳,乐此不疲地想尽办法、绞尽脑汁地去压榨学生的课下时间,而把课堂教学当成自己演习的阵地!激情四射得像一架不知疲惫的机枪,不留一个活口地扫射学生!一讲就睡一片!

后来,由于成绩一如既往地不理想,我不禁反思,我很努力了,我一天到晚就像一头勤奋的小毛驴,忙忙碌碌地拉磨,一刻也不得休息,成绩不升反降,这到底是哪里出了问题?于是,我让每个学生写了一份总结,包括对我的建议。我急切地想了解学生的心声,想知道他们对我的看法。其中有一张匿名的小条,写道:“老师,您在上课时哇哇地讲,而好多学生都在睡觉!不是您讲得不好,而是您太能讲了!”读过之后,我恍然大悟,又欣喜若狂!原来,我的问题出在这里!对此建议,我如获至宝!聆听学生最真实的想法,是促进我不断进步、不断成长的一个法宝!

于是,我不断反思自己的课堂模式,坚决把课堂时间还给学生!读过一些关于教学理论的书,其中高效课堂的特点之一,就是承认学生的主体地位,把课堂时间还给学生!

作为一名教师,我要努力重新定位自己的角色,杜绝做课堂的知识霸主,杜绝“满堂灌”的原始教学模式,启发学生去思考,去寻求自己的答案!

我只是教学活动的引导者,应服务于学生学习的主体地位,在必要的时候给学生点播和指导,充分地让学生去自主学习,积极探究。我应把课堂变成学生学习的主阵地,让他们积极思考,活跃思维,激扬文字,张扬个性!我的作用就是为学生搭建一个多彩的舞台,始终扮演一个主持人的角色,引导着学生学习和课堂发展的走向。而学生则是一个个独具个性、缤纷起舞的演员!他们积极主动地入戏了,才能激发兴趣,展现一个个多彩的灵魂!

课堂上学生为什么不发言?

这世界给了我们太多方便,“有百度,没难度”的口号已是尽人皆知。我们在如此方便的社会渐渐忘却思考,忘却了自我表达。大学里最珍贵的人才是能够发现问题的人,问题的来源是思考,是对一事物拥有自己独立的看法,所以,我们沉默,没话可说。

——摘自《中国青年报》

上面的一段话是报纸上描述的大学课堂里的情形,实际上大学是这样,在小学高年级的课堂里又何尝不是呢?

我听其他教师讲课也好,自己上课也好,经常发现教师提出问题,学生往往集体沉默或者是零星地回答。为什么会这样呢?是什么原因封住了他们的嘴?我仔细思考了一下,可能有以下几个方面的原因:

第一,怕犯错。从心理学角度看,这也是学生的一种自卫意识。可也正是这种心理使学生丧失了一次次主动思考的机会,使学生无法形成自己的观点,从而断送了思想的翅膀。

第二,课堂教学的内容,或者是教材的内容以及有关的提问与他们的兴趣或认识完全脱节。他们没有兴趣,也没有勇气站起来,甚至感觉没有必要站起来回答问题。

第三,教师在学生回答问题后对学生的评价不及时。学生感觉自己答得不错,却没有得到老师的肯定;或者自己回答错误,却不知道错在哪里。这样下次回答问题的时候,他们就会畏首畏尾,积极性降低了。另外,教师提问的问题的答案往往具有唯一性,这也是让学生失去兴趣的重要原因。

因此,我们在教学中首先要鼓励学生回答问题,对学生的回答及时进行评价,找出闪光点;其次在教学中注重提高学生的兴趣,特别是对于学生感兴趣的问题,或与生活相联系的问题,还有答案不唯一或不确定的问题,多发动学生进行讨论。长此以往,应该不愁学生不张嘴吧!

老师，你的爱心有几何？

曾经记得一位特级教师说过“我没有什么成功的秘诀，如果有的话，那就是我无私地爱着我的学生”。无数优秀教师的亲身经历印证了夏丏尊先生的话“教育没有情感，没有爱，如同池塘没有水一样。没有水，就不能成其为池塘；没有情感，没有爱，就没有教育”。

爱是教育永恒的主题。牛根生曾说过：“小胜凭智，大胜凭德。”商者如此，何况我们呢？我们在年复一年、日复一日的教学生涯中，可以拥有一杯清茶、一份书香满怀的静谧。虽然我们注定不可能成为物质的富有者，那就让我们做一个精神上的亿万富翁，用对事业的热爱、对知识的执着以及对学生浓浓的情感放飞和超越我们的心灵吧！

我记得在《读者》上看到一篇短文：一个小男孩在退潮的沙滩上将一条条被困的小鱼捡起来扔回大海，游客劝他：“这无济于事的，你能救得了那么多的小鱼吗？”小孩头也不抬地回答：“我知道，但是这条小鱼在乎，这条小鱼也在乎。”一边说还一边继续他的举动……

当我们每天面对一个个鲜活的生命时，请别忘记“这条小鱼在乎，这条小鱼也在乎”。这些小鱼在乎你的关爱，在乎你的呵护，那就让我们用一颗轻灵朝阳般的心，让温馨走进每一个学生吧！让我们用一颗真挚的心去点亮每一个学生内心的那盏灯吧！

老师，我想请假回家

她又跑来向我请假要求回家了，态度很坚决，一副非请不可的模样。问她请假的原因，她支支吾吾，搓着手就是不肯说。我清楚地记得，这是她第二次以同样的方式来请假了。

上一次，我因为刚好手头工作忙，加上她平时又是个安分守己的学生，随便问了她一下，她没回答，我也就没追问地让她回家了。这一次我一定要问个明白。

我再一次问她请假回家的原因，她低着头搓着双手就是不回答。我加重了问话的语气，甚至说你不回答我就不准假。她似乎恐慌，抬起头来看了我一下，忽地眼里噙满泪水，想说什么最终又没说出口。这样我俩僵持了几秒钟，她说了一声“老师，再见！”扭头跑回了教室，留下我一头雾水，满脸惊讶。“现在的学生真是难教育，简直就是不可理喻！”我把手里的书本摔在桌上。

冷静下来之后，我决定采取迂回的策略，不与她正面对话，到她要好的同学那里了解情况，看看有什么线索。事实证明，我的这个方法很管用。她要好的同学告诉了我她请假回家的全部原因：她家里的经济条件很不好，是养父母含辛茹苦地一手把她带大的，她的养父母年纪大了，她要求请假回家，只是为了给家人烧一顿饭，给瘫痪在床的奶奶喂一顿饭；现在是农忙时节，是她父亲最忙最累的时候，她想回家看一看为了自己学业而无限操劳的养父母，还有时常牵挂着她的奶奶，略尽绵薄的孝心，否则，她心里会不安的。

我的心被震动了一下，鼻子一阵发酸。我强忍住自己的情绪，天哪，我差点犯了一个不可饶恕的大错，我差点因为误解中伤了一颗纯洁又美好的心灵。她又一次找来，我说：“我批准了你的假，你真是个好女儿，是你爸爸妈妈的好女儿，回家吧，明天来上学。”看得出来她很高兴，脸上满是灿烂的笑容。“谢谢老师！”她向我鞠了一躬，然后像小鹿一样从我身边跑开了。

晚上我的手机响起，她发来的短信是这样的：“孙老师，您知道吗？回到家后我更加觉得我回家的决定是多么的正确，我捧着饭碗给奶奶吃饭，尽管我的肚子已经咕咕直叫，但我真的很满足。现在要做的就是等爸爸妈妈回家吃饭，这就是我回家的目的，谢谢你满足了我的心愿。”我再也忍不住泪水，任凭它们在我的脸上肆意流淌。

毕淑敏说，她不喜欢苦孩求学的故事，认为那个苦孩是一个自私的学子。“求学的路很长，一生一世的事业何必太在意几年蹉跎，况且这时间的分分秒秒都苦难无比，还能指望他会爱谁？”把自己的利益放在至高无上位置的人，怎能成为人类的大师？今天我的学生用她的行动深深地打动了我，烧一顿饭，喂一碗饭，孝心无价！我骄傲，为我拥有这样的学生。

营造和谐课堂，放飞学生心灵

所谓和谐，是指各种不同事物之间协调一致的统一，是对立统一的高层境界。那么，如何构建和谐的课堂？教师应在教学过程中，不断发现矛盾和问题，不断运用协调统一的方法加以解决，从而使学生在课堂上感受和谐的欢愉，让课堂成为学生放飞心灵的天空。

我们班有个学生，思维敏捷，能言善道，在同学当中有较强的优越感，经常无视课堂纪律，想发言从不等老师点名，经常在课堂上发出一些怪叫声，课上想说话就说话，同学们和我的思路及谈话经常被他打断，有时我没点他的名让他回答问题，他就摔东西或坐在座位上东张西望。上课时，我经常因为他而停下来，警告他上课要注意秩序。我对他费尽口舌，但是收效很小。星期四的语文课上，我让学生们读课文，学生们兴趣盎然。此时我想，得点名让那些学习有困难的学生来读，让他们也能品尝到成功的喜悦。

我点名让两位男生起来读，那个学生见我没有点到他的名字，露出一脸的不高兴，把头伏在了两只手臂上，一直情绪低落地参与着学习活动。当时我并不是很在意，继续投入地与其他学生开始了下一环节的教学。

我发现，他并没有任何动静，低着头看着自己的手指，组里的讨论、学习活动好像与他没有任何关系。我看到他的情绪化表现，心里暗暗为他着急，这样下去怎么得了呀？我忙走到他身边，语重心长地说："你要积极地参加到组里的学习活动中去，和大家一起讨论学习，体会深刻了，举手发言的时候才能表现精彩。刚才，老师没点到你的名字，是老师想让学习困难的同学得到成功的体验。课堂上，每个同学都想表现自己，但是因为时间关系，老师不可能每次让举手的同学都起来发言。希望你能体会老师的苦衷，好吗？"他好像听懂了我的话，用他那单纯的像水晶一样的眼睛看了我一眼，一句话也没说，就参与到学习活动中。看到他的情绪好转，我就放心地进入了下一个环节的教学活动。

作为教师，我们思考的重点问题应该是，如何让学生在轻松快乐的情境中汲取知识的养分。下面我从几个方面谈谈我在营造和谐课堂方面的体会：

（1）将微笑带进课堂，使学生学并快乐着。大家都有这样一种感受，当同别人谈话时，如果对方始终面带亲切、善意的微笑，我们就会感到全身放松，心情愉快，从而使谈话在友好的氛围中顺利进行。人同此心，心同此理。在教学中，如果教师能不吝啬自己的微笑，那么学生回报教师的将是积极的配合、踊跃大胆的发言，以此激活创新思维，活跃整个课堂气氛。学风浓厚，教授知识有"水到渠成"之功。

（2）把讲台开发成舞台，给学生展示的空间。时代的发展，已不允许教师独享"三尺讲台"，要彰显素质教育，就应把课堂真正地还给学生，要做学生的导师而不是教书匠。这需要教师以导演的身份对"三尺讲台"进行充分开发，让学生展现自己。在这个大舞台上，教师尽量淡化自己的身份，并能因地制宜。

（3）身教胜言教，润物细无声。学生的眼睛是清澈的，心灵是纯洁的，以灵活的方法激发学生们的学习兴趣。

学生的人生观、世界观正处在逐渐形成阶段，并且善于模仿。所以，教师在向他们传道、授业、解惑过程中，自身良好的形象、品德修养对学生起着表率作用，甚至对学生人格的形成有着深远的影响。

如果说教学是一门艺术，那么课堂就是这种艺术的前沿阵地。我们只有紧紧把握时代的脉搏，才能使我们的课堂日臻完美，熠熠生辉。

“临门一脚”不如“温柔一刀”

王铁是外校转来的学生，平时我对他就有些“戒备”，他的许多小毛病不断暴露，因此他是我经常教育的对象。一天下课后，班长向我反映，王铁刚下课就站起来动书架上的书，批评他，他不服气还顶撞他。我一听很生气，我一向和学生强调，一定要服从班干部的管理，竟然还有“顶风作案”的。我把王铁叫到办公室，想严肃地处理他。

他把事情都和我做了交代，我一听和班长说的一样，这证明他没有撒谎，心里的“怒火”小了些。我问他为什么骂班长，他说就是无意间说了一句脏话。真敢“骂”班长——我又怒火上升，真想踢他两脚。但是我很快压了压火，从另一个角度给他施压。我说：“你如果故意骂班长，说明你不服气，倒也可以‘谅解’你的行为。你无意识地说脏话，说明你说脏话已成为习惯了，不用想就直接出口了，更应得检讨。”他认可地点点头。我接着给他分析：“你动图书，可能不影响他人。但是你刚转来这里，仅仅是不影响他人就可以了吗？不仅要不影响他人，还要为他人着想，还要为班级荣誉着想。如果这次咱班被检查到，那么肯定会被扣分的。班长管你，你骂他，你考虑过人家的感受了吗？你父母就是来让你骂人的吗？干脆让你父母来见识一下你骂人的能耐吧。”这最后一句，使他再也不敢抬头了。

“制服”某个学生不在于“武力”，语言的力量是无形的。有时给他“温柔一刀”，要远胜过“临门一脚”。

走近学生，温暖自己

一个关爱的眼神，一句贴心的话语，就足以照亮学生的内心，温暖自己。记得是在教师节那天上午，我刚刚走进办公室，去年我教过的一个成绩并不出色的学生就跑进来了，手里拿着一盒速溶咖啡和一个杯子，说："孙老师，送你的教师节礼物。"我还没有来得及说声谢谢，他就匆忙跑出了办公室。这是今年的教师节我收到的第一份礼物。我想，这个学生肯定是早就准备好的，所以我刚进办公室就送来了礼物。

细细想来，因为这个学生并不出色，我平时也没有怎么关心过他、提问过他，那他为什么会如此用心地为我送上第一份礼物呢？这个学生，基础特别差，上课不专心，很多时候还喜欢逃课。上我的课的时候，我看他很难受的样子觉得不忍心，有时候就特地关照他几句，并且布置一些比其他学生简单一点的任务让他去完成，以免他上课时无所事事。我考虑是不是因为这个，他对我有所感激，所以在第一时间送上了他对我的祝福。

无论怎么样，算是我的付出得到了学生的认可。我知道，学生与老师之间是有心灵感应的，只要你用心地对待他们，他们会用同样的方式回报你。教学过程就是走近学生、温暖自己的过程。

我的教育故事（一）

俄国教育家乌申斯基曾说过："如果教育家希望从一切方面去教育人，那么就必须首先从一切方面去了解人。”的确，作为教师要想所有的学生对你多一份亲近、敬爱与信任，使每位学生都能得到你平等的关注，这就需要教师主动去亲近每一位学生的心灵，用他们心灵深处的能源照亮他们的精神能源。

那天是一节课后服务课。我走进教室，学生都在埋头写作业，只有小刘在那里发呆，看我走过来才磨磨蹭蹭地拿出笔，慢腾腾地开始写。“不舒服吗？”我拍拍他的肩膀，半嗔半怪地耳语：“咋这么懒呀，还不快写！”没想到，这句话似乎捅了个马蜂窝，小刘呼地一下站起来，把书往地上一摔，歇斯底里地吼道：“我不懒，你凭什么说我懒？你凭什么说我懒？”学生们被这突如其来的喊声吓了一跳，吃惊地看着我们。我也愣住了，好大的火气啊，就算是我说重了，课堂上也不能这样吵闹啊，更何况三天两头不写作业，不是懒又是什么？真想声色俱厉地训他几句，灭灭他嚣张的气焰，可这个念头只一闪就消失了，唉，毕竟是我的无心之过，小刘又是个倔强的学生，我哪能让他下不来台呢？这样默默地想着，我心里平静多了。看我没有言语，小刘更加愤怒了，眼睛里喷着火，大声说：“你必须向我道歉，你凭什么说我懒？”看着他那张愤怒的脸，我大脑飞快地转动着，几秒钟后我有了对策：“好，小刘，我向你道歉，你确实不懒。”我的情绪也稳定了一些，“你是咱们的劳动能手，无论平时值日还是周末大扫除，你都积极主动，不嫌脏、不怕累，怎么能说你懒呢？运动会上你是咱班的主力，为了能为集体争光，你不懒，一点都不懒。”我没有一丝一毫的勉强，真诚的演讲打动了包括小刘在内的所有学生。小刘的脸色已经在我的肯定中阴转多云，又多云转晴，然后把头低下去，

我决定到此为止，边走上讲台边正色道：“刚才老师和小刘开了个玩笑，我相信小刘在每个方面都会给我们大家做出榜样的。”说完，我把目光悄悄投向小刘，映入我眼帘的是他奋笔疾书的身影。课后我和小刘再谈起这件事时，他真诚地向我道歉，承认自己因课间和同学吵架了，所以上课时才会大发脾气，请我原谅。最后，这个比我还高的大男孩信誓旦旦地说：“老师，其实我是挺懒的，你向我道歉，我服你了。”听完小刘的话，我由衷地笑了，为小刘幼稚坦诚的话语，也为我曾经的退让。

我常常在想，除了知识以外我还能教给学生什么？每当我走到大街上，看着熙熙攘攘的人群，我常常会想到我的学生，“都说你们是祖国的花朵，未来世

界的主人,那么你们离开校门以后,将给这个社会带来什么呢?你们是会用真、善、美来守护自己的精神家园,还是会加速这个世界的浮躁与急功近利?”

爱优秀的学生容易,爱特殊的学生难,唯其难,才显得更珍贵。热爱学生是教师的美德,是教育教学的前提。爱是教育的基础,没有爱就没有教育,热爱学生就是要尊重学生、爱护学生、信任学生。只有尊重学生、爱护学生、信任学生,才能建立一种平等、和谐的师生关系,教育才富有实效,才能培养出人格健全的学生。师爱是教师的灵魂,是教师教育学生的感情基础;师爱是一种只讲付出不计回报的、无私的、广泛的、没有血缘关系的爱,是一种严慈相济的爱。爱自己的孩子是本能,爱别人的孩子是神圣,严在该严处,爱在细微处。只有热爱学生的教师,才能真正了解这句话的内涵,并努力去实践,具备这样的师爱,就一定会在教学实践中满腔热忱。因此,教师要对学生多留意,多观察,多关心,多鼓励,努力沟通师生情感,搭起相互信任的友爱桥梁,建立起和谐平等、融洽纯真的师生关系,向他们无私地付出真挚的爱,从他们的一言一行中发现闪光点,挖掘他们的潜力,鼓励他们培养乐观的生活态度。

是啊,作为一名教师,虽然我们都努力、关爱、尊重每个学生,可不如意有时真的是在所难免。这时,我们不妨先退一步,退一步并不是不敢面对困难,而是冷静地面对,理智地思考,只有对形势进行多方面的剖析,才会找到解决问题的突破口,退一步更不是软弱无能,而是春风化雨,寓大爱于无形,只有用一颗善良宽厚、真挚热情的心包容学生,才能化干戈为玉帛,让学生在老师处理问题的过程中自我反省,心悦诚服。

我的教育故事(二)

故事一:一朵玫瑰花

早读课辅导的时候,我把斜挎的包随手放在教室里的一个空位上。空位的旁边坐着一位男生。我看到男生的桌子上有一个杯子，杯子里有水，插着两朵玫瑰花，我当时心想，看起来粗枝大叶的男生竟然还有这点儿小情调。转了一圈儿后，我发现杯子里的花少了一枝，再一看是他把那朵玫瑰花放在我的包上了。我看见了却装作没有看见，继续在教室里听早读。过了一会儿，快下早读课的时候，那位同学出去值日了，我拿起包就从教室里出来了，没有拿那一枝花，却在花的旁边留了张纸条：别拿一朵花来“贿赂”我，背不下来课文我照样罚你。

从那以后我发现这位同学学习认真了，上课总是积极主动地回答问题。也许是那朵没有赠送成功的玫瑰花，留下了余香，和谐了师生关系。

故事二：两支中性笔

我的学生到办公室听写课文的时候，因一时找不到笔，我就从笔盒里拿了两支新的中性笔让学生用。我压根没想着送给他们。他们临走的时候却说：“老师，笔您还要吗？”这样一问我愣了一下，因为以前从来没有学生敢问这样的问题，再说，我认为也没有必要问。结果他们这一问，我就不好意思了，就说：“送给你们吧！”

他们拿着这两支笔乐滋滋地走了。

上课的时候，我发现他们记得特别认真，在我的印象中，他们一向是很懒的学生。我心里一惊：这两支笔真有那么神奇吗？想一想，可能他们把中性笔当成了一种奖励。这也给了我启示：适当的物质奖励是必要的。如果没有物质奖励，那就来点精神奖励，哪怕是一句话，有时对学生来说都是很有用的。

故事三：这样上课好

在讲李清照的《声声慢》时，我用了 PPT。学生帮我把电脑送回办公室的时候，我和他们交谈了几句。

“你们觉得用课件上课好，还是不用好？我觉得用课件上课你们就光图热闹，上课时很有兴致，下课把电脑一关，什么都记不住。”

“我觉得还是用多媒体好，愿意听，以后还是多用吧，老师。”

我听了，心里一震。差别就那么大吗？想想也是，以前是用比较传统的方式讲课，学生在那里就像机器一样，老师所讲的内容，特别是离我们现代生活比较远的内容,与他们的兴奋点已脱节了,怎么让他们提高课堂效率呢?我以后还是应多多想办法,提高学生的兴趣。如果兴趣没有了,拿什么都没用。还是让学生去做学习的主人,让他们主动参与课堂中来,而不是被动地接受。

故事四:他向我鞠了一躬

我所教的学生中,有一个特殊的学生,他的母亲精神不太正常,父亲不在了,是他的母亲供他上学。他有点自卑,总是低着头,好像比别人低一等的样子。

我把他叫到办公室,关于他的事一字不提,只是让他做堂堂正正的人、光明正大的人,教育他要抬头、挺胸,有男子汉的样子。一开始,他还是不习惯,看人的时候,也不敢正眼看,仍是一副坐没坐相,站没站相的样子。后来,我反复地提醒他:"站直!"他才照我的话去做了。其实,他入班的成绩还是不错的,只是习惯不好,所以成绩才慢慢下来了。

从那次知道了他的身世之后,我就对他特别关心,经常提问他,纠正他不好的习惯,但仍然见效不大。有一次,他的表现让我失望极了,我把他的卷子扔到地上,气冲冲地回到办公室。

过了一会儿,他走进了我的办公室深深地向我鞠了一躬。看得出来,他这是发自内心的,他说:"老师,您放心,我以后一定改。"我真没想到他会向我鞠躬,连忙说:"没关系,老师相信你。"

从那以后,他真的变了,变成了和其他学生一样阳光的学生。

故事五:老师,我很想您!

前一段时间,因家里有事,我请了几天假,等到正常上班进了教室的时候,学生们都惊讶地抬起了头在那里窃窃私语。我安排好任务走出教室之后,课代表追了出来:"老师您家里没事了吧,我们都很想您。"听到这话,感动得差一点流出眼泪来。这些我经常"恨铁不成钢的学生"是多么的单纯可爱啊!

是啊,他们的老师不在的时候,也许有别的老师代课,但总有点陌生的感觉,只有自己的老师才有那种别人无法替代的亲近感。

在平时教学中,这些点点滴滴让我们越来越眷恋,越来越享受教育的过程,是这些天之骄子们让我欢喜让我忧。

相信自己，静待花开

英国少年艾金森，因为长得憨头憨脑，加上行为举止笨拙而幼稚，成了同学们戏弄的对象，甚至连老师们也不愿意给他上课。有位教“诗歌欣赏课”的老师还哀求他改选别的课。虽然艾金森是个按时交作业的乖学生，但他朗诵作品时滑稽的表情总是让同学们捧腹大笑，每堂课都会被他搅成一锅粥，令老师无法继续讲课。而给了他 35 分的历史老师则说：“他没有半点历史感，当然，他什么感也没有。”艾金森的父亲更是认定他的脑子有问题，因此很少跟他说话。

走上社会的艾金森因为那张憨态十足的脸和笨拙而幼稚的举止找不到工作，极度自卑的他四处碰壁，苦恼至极，于是他整天消极地躲在书房里喝闷酒。

只有艾金森的母亲认为他是优秀的。艾金森的母亲是个花匠，她将儿子带到她的花园里，指着各种各样的花草说：“每种花都有开放的机会，那些还没有开放的，只是未等到季节。人也一样，每个人都有机会成功，只是还没有等到合适的时机。但是，花草在没有遇到适合自己开放的季节时，需要吸收养分和阳光，储蓄足够的能量等待属于自己的季节来临。所以，你现在也要储蓄足够的能量，那就是学习更多的知识，经历更多的挫折，积累更多的人生智慧，待属于你的季节一到，你自然会绽放出美丽的人生之花。”

艾金森从母亲对自己充满信心的目光中站起来了，尽管后来好长一段时间里，他找工作时依然碰壁，但他没有气馁，他牢牢记住了母亲的话，相信不是自己无能，只是属于自己成功的季节还没有到来。

直到英国《非 9 点新闻》剧组的导演，看了艾金森的表演后，情不自禁地大笑起来，艾金森才知道自己被录取了。后来他饰演的“憨豆先生”由于有一点笨拙，有一点幼稚，有一点单向思维，有一点腼腆，而深受观众喜爱，于是他在英国迅速走红。

如今,“憨豆先生”傻乎乎地飞往全世界,这个穿戴整齐,但是头脑简单、常常闯了祸就落荒而逃的家伙,以“憨豆先生”大闹好莱坞的姿态进军洛杉矶,进行他擅长的“捣乱工程”。该片票房在欧洲已突破1亿美元,在美国公开放映时,亦好评如潮。艾金森终于等到了自己开花的季节。

所以,同学们,你们一定要始终坚信:每个人都是独一无二的,每个人都有自己的闪光点,只要你在等待时不断储蓄能量、不断提升自己,努力踏实地走好每一步,你终将迎来属于自己的花香四溢的未来。

“体育比赛”的启示

体育赛场上,成败一瞬间,比赛的结果会宠爱倍加地把胜者推上天堂,也会毫不留情地把败者抛进地狱。其实体育场上的比赛就是心理素质的比拼,怯场者发挥失常,平静者发挥正常或超常。

我们的学习也像极了体育训练场,流出的是血汗,付出的是精力,克服的是困难,征服的是挫折,提高的是水平,得到的是成绩。

体育多为体力,而学习则为脑力。虽此不同,我们却可以从体育比赛中得到一些有意义的启示。《学习的革命》给我们提供了八点启示:

(1)梦想是进步的前提。“大鹏一日同风起,扶摇直上几万里。”险远之奇伟瑰怪,非有志在无可及。1.8 米的艾弗森因感动于母亲用所有积蓄给他买了一双球鞋才立下了“誓死杀进 NBA”的梦想,最终成就了自己。每个上赛场的队伍和个人都怀有对梦想的渴望,因为这是获胜的前提。我们在学习的每时每刻,都要有不灭的梦想。

(2)目标分为几个阶梯。高远的目标是进步的动力,而阶段目标是进步的阶梯,因为任何一点进步都需起于跬步,脚踏实地。刘翔在谈及 2008 年北京奥运会的梦想时说,当然是夺冠。但 2006 年多哈亚运会的目标成绩和世锦赛的目标成绩必须非常明确。我们也要分割目标,眼前目标、中期目标、长远目标等,会使自己每个阶段都不失动力。

（3）头脑、身体和行动相结合。每个运动员都知道，当他们将正确的心态、合理的饮食、健康的身体和运动技巧结合起来，目标才得以实现。

（4）有远见。运动员都有远见，他们不会因一时的困难、挫折、落后而气馁，因为他们学会了将自己的目标视像化，已经预先看到了自己取得了成功。我们也要将眼前的目标视像化，这会为我们增添强大的动力。

（5）充满激情。“水不激不跃，人不激不奋。”激情使得运动员对训练如痴如醉，对提高水平如疯如狂。“马家军”的队员在滴水成冰的冬季训练，在空气稀薄的高原训练，以激情挑战一切磨难才能最终成功。一高考状元不也说“我以狂热的激情忍受了常人难以忍受的痛苦”吗？

（6）跟随教练。教练的实战水平一般比不上运动员，但其训练模式、训练思想、实战经验、心态调整等方面却是运动员取得好成绩不可或缺的因素。我们也应紧随老师，虚心求教，纵使他们的思路不如我们广，做题不如我们快，方法不如我们活。

（7）积极对待错误。运动员或许从不把错误当错误，而是当成实习中提高能力的契机。乒乓球冠军的训练中有几千次、几万次下台和下网，但没有谁把这放在心上。以积极的心态对待错误，总结教训，这是提高战术水平的必不可少的组成部分。我们也要学会善待错误，这样才能进步。

（8）实干出成绩。没有真正的货色，再好的广告词都是空谈。结果得益于过程，得益于实际行动。前奥林匹克五项全能运动员——美国名将玛丽琳说，所有宇航员和运动员及公司经理都有三个共同点，那就是热情、远见和行动。她写出了一个成功法则：passion（热情）+vision（远见）+action（行动）=success（成功）。

我们在学习的每一个阶段，要想着将运动员的成功法则运用在自己的学习中。